大学化学实验丛书

基础化学实验Ⅳ

（仪器分析实验）

白　泉　王超展　主编
卫引茂　主审

国家基础科学人才培养基金(J0830417,J1103311)
国家级化学特色专业
国家级无机化学与分析化学教学团队
陕西省人才培养模式创新实验区项目　　资助出版
陕西省化学专业实验课教学团队
西北大学“211”基础实验室建设项目
西北大学质量工程项目

科学出版社
北京

内 容 简 介

本书共 23 章，分为基础实验和综合性实验两部分。基础实验部分主要介绍原子发射光谱法、原子吸收分光光度法、紫外-可见分光光度法、分子荧光分析法、化学发光分析法、红外光谱法、质谱法、核磁共振波谱法、电位分析法、库仑分析法、伏安和极谱分析法、气相色谱法、高效液相色谱法。综合性实验部分主要介绍碳纳米管及其复合物、电化学发光、生物质谱、中药指纹图谱、化学发光、样品前处理技术及农药残留检测、分子印迹、荧光探针检测技术及其应用、毛细管电泳。全书共 38 个实验。

本书可作为高等学校化学、应用化学、化学工程与工艺、制药工程、材料科学与工程、环境科学与工程、生物科学与工程等专业的实验教材，也可供从事分析、检测相关工作的研究人员参考。

图书在版编目（CIP）数据

基础化学实验. 4，仪器分析实验/白泉，王超展主编. —北京：科学出版社，2015.5

（大学化学实验丛书）

ISBN 978-7-03-044506-3

Ⅰ. ①基… Ⅱ. ①白… ②王… Ⅲ. ①化学实验–高等学校–教材 ②仪器分析–实验–高等学校–教材 Ⅳ. ①O6-3

中国版本图书馆 CIP 数据核字（2015）第 117788 号

责任编辑：陈雅娴 / 责任校对：赵桂芬

责任印制：赵 博 / 封面设计：华路天然工作室

科学出版社 出版

北京东黄城根北街 16 号

邮政编码：100717

http://www.sciencep.com

北京建宏印刷有限公司印刷

科学出版社发行 各地新华书店经销

*

2015 年 6 月第 一 版 开本：787 × 1092 1/16

2025 年 8 月第七次印刷 印张：14 1/4

字数：340 000

定价：39.00 元

（如有印装质量问题，我社负责调换）

《大学化学实验丛书》

编写委员会

主　编　申烨华

编　委（以姓名汉语拼音为序）

白　泉　陈六平　陈三平　崔　斌　董　林
高胜利　黄　怡　雷根虎　李剑利　李　珺
刘　斌　申烨华　宋俊峰　孙尔康　王俊儒
王骊丽　王尧宇　卫引茂　魏　青　阎宏涛
杨秉勤　杨科武　岳可芬

《大学化学实验丛书》编写说明

2006年西北大学化学实验教学中心被评为国家级实验教学示范中心。以此为契机，学院深化教学改革，进一步明确化学本科人才培养的目标，即培养具有扎实的化学基础和一定的生命科学与材料科学知识背景，实验技能强、综合素质高，受到系统科研训练、具有自主学习能力、实践能力、探索精神、创新能力和合作精神的高素质本科生，以强化实践教学为原则，育人为本、加强基础、注重交叉、突出创新、提高素质、体现特色。以此为指导，构建了“三层面、双系统、多途径实验课程新体系”。所谓三层面是指：第一层面，基础化学实验，包括基础化学实验Ⅰ（无机化学与化学分析实验）、基础化学实验Ⅱ（有机化学实验）、基础化学实验Ⅲ（物理化学实验）、基础化学实验Ⅳ（仪器分析实验），主要训练学生单元操作的能力，对基本技能进行训练；第二层面，综合化学实验平台，主要训练学生连接单元操作、设计实验、分析未知物等能力，对研究方法和思维能力进行训练；第三层面，创新研究实验平台，包括创新研究实验Ⅰ（化学生物学实验）和创新研究实验Ⅱ（材料化学实验），开设生命科学和材料科学等领域代表化学学科发展方向的实验，使学生对学科的发展方向和科研工作的一般规律有所认识，拓展科研思路，培养其科学素养和从事科研工作的能力。

《大学化学实验丛书》是西北大学化学国家级实验教学示范中心建设的重要成果。丛书由7本实验教材和2本手册组成，分别为《基础化学实验Ⅰ（无机化学与化学分析实验）》、《基础化学实验Ⅱ（有机化学实验）》、《基础化学实验Ⅲ（物理化学实验）》、《基础化学实验Ⅳ（仪器分析实验）》、《综合化学实验》、《创新研究实验Ⅰ（化学生物学实验）》、《创新研究实验Ⅱ（材料化学实验）》、《化学实验基本技能手册》和《常用分析仪器使用手册》。实验教材在内容上包括基础实验、综合实验和设计实验等。在三个不同层次的实验中，综合设计型实验的要求是：第一层次基础实验中，侧重于兴趣的提高和实验的延伸，为综合实验奠定基础；第二层次综合实验中，侧重于二级学科的融合和单元操作的衔接；第三层次创新研究实验中，注重学科前沿和科学研究能力的培养。《化学实验基本技能手册》注重基础能力的培养，《常用分析仪器使用手册》注重开拓学生研究视野，培养创新意识和实际操作能力。

《大学化学实验丛书》由西北大学组织，南京大学、中山大学、西北农林科技大学、西安交通大学、第四军医大学、陕西省进出口检验检疫局、西安近代化学研究所、咸阳师范学院、陕西省环境监测中心站等联合编写，适合于各层次理工科专业的化学实验教学。

本套《大学化学实验丛书》受到国家基础科学人才培养基金（J0830417，J1103311）、国家级化学特色专业、国家级无机化学与分析化学教学团队、陕西省人才培养模式创新实验区项目、陕西省化学专业实验课教学团队、西北大学“211”基础实验室建设项目、西北大学质量工程项目等项目资助。

由于编者的水平和经验有限，书中难免有疏漏和不妥之处，敬请读者批评指正。

《大学化学实验丛书》编写委员会

2011年6月

前　言

《大学化学实验丛书》共九册。第一、二、三、四册分别对应第一层次基础化学实验课程，主要培养学生单元操作的能力，对基本技能进行训练。第五册对应综合化学实验课程，主要培养学生连接单元操作、设计实验、分析未知物等能力，对研究方法和思维能力进行训练。第六、七册分别对应第三层次创新研究实验课程，对学生进行科研全过程的训练，使学生对学科的发展方向和科研工作的一般规律有所认识，拓展科研思路，培养其科学素养和从事科研工作的能力。第八、九册为手册。前者注重基础能力的培养，后者注重开拓学生研究视野，培养创新意识和实际操作能力。

本书是继《基础化学实验Ⅰ（无机化学与化学分析实验）》、《基础化学实验Ⅱ（有机化学实验）》和《基础化学实验Ⅲ（物理化学实验）》后的《基础化学实验Ⅳ（仪器分析实验）》。本书贯彻以学生为本，知识、能力、素质协调发展的实验教育理念和教学观念，总结近 20 年来实验教学成果和部分科研成果，吸收热点研究课题，加强综合性实验项目，以培养学生的科学思维和探索精神。

仪器分析是现代分析化学的重要组成部分，是现代科学研究的“眼睛”。21 世纪是能源科学、材料科学、生命科学、环境科学及信息科学等发展的时代，而解决问题的关键手段之一是分析化学。仪器分析课程是化学类、环境科学类、生命科学类等专业本科生必修的基础课。随着科学技术的飞速发展，许多新技术如激光技术、光纤技术、纳米技术、分子技术、芯片技术、仿生技术、计算机技术、信息技术等在分析仪器中得到应用。基于此，人们不断地创造出新的分析仪器和分析方法。这些仪器和方法在生物、材料、药学、医学、环境等学科得到广泛应用，仪器分析已成为学科交叉、相互渗透的重要手段之一。鉴于此，本书将实验内容分成基础实验和综合性实验两部分。基础实验包括理论验证性实验和实际样品分析实验，介绍各种仪器分析方法的原理和操作等，对学生进行基本实验技能的训练。综合性实验部分包括从采样、制样、分析到数据处理及评价的实验全过程。编者将近年来的科研成果编写成实验内容，使学生从这些科研实例中进一步了解仪器分析在科研、食品安全、环境检测、生命科学、材料科学等领域的重要性，以激发学生的学习兴趣与热情，变被动接受为主动钻研，使他们享受探索的乐趣，力求将学生培养成为具有化学分析、生命分析、材料分析能力的应用型和创新型人才。

本书由白泉、王超展担任主编，参加编写的有西北大学化学与材料科学学院卫引茂、杨小峰、郭艳丽、张宏芳、李建军、田磊、白银娟、孙伟，西北大学分析科学研究所李简、聂菲，陕西师范大学张静，西安交通大学孔宇，陕西延长石油（集团）有限责任公司研究院陈刚。

由于编者水平有限，书中难免存在不妥之处，恳请读者批评指正。

编　者

2015 年 1 月

目　　录

第二部分 综合性实验

第一部分　基础实验

第1章　绪　　论

1.1　仪器分析实验的特点和要求

1.1.1　仪器分析实验的特点

仪器分析作为现代的分析测试手段，为科研和生产提供大量的物质组成、结构以及微区内时间或空间分布状态等方面的信息，因而已成为高等学校中许多专业的重要课程之一。要学好仪器分析，必须认真做好仪器分析实验。仪器分析实验的内容包括常见仪器分析方法的基本原理、仪器设备的使用和维护、仪器分析实验的基本操作、仪器主要参数或实验条件的选择与设定，以及各种仪器分析方法的实践与应用。通过仪器分析实验，学生对有关仪器分析方法的基本原理有更加深入的理解，对常用分析仪器的基本结构、特点和应用范围进行比较全面的了解，在学会典型仪器使用方法的同时，掌握必要的实验基础知识、基本实验方法和基本操作技能；同时，学习实验数据的处理方法，正确地表达实验结果，为今后的学习和工作打下坚实的基础。仪器分析实验除了与其他实验有相同之处外，其最大特点是离不开各种各样的分析仪器。这些仪器精密度高、价格昂贵，实验室不可能购置多套同类仪器设备，仪器分析实验教学一般采用轮转的方式，因而实验安排与讲课内容通常不能同步进行。

1.1.2　仪器分析实验的要求

（1）实验前应认真预习。预习理论课教材和实验教材中的相关部分，明确实验的目的要求、基本原理、实验方法与步骤、实验注意事项等，并写好预习报告，预先记录必要常数与计算公式，做好实验安排。

（2）爱护仪器设备，对不熟悉的仪器设备应先仔细阅读仪器的操作规程，听从教师指导。未经允许切不可随意动手，以防损坏仪器。

（3）实验过程中保持安静，正确操作，认真观察实验现象，准确记录实验数据与分析结果，积极思考，善于发现和解决实验过程中出现的问题，养成良好的实验习惯。实验中发现异常情况或遇到故障应及时排除，实验者本人不能排除时，应立即报告指导教师或工作人员，及时采取措施。

（4）遵守实验室安全规则，保持室内整洁，特别是随时保持实验台面干净、整齐。注意节约使用水、电、气等资源，不要浪费。

（5）实验记录应如实反映实验的情况。通常应按一定格式用钢笔或圆珠笔书写。所有的原始数据都应记录在实验报告上。必须养成实事求是的科学态度，不凭主观意愿删去个人不喜欢的数据，更不得随意涂改。若记录有错误，可将错的数据轻轻划一道杠，将正确的数据记在旁边，切不可乱涂乱改或用橡皮擦拭。任何随意拼凑、杜撰原始数据的做法都是不允许的。

（6）实验完成后应按要求及时完成实验报告。写好实验报告是完成实验的一个必不可少的环节。实验报告一般应包括以下内容：

（i）姓名。

（ii）实验项目、日期。

（iii）实验目的要求、简要原理、主要实验步骤或主要实验条件。

（iv）实验数据原始记录。

（v）结果处理，包括图、表、计算公式及实验结果。

（vi）实验总结。

写实验报告时要忠于原始记录，不得涂改数据。报告中所列实验数据要符合有效数字的表示方式。各种数据记录与结论表述要简明准确、符合逻辑、有条理性，还要附上应有的图表。对实验结果的分析与讨论是实验报告的重要部分，其内容无固定模式，可涉及对实验原理的进一步深化理解、做好实验的关键、失败的教训及自己的体会、实验现象的分析和解释、结果的误差分析以及对该实验的改进意见等几个方面。对于以上内容，学生可就其中体会较深者讨论一项或几项。

（7）实验结束后，应立即把玻璃器皿洗刷干净，按仪器使用要求对仪器进行适当操作。填好仪器使用登记卡，并请实验教师签字。整理好实验台面，把当天的实验报告及时交给教师。

（8）值日生应认真打扫实验室，关好水、电、气、门、窗，方可离开实验室。

1.1.3 实验室安全规则

（1）不得在实验室内吸烟、进食等。

（2）浓酸和浓碱具有腐蚀性，配制溶液时，应将浓酸注入水中，而不得将水注入浓酸中。

（3）从瓶中取用试剂后，应立即盖好试剂瓶盖。绝不可将取出的试剂（或试液）倒回原试剂（或试液）储存瓶内。

（4）妥善处理无用的或沾污的试剂。将固体弃于废物缸内，将环境污染液体分类倒入废液桶，以便收集处理。

（5）汞盐、砷化物、氰化物等剧毒药品，使用时应特别小心。氰化物不能接触酸，否则会生成剧毒的 HCN。氰化物废液应倒入碱性亚铁盐溶液中，使其转化为亚铁氰酸盐，然后直接倒入下水道中。H_2O_2 能腐蚀皮肤，接触过 H_2O_2 等化学药品应立即洗手。

（6）将玻璃管、温度计或漏斗插入塞子前，用水或适当的润滑剂润湿，用毛巾包好再插，两手不要分得太开，以免折断划伤手。

（7）闻气味时，应用手小心地把气体或烟雾扇向鼻子。取浓 $NH_3·H_2O$、HCl、HNO_3、H_2SO_4、$HClO_4$ 等易挥发的试剂时，应在通风橱内操作。开启瓶盖时，绝不可将瓶口对着自己或他人的面部。夏季开启瓶盖时，最好先用冷水冷却。如果不小心溅到皮肤和眼内，应立即用水冲洗，然后用 5% 碳酸氢钠溶液（酸腐蚀时采用）或 5% 硼酸溶液（碱腐蚀时采用）冲洗，最后用水冲洗。

（8）使用有机溶剂（乙醇、乙醚、苯、丙酮等）时，一定要远离火焰和热源。用后应将瓶盖盖紧，放在阴凉处保存。

（9）下列实验应在通风橱内进行：

（i）样品预处理或分析过程中产生具有刺激性、恶臭或有毒的气体（如 H_2S、NO_2、Cl_2、

CO、SO_2、Br_2、HF 等）。

（ii）加热或蒸发 HCl、HNO_3、H_2SO_4 或 H_3PO_4 等溶液。

（iii）溶解或消化试样。

（10）若被化学灼伤，应立即用大量水冲洗皮肤（或用实验室淋浴器冲洗），同时脱去污染的衣服；眼睛被化学灼伤或异物入眼，应立即将眼睛睁开，用大量水冲洗（或用洗眼器冲洗），至少持续冲 15 min；若被烫伤，可在烫伤处抹上黄色的苦味酸溶液或烫伤软膏，严重者应立即送医院治疗。

（11）加热或进行剧烈反应时，人不得离开。

（12）使用电器设备时应特别小心，切不可用湿的手开启电闸和电器开关。凡是漏电的仪器不要使用，以免触电。

（13）使用精密仪器时，应严格遵守操作规程。仪器使用完毕后，将仪器各部分旋钮恢复到原来的位置，关闭电源，拔去插头，填好仪器使用记录，教师签字后方可离开。

（14）发生事故时，要保持冷静，立即采取应急措施，防止事故扩大，如切断电源、气源等，并报告教师。

1.2 复杂样品综合分析的特点与分析过程

当被分析样品很复杂时，人们通常采用多种分离手段、分析方法与结构鉴定方法结合进行分析，才能知道其组成、含量、形态及结构，这种分析的全过程称为综合分析。

1.2.1 综合分析的特点

1. 复杂性

随着生产和现代科学技术的发展，特别是生命科学和环境科学的发展，对分析化学的要求不再只是向人们回答“有什么”和“有多少”这两个问题，而是要求提供关于分析对象的更多、更全面的信息。在环境科学、生命科学以及天然产物研究领域中所遇到的样品是多种多样的，组成极其复杂。例如，从人尿中提取的挥发性物质的色谱图得知，人尿中含有 300 多种化合物，其中已鉴定的只占少数。不同体系的样品，其分析过程和方法可能有很大差异。人们所要获得的信息量已远远超出了一两种常见分析手段所能提供的信息。例如，对有些样品，需要对其表面、微区、薄层等空间的分布进行分析；有的除了要了解分子构型外，还要进一步了解其构象、序列、活性等信息。更为复杂的是，某些样品在合成、再加工等过程中，以及在储存、应用过程中，其本身的某些成分已发生了变化，对这种样品进行分析后所得的信息实为变化过程中的产物或最终产物给出的信息。分析工作者必须利用这些信息反推出样品的原始组成及制作、储存的状况和应用的条件。

分析的复杂性还体现在“量”上。对某些样品，可提供的量极少，只有几微升、几微克或几微米，而且被测组分的含量极低，只有 10^{-12}～10^{-9} 数量级，这给直接测定或富集都带来困难。

2. 综合性

对于复杂的样品，往往要借助高效分离技术、多种仪器分析手段对研究对象进行“解剖”，然后对“解剖”所获得的信息进行综合分析，得出可靠的结论。人们把这些综合分析的过程称为剖析。剖析过程是一个复杂的过程，通常包括三个步骤：①选择合适的分离方法，或将几种分离方法巧妙组合，达到分离、富集或提纯的目的，并对获得的样品的纯度进行鉴定；②利用波谱分析等手段对各纯组分的结构做出合理推测；③对所推测出的结构做合理验证。可见，剖析是集分离、纯化、结构鉴定、成分分析以及合成、加工等于一体的综合分析过程，是多种现代分析仪器、多种分析方法以及跨学科多种知识的综合运用过程。因此，分析工作者必须弄清楚样品的来源、性质、生产过程以及可能得到的有关样品的各种信息，充分熟悉各种仪器分析方法的原理、特点及适用范围，及时获取分析化学领域中的有关方法和技术的最新发展信息，以便选择最佳剖析方案。

1.2.2　综合分析过程

在接受一项分析任务之后，直至得出结论并写出分析报告，所经历的分析过程一般包括：分析任务的确定，分析方法的选择，样品的预处理及分离，被分析物含量的测定、结构鉴定及表（界）面性质的表征，数据的正确表示与评估。当然，随分析测量的目的、样品的复杂性以及所选择的方法等不同，这些过程有所增减。

1. 分析任务的确定

当接受一个分析任务以后，首先要确定自己要获得什么样的信息，是定性分析（包括元素及化合物）、定量分析还是结构分析。若进行定量分析，是属常量、微量还是痕量分析范围，是否需进行化学形态（chemical speciation）分析。例如，在对样品中的汞进行分析时，除需要知道汞含量外，还必须知道汞在存在的环境中的各种形态。是否需进行元素的微区分析，以及表面不同深度元素的分布分析等。分析的任务不同，决定了分析过程有所差别。

2. 分析方法的选择

当明确了需要获取什么样的信息以后，就要考虑用何种分析方法才能使获得的信息真实可靠，满足科学研究及生产实际工作的需要。在分析方法的选择中，必须认真地考虑以下问题，特别是对某一个分析问题，有一种以上的方法可以选择时，更有必要。

（1）样品的性质。例如，是无机化合物还是有机化合物，是气体、液体还是固体，样品稳定还是易变等。

（2）样品含量的大致范围。

（3）方法的检测限及准确度。

（4）分析时间。在实际生产中，分析时间是一个不可忽视的因素。

（5）设备、费用及分析者个人经验。

3. 样品的预处理及分离

在样品的预处理及分离之前，必然要取样。分析样品的种类繁多，有的样品也许还有储存过程。例如，进行大气污染物分析，必须获取空气样品；进行地质研究，必须取得地心样品，以便知道某一分析对象沿着地心是如何分布的；对于某粮食存储部门，希望知道某类谷物的蛋白质平均含量；对于医疗部门，要知道血液成分在病人饭前和饭后的变化等。样品的状态性质、含量不同，取样方法也不同。样品在取样后应尽快进行分析，以防止成分的变化。但有时样品不得不储存，要尽量防止来自容器、大气以及光的污染，防止样品损失分解和基体的变化。

样品的预处理及分离是分析中的关键一步，它可使被分析物转变成合适的可测的形态，可以使被分析物与干扰物质分离，提高选择性等。

4. 被分析物含量的测定、结构鉴定及表（界）面性质的表征

分析化学中的测量方法可分为绝对法与相对法。绝对法是指该法依赖于准确的已知常数来计算出被分析物的含量。例如，在重量分析中，对获得的已知化学组成的化学沉淀进行称量后，以相对原子质量或相对分子质量之间的关系进行换算后求得其质量分数。大多数仪器分析方法属于相对法。对某一被分析物含量的测定，必须将其在分析仪器上产生的信号值与准确知道含量的一个（或一组系列）标准物产生的信号值进行比较后才能确定，即分析仪器必须进行校准。最常用的校准方法是将测量信号对被分析物浓度作图，即作标准曲线。有机化合物结构的鉴定需依靠紫外光谱法、红外光谱法、核磁共振波谱法及质谱法，或者需将这四种技术联用才能解决。若需知道表面的元素组成、表面形貌、几何或电子结构等，应采用各种表面分析技术。

5. 数据的正确表示与评估

分析数据获得以后，怎样进行正确表示以及合理评估，可参见有关的分析化学书籍或专著。分析数据的合理评估是要使测得的原始数据转变成真实、有意义的结果。目前，许多现代化仪器都配备计算机，许多数据的数学处理过程由计算机解决，因此分析方法的选择以及所选用数据处理软件的性能成为决定分析质量高低的一个关键因素。在获得了真实、有意义的分析数据后，就可以对所研究的对象作出进一步分析，提出对策，解决研究或生产实际中存在的问题。

1.3 复杂样品分析的思路

1.3.1 分析对象的全面考察

复杂样品一般指所包含的成分复杂，不同成分之间的含量差别大，从样品来源处获得的信息极少的复杂混合物。对于这种样品，要从多渠道尽可能多地获得各种信息。大致可从以下几方面考察：

（1）了解样品来源、用途，估计可能含有的成分的类型。对于商品，应了解样品的生产厂家、批号、商标等，尽可能缩小查找文献及专利的范围。

（2）大致确定是无机材料还是有机材料，还是两者并存。

（3）对有机化合物，大致了解是非极性、中极性，还是强极性。了解相对分子质量、熔点或沸点的大致范围。

（4）了解被测成分含量的大致范围，属常量、微量，还是痕量分析。

（5）明确需要获得何种信息。是要获取指定成分的信息，还是全部成分的信息；是定性信息，还是定量信息；是成分分析信息、化学形态信息，还是结构分析信息；是主体组分信息，还是表（界）面区域的纵向或垂直分布信息等。

要求获得的信息不同，样品的预处理及分离手段就不同，所选择的分析方法也不同，这样才能有的放矢地解决问题。

1.3.2　复杂样品分析的一般思路

由于样品千差万别，即使对同一样品，要获得的信息不同，分析思路也不尽相同，但一般可以按以下的思路解决。

1. 无机成分的分析

样品中的无机成分分析相对来说比较简单。一般将样品直接或经过必要的预处理后，采用一般原子发射光谱法（等离子体原子发射光谱法）和原子吸收分光光度法或 X 射线荧光光谱法，分别对无机元素进行定性和定量分析。若样品中元素的含量过低，或方法本身的灵敏度达不到要求，则应采取分离、富集等手段，以达到分析方法的检测限。如果样品是一种复合材料，需对无机成分进行微区分布分析，则可采用扫描电子显微镜-X 射线能谱法。如果需进一步了解各种无机元素的价态、结合形式以及在表面的分布状况，可以采用各种电子和离子光谱法。如果想了解无机元素在样品中存在的化合物的结构形式时，可采用 X 射线衍射分析法。

2. 有机成分的分析

样品中有机成分分析比无机成分分析困难得多，因为有机化合物的组成元素虽然简单，但结构千变万化，同一化学式可以有多种不同的分子结构。若有些是异构体，性质极为相似，会给分离带来困难。有的样品的成分本身就很复杂。例如，彩色照相胶片中含有多种成色剂、增感剂，以及稳定剂、黏合剂、杀菌剂、防污染剂、表面活性剂等几十种有机成分，要将这些成分分离就不是一件容易事。同时还要制备纯品、鉴定纯度、确定成分结构以及分析各个成分含量，这些都有相当大的难度。因此，通常所说的剖析主要是对复杂的有机样品而言。

对有机样品的剖析来说，分离是关键的一步。最常用的分离方法是色谱法。由于更换固定相和流动相方便，经典柱色谱法和薄层色谱法仍然是分离和提纯样品的常用方法。高效液相色谱的分离效率很高，对复杂样品的组成分析容易进行，可对复杂混合物进行系统分离分析，获得基本组成及组分之间的比例关系。利用制备型高效液相色谱仪，可以在较短时间里得到各种纯样品。气相色谱法的应用面比高效液相色谱窄得多，但若预先了解了样品中的组分比较易于气化（沸点一般在 350℃以下），且热稳定性好，可以用气相色谱法进行分析，如对于天然挥发性精油的分析。采用联用技术有利于复杂样品的分析。例如，气相色谱法的最大优点是可以利用商品仪器，如气相色谱-质谱或气相色谱-傅里叶变换红外光谱联用仪，对成分进行结构鉴定。即使利用分离技术得到了高纯样品，其纯度的鉴定也十分重要，因为利用波谱分析技术确定结构时，只有用色谱纯、光谱纯的样品，所得到的波谱分析数据才有价值。否则，杂质的存在会给波谱的解释带来困难。

在最后的结构确定时，紫外光谱、红外光谱、质谱和核磁共振波谱（俗称“四大谱”）是最强有力的工具。紫外光谱在结构分析中的地位不如其他三谱，因为它适用的样品范围窄，主要用于含共轭双键的分子的鉴定。由于光谱中只给出几个宽带，不可能利用光谱的精细结构鉴别分子的整个结构。有时可以将样品的紫外光谱与模拟的分子结构进行对照来提供一些信息。紫外光谱分析的主要用途是进行定量分析。

红外光谱法适用的样品范围广，所需样品量少，给出的分子结构信息丰富，因此，红外光谱仪是不可或缺的剖析工具。红外光谱图可为剖析提供以下重要信息：

（1）从原始样品的红外光谱图可大致判断可能存在的官能团，因为它是多种纯组分红外光谱图的叠加。

（2）从分离和纯化过程中得到的光谱图中，可以分析有关组分的去向，监测某些组分的“丢失”。

（3）从离析出的纯组分光谱图中，检查是否有异常峰存在。在分离过程中用红外光谱分析跟踪监测，直至无异常峰存在、谱图稳定不变时，此组分可视为“光谱纯”。

（4）从纯组分的光谱图可推测出存在的特征官能团、分子骨架等主要信息。

（5）从模拟结构得出的纯样的红外光谱图可验证模拟结构是否正确。

解析红外光谱图主要依靠与标准物质、标准图谱的对照。对于复杂的红外光谱图，不可能对每一个峰都指出归属，对此，分析工作者的经验累积是十分重要的。

核磁共振波谱法是结构分析中最强有力的手段。它能给出化学位移、自旋-自旋耦合裂分模式以及积分线高度等信息，核磁共振波谱图给出的结构信息的准确度高、预见性好，对C和H可以给出准确的归属。^{13}C谱可以完整地反映分子中各类碳核的信息。^{13}C谱和^{1}H谱相比，虽然存在不少缺点，但采用脉冲傅里叶变换技术以及去耦技术以后，^{13}C谱的应用更为广泛。但是核磁共振波谱法存在以下一些缺点：①需配成溶液进行实验；②灵敏度低于其他三种波谱技术；③溶剂中存在微量的^{1}H和^{13}C同位素，会干扰核磁共振波谱的微量分析。

质谱在剖析中具有以下优点：

（1）高分辨质谱可给出准确的相对分子质量、元素组成和分子式。

（2）具有将质量数不同或气化温度不同的组分进行分离的能力，因此，相对来说对样品的纯度要求不高。

（3）为了能从不同样品得到更有价值的信息，有多种电离源可选择。

（4）利用多种联用技术，如气相色谱-质谱联用、液相色谱-质谱联用、质谱-质谱联用等，可对多组分的混合物同时实现分离与鉴定。

（5）灵敏度高，只要微克级样品就能进行质谱分析。

质谱法的缺点是对分子的空间构型以及各类碎片的连接方式的准确判断有一定难度。

3. 表面分析

要获得表面元素组成、表面形貌表征、元素氧化态的分布、表面几何结构与电子结构等信息，必须采用各种表面分析技术。例如，X射线和紫外光电子能谱主要用于元素的微区分析以及进行具有纳米级分辨率的元素表面分析；扫描电子显微镜与俄歇电子能谱主要是对表面形貌成像；离子散射能谱主要用于提供最表层原子信息；二次离子质谱主要用于表面痕量元素分析；扫描隧道显微镜主要进行具有原子分辨率的表面成像；原子力显微镜的主要功能与扫描隧道显微镜类似，但它还适用于绝缘体。

1.4　样品前处理技术

样品前处理技术（sample pretreatment technology）是指样品的制备和对样品采用合适的分解和溶解方法以及对待测组分进行提取、纯化和浓缩的过程，使被测组分转变成可以测定的形式，从而进行定量和定性分析。由于待测组分受其共存组分的干扰或者由于测定方法本身灵敏度的限制以及对待测组分状态的要求，绝大多数化学检测和分析方法要求事先对试样进行有效的、合理的处理，即在进行分析测定前应对试样进行物理或者化学的处理，将待测组分从样品中提取出来，排除其他组分对待测组分的干扰。同时，还要将待测组分稀释、浓缩或转变成分析测定所要求的状态，使待测组分的量及存在形式适应所选分析方法的要求，从而使测定顺利进行，并保证分析测定结果的准确性和可靠性。

样品前处理技术的分类有不同的标准，按照样品的形态可以将其分为固体、液体和气体样品的前处理技术，按照待测物质的结构和理化性质可以将其分为无机化合物和有机化合物的样品前处理技术。随着各种技术的应用与发展，一些新的提取、纯化方法开始在样品前处理中得到较为广泛的应用，如固相萃取（SPE）、固相微萃取（SPME）、基质固相分散萃取（MSPD）、分子印迹技术（MIP）、免疫亲和层析（IAC）、凝胶渗透色谱（GPC）、浊点萃取（CPE）、离子液体分散液相微萃取（IL-DLME）、加速溶剂提取（ASE）、超临界流体萃取（SFE）和微波辅助萃取（MAE）等技术方法。下面简单介绍其中几种样品前处理方法的原理和应用。

1. 固相萃取

固相萃取（solid phase extraction，SPE）是 20 世纪 70 年代后期发展起来的样品前处理技术。它主要是利用固体吸附剂吸附目标化合物，使之与样品的基体及干扰物质分离，然后用洗脱液洗脱或通过加热解吸，从而达到分离和富集目标化合物的目的。该方法具有回收率高、富集倍数高、有机溶剂消耗量低、操作简便快速和费用低等优点，易于实现自动化并可与其他分析仪器联用。因此，在很多情况下，固相萃取作为制备液体样品优先考虑的方法取代了传统的液-液萃取法，如环境水中农药含量的测定、蔬菜和水果中农药残留的测定以及食品中兽药残留的检测，一般都采用固相萃取技术进行前处理。

2. 凝胶渗透色谱法

凝胶渗透色谱（gel permeation chromatography，GPC）是一种表征高聚物相对分子质量和相对分子质量分布等特征的物理化学方法，是近年来发展迅速的一种样品前处理方法和纯化手段，其操作简便、使用材料较少。GPC 的分离机理至今还有很多争论，尚无定论，主要有空间排斥或排阻理论、限制扩散理论、流动分离理论和热力学理论。对于一般观察到的现象，认为其原理是根据溶液中溶质分子的体积大小不同，按照物质分子的相对分子质量大小将物质进行分离。该方法常用于去除样品中的大分子物质的干扰，近年来被广泛应用于生物、环境和医药等领域复杂样品的分离和纯化，特别适合纯化含脂肪、蛋白质等物质的样品。

3. 离子液体分散液相微萃取

分散液相微萃取法是用萃取剂和分散剂的溶解性差异，使含分析物的水样先形成均匀的浑浊液，经过萃取离心后，被分析物富集到萃取剂中，然后取此有机相进行分析测定。此法具有操作简便、设备简单、溶剂用量少、经济、不污染环境等优点。

离子液体分散液相微萃取是基于离子液体（ionic liquid，IL）作萃取剂的分散液相微萃取法。离子液体是一种由有机阳离子和不同的阴离子结合形成的有机盐，具有蒸气压低、黏度高、天然的双极性、热稳定性好以及与水和有机溶剂的互溶性好等特点。在化学过程中，离子液体易于回收并且对大多数有机化合物都有良好的萃取能力。除此之外，它还被称为环境友好溶剂，易于合成，且很容易买到。因此，离子液体分散液相微萃取常用于对一些易溶于水、难溶于有机溶剂的有机化合物进行提取和富集。

4. 超临界流体萃取

超临界流体是流体在临界温度和压力时的一种状态。此时，流体介于气体和液体之间，密度、扩散系数、溶剂化能力等性质随温度和压力变化十分敏感，兼有气体和液体的性质和优点，如黏度小、扩散性能好、溶解性强和易于控制等。超临界流体萃取（supercritical fluid extraction，SFE）技术的分离原理是利用超临界流体的溶解能力与其密度的关系，即利用压力和温度对超临界流体溶解能力的影响而进行萃取。它克服了传统的索氏提取技术费时费力、回收率低、重现性差、污染严重等弊端，使样品的提取过程更加快速、简便，同时大大降低了有机溶剂对人体和环境的危害，并可与多种分析检测仪器联用。

实验室中，样品前处理对于实验本身非常重要，样品前处理的目的是消除基体干扰，提高方法的准确度、精密度、选择性和灵敏度。现代分析方法中，样品前处理技术的发展趋势是速度快、批量大、自动化程度高、成本低、劳动强度低、试剂消耗少、环境污染小、方法准确、可靠等，这是评价一个样品前处理方法的准则，也是实验人员要努力达到的目标。

1.5 复杂样品分析示例

1. 植物、粮食及其他生物试样中砷、硒等的测定

对植物、粮食及其他生物试样中砷、硒等元素的测定，采用原子吸收分光光度法比较简单易行。动植物组织、血液和尿等试样，除极少数可直接进样外，一般都需预处理。将样品风干或烘干，剖碎过筛后称样，然后将样品灰化，使有机化合物分散，而被测元素转入溶液中。常用方法为干法灰化后，用硝酸或盐酸溶解灰分；或用强酸消化，使有机化合物分解，通常采用混合酸破坏有机化合物更有效或用合适试剂浸提被测元素等。

2. 土壤中常量、微量元素及有机成分的研究

土壤中无机元素的定性及定量测定比较简单。对于常量和微量元素的测定，可以用原子

吸收分光光度法以及电感耦合等离子体发射光谱法。采用电感耦合等离子体直读光谱仪可以同时分析 Si、Al、Fe、Mg、Ca、Na、K、Ti、Mn 及 P 等多种元素，分析时间不到 1 min，且精密度好。但对土壤中有机成分的分析比较复杂，如研究不同土壤中的腐殖酸的化学结构。对于这些结构各不相同的有机化合物，虽然用红外光谱、气相色谱-质谱联用等可以得到很好的解决，但分离仍是关键的一步，其复杂性也就体现于此。研究土壤组成常用的分离方法有溶剂萃取、薄层色谱、气相色谱等。为了获得满意的分离，必要时还需进行化学衍生化；为了使不同极性的有机化合物不漏检，预先用不同极性的溶剂萃取。对于萃取残留物，一般可用衍生化的方法使某些组分转变成甲基酯类或醚类，然后进行分离。通过以上的分离与鉴定，了解到土壤中有 100 多种有机化合物，主要是烷烃（C_{14}～C_{18}）、正构脂肪酸、酚酸、芳香酸及邻苯二酸二烷基酯等。

3. 水中有机化合物的分析

环境水源存在大量的有机污染物，在江河、湖泊的水中已鉴定出 1000 多种有机化合物。因此，研究水源污染物的产生、迁移规律以及对生物和人类的影响有着极其重要的意义。对水源污染物的分析，最强有力的方法就是开管柱气相色谱-质谱联用技术。但是在进行色谱-质谱联用分析之前，需进行预处理和富集，可以通过控制酸度进行溶剂萃取。例如，将水样调节成酸性，用 CH_2Cl_2 萃取，则有机酸及中性物进入有机相，有机碱及水溶液进入水相，因此控制酸度可以调节被萃取对象，还可以采用活性炭吸附、溶剂萃取以及离子交换树脂富集等方法。对于水样中的挥发性有机化合物，采集水面上部的蒸气富集后进行分析。

4. 大气中悬浮颗粒的化学物质的鉴定

大气中含有数以千计的化学物质，这些物质或者来自固定污染物，或者来自流动源，它们危害人们的健康。例如，大气中的多核芳香烃与 NO_x 发生反应，生成硝基多核芳香烃，它们是有具诱变性的化学物质。由于这些物质的浓度很低，一般在 10^{-9}～10^{-6} 级，因此必须进行有效捕集。例如，可以用特氟龙过滤器，以防止样品降解；对 C_2～C_{10} 组分，可以采用低温捕集法；对 C_6～C_{30} 组分，可以采用多孔高聚物吸附剂捕集，常用的吸附剂有 Tenax 和 XAD 树脂等。将捕集的悬浮颗粒用有机溶剂萃取，在浓缩有机相后用高效液相色谱法分离分析，利用开管柱气相色谱-质谱或高效液相色谱-质谱联用技术对化学物质进行结构鉴定。

5. 彩色胶片组成的剖析

彩色胶片的组成极为复杂，含有几十种结构很复杂的有机化合物，因此必须采用多种分离手段以及多种结构鉴定技术的联用，才能逐一地确定其结构。一般实验过程大致如下：首先用水浸泡胶片，然后将浸提液与胶片分离。对水溶液中的成分，可以通过色谱分离技术获得纯物质后，再用紫外-可见分光光度法、红外光谱法、核磁共振波谱法及质谱法鉴定它们的结构，也可以直接采用各种联用技术进行鉴定。可以确定溶于水的组分主要有杀菌剂、表面活性剂、水溶性染料、各种增感剂及黏合剂等。

对于胶片中的非水溶性部分，通过银的分离后再进行酶解，分离成溶液与片基两部分。

溶液部分经溶剂（丁醇）萃取后获得水相及有机相，水相部分如前所述进行鉴定，有机相部分经减压蒸馏除去萃取溶剂后，用色谱分离技术及结构鉴定技术，可以确定其主要成分，它们是各种颜色的增感剂、成色剂、防污染剂、稳定剂等。对未被酶分解的片基，可以采用红外光谱法进行分析，确定其成分为三乙酸纤维素。

当胶片中各种成分确定之后，则通过合成来进一步确证是否有误，然后进行胶片生产，对试生产的胶片的性能再进行测试，从而进一步验证整个剖析结果的可靠性。

第 2 章　原子发射光谱法

2.1　基 本 原 理

原子发射光谱法（atomic emission spectrometry，AES）是依据每种元素的原子或离子在热激发或电激发下，发射特征的电磁辐射，进行元素定性、半定量和定量分析的方法。

原子是由原子核和核外电子组成的，而每个电子都处在不同的能级，具有不同的能量。在室温状况下，原子内的电子处于最低能级（基态）。在激发源的作用下，待测物质处于高温气体状态，进一步解离成原子甚至电离成离子。当原子（或离子）获得足够的能量时，原子外层电子会从低能级跃迁到高能级（激发态）。处于激发态的电子不太稳定，其平均寿命约为 10^{-8} s。当这些激发态的电子回到较低能级或基态时，就以光辐射的形式释放出多余的能量，形成发射光谱。利用原子（或离子）所发射的特征谱线的波长和强度来测定组成物质的元素种类及其含量。

发射光谱产生的谱线波长λ与能级差ΔE 的关系用爱因斯坦-普朗克公式表示为

$$\Delta E = E_n - E_i = \frac{hc}{\lambda} \tag{2-1}$$

式中，E_n、E_i 是高、低能级的能量；h 是普朗克常量（6.626×10^{-34} J·s）；c 是光速；λ 是波长。

每种元素都有其各自的原子结构，当原子被激发后，由于电子跃迁，便会辐射各自的特征光谱线。具有最低激发电位的谱线称为最灵敏线，按照激发电位的大小可分为灵敏线、次灵敏线等。由于各种元素的原子结构不同，受激发后只能辐射出特定波长的谱线，这就是发射光谱定性分析的依据。

谱线的强度（I）与被测元素浓度（c）有如下关系：

$$I=ac^b \quad 或 \quad \lg I=b\lg c+\lg a \tag{2-2}$$

式（2-2）称为罗马金-赛伯公式。式中，a、b 是两个常数，a 是与试样组成、形态及放电条件等有关的参数，b 是自吸系数。这就是发射光谱定量分析的依据。

原子发射光谱法可分析近 80 种元素。用电弧或火花作光源，大多数元素相对检出限为 $10^{-3}\%\sim10^{-5}\%$；用电感耦合高频等离子体作光源，相对检出限为 $10^{-3}\sim10^{-5}$ μg/mL；激光显微光谱绝对检出限为 $10^{-5}\sim10^{-12}$ g。原子发射光谱法分析速度快，可多元素同时分析，带有计算机的多通道（或单通道）扫描光电直读光谱仪，可在 1～2 min 给出试样中几十种元素的含量结果。

2.2　发射光谱分析仪器

发射光谱分析仪器一般由光源、分光元件及检测系统三部分组成。

2.2.1　光源

原子发射光谱的光源是提供试样蒸发、原子化和激发能量的装置。常用的光源有电弧、火花和等离子体等。

1. 直流电弧

直流电弧是发射光谱分析常用的一种光源。它是用直流电在分析间隙发生电弧放电时产生的高温来激发样品产生光谱的光源。当上、下电极接触时，电极尖端发热，点燃电弧，然后使两电极相距 2～6 mm，即点燃了电弧。燃弧后，从灼热的阴极发射的热电子流高速穿过分析间隙飞向阳极，冲击阳极时形成灼热的阳极斑点，其温度达 3800 K，阴极温度约 3000 K，试样在电极表面蒸发和原子化。蒸发的原子与电子碰撞，电离成正离子，正离子以高速冲击阴极，又使阴极发射电子，该过程连续不断进行，使电弧不灭。同时，电子、原子、离子在分析间隙互相碰撞，使试样原子激发，发射光谱，弧温可达 4000～7000 K。

在直流电弧中，阳极温度比阴极高，试样蒸发快，进入弧焰的物质比较多，所以具有较好的检出限和较高的绝对灵敏度，谱线清晰，有利于难熔物质的分析，但对低熔点金属的分析不利。直流电弧弧焰温度较低，激发能力不够强，难以激发激发电位较高的元素，可测元素范围受到限制。直流电弧的设备构造简单、操作安全、光谱背景小，适于做难熔物质中痕量易激发元素的定性和半定量分析，但弧光不稳定，分析结果重现性差。

2. 低压交流电弧

交流电弧又分高压交流电弧和低压交流电弧。前者仪器结构复杂、价格昂贵、工作电压高（2000～4000 V）、危险性大，也无突出优点，所以在实际光谱分析中应用不多。低压交流电弧则是多年以来普遍使用的光源，其工作电压低（110～220 V）、设备简单、使用较为安全。交流电随时间以正弦波形式发生周期变化，因而它不能像直流电弧那样靠两电极接触来点弧，而采用高频点燃，使其在每一交流半周点燃一次，维持电弧不熄。由于交流电弧的间隙性，其电极温度较低，灵敏度低于直流电弧。因其电弧电流有脉冲性、电流密度大、弧焰温度高且稳定性好，在光谱定性、定量分析中应用广泛。

3. 高压火花

火花是光谱分析中常用的另一种光源，根据电容器的充电电压，火花可以分成高压火花（8000～15 000 V）和低压火花（1000 V 以下）两类。高压火花光源放电稳定性好，电弧放电的瞬间温度可达 10 000 K 以上，激发能量大，所产生的谱线主要是离子线，又称火花线。这是由于高压火花的放电时间极短，瞬间通过分析间隙的电流密度很高。又因为它每次放电后的间隙时间较长，所以电极头的温度较低，试样蒸发能力较差，灵敏度差。这种光源适用于低熔点、难激发的元素、合金及高含量元素的定量分析。

4. 电感耦合高频等离子体

电感耦合高频等离子体（ICP）光源是 20 世纪 70 年代迅速发展起来的新型激发光源。等离子体在总体上是呈中性的气体，由离子、电子、中性原子和分子所组成，其正、负电荷密度几乎相等。ICP 光源工作温度高，焰核近 10 000 K，中心通道为 6000～8000 K，在惰性气氛中，原子化条件极为良好，有利于难熔化合物的分解、原子的激发，具有以下优点：灵敏度高，检测限低；稳定性好，结果精密度高；电离干扰少，电子密度大，抑制了电离作用；

线性范围宽，可达 4～6 个数量级；光谱干扰少，有很强的抗干扰能力。等离子体光源背景发射的自吸效应也小。基体和共存元素干扰小，应用范围广。

5. 激光光源

激光由于具有良好的单色性、方向性，且强度大，所以成为新型光源。1962 年被成功地应用于光谱分析。激光束经聚焦后，焦点温度可高达 10 000 K 以上，几乎能把任何物质熔化和蒸发。它由激光器和能产生火花的一对辅助电极构成。这种激光光源是利用激光的高蒸发性和火花的高激发能力，所以其灵敏度很高，检出限很低，可达 10^{-12} g；用样量很少，在宏观上几乎不破坏样品；易激发难激发的元素，有很强的离子线；具有低的检出限，适用于微量及痕量元素的分析，应用范围广泛；具有很好的稳定性，分析结果的准确度和精密度高，标准偏差为 1%～2%，定量分析的线性范围可达 4～6 个数量级。

2.2.2 分光元件

光谱仪常用的分光元件可分为两类：棱镜和光栅。以这两类分光元件制作的光谱仪分别称为棱镜光谱仪和光栅光谱仪。

1. 棱镜

棱镜的作用是把复合光分解为单色光。当复合光通过棱镜时，不同波长的光就会因折射率不同而被分开。这种作用称为棱镜的色散作用。色散能力常以色散率和分辨率来表示。

玻璃棱镜的工作波段为 360～1000 nm，石英棱镜的工作波段为 200～400 nm。

棱镜是利用光的折射原理进行分光的，其色散率不均匀，随波长的增加而降低，且色散能力不如光栅，所以近年来生产的光谱仪基本上都用光栅作为分光元件。

2. 光栅

光栅有透射光栅和反射光栅之分，在光谱仪器中常用反射光栅。按光栅外形又分为平面光栅和凹面光栅，前者应用较多。平面光栅是用镀铝玻璃刻制而成，其上准确地刻有大量等宽、等深、等距离且平行的线条（刻痕），每一条刻线可看作一条狭缝。

光栅的分光作用是通过每条刻线对复合光的衍射，同时各狭缝或线槽对衍射光的干涉来实现的。所得到的谱线正是衍射和干涉的总结果。光栅适用的波长范围较棱镜宽，其线色散率与波长无关，分辨率与光谱级数和光栅总刻线数成正比，与波长无关。

2.2.3 检测器

1. 目视法

用眼睛观察和比较谱线强度进行半定量的光谱分析的方法即为目视法，所用仪器称为看谱镜。它是一种小型、便携式光谱仪，这种方法仅适用于可见光波段。

2. 摄谱法

摄谱法是用光谱干板记录辐射谱线的方法。在该方法中，将光谱干板置于摄谱仪的焦面上，接收由光源所辐射出的试样中的元素谱线而感光，在暗室经过显影和定影处理之后得到供分析测定用的光谱底板，然后通过在映谱仪上观察谱线的特征位置及谱线的大致黑度进行定性和半定量分析，在测微光度计上通过测量谱线的准确黑度以进行样品的定量测定。

3. 光电法

光电法是在光谱仪成像物镜焦面处设置若干个出射狭缝，利用安装在出射狭缝后面的若干个光电接收装置来接收谱线强度，并将其转换成电信号，再经电学系统放大，测量并记录谱线强度。

2.2.4　光谱仪器类型

1. 摄谱仪

摄谱仪是光栅或棱镜作色散元件，用照相法记录光谱的原子发射光谱仪。

2. 光电直读光谱仪

光电直读光谱仪是用光电转换器作为接收元件直接测量谱线强度的光谱仪器。旧时在钢铁冶金部门进行炉前分析应用颇多。近二三十年来，新光源 ICP 的产生及应用日渐增多，推动了光电直读光谱仪的迅速发展，商品仪器中 ICP-光电直读光谱仪所占比例逐渐扩大。

光电直读光谱仪的激发光源和分光系统与一般摄谱仪是相同的，所不同的是在分光系统后接上光电倍增管，通过放大器放大后，用记录仪记录。

光电直读光谱法具有分析速度快、准确度高、适用波段范围宽、相对误差小等优点，且线性范围宽，可进行高含量测定，因此越来越受到人们的关注，应用范围也在不断扩大，但仪器价格昂贵，实验条件要求高。

2.2.5　WP_1 型 1 米平面光栅摄谱仪的使用

WP_1 型 1 米平面光栅摄谱仪是用于激发欲测试样，经色散器得到元素光谱的仪器。光学系统采用埃伯特-法斯提（Ebert-Fastic）装置，其光路如图 2-1 所示。

该仪器配有每毫米 600 条和 1200 条刻痕的平面反射光栅，采用垂直对称式的光路形式。外光路采用能均匀照明狭缝的三透镜照明系统，从狭缝进入摄谱仪内的光经平面反射镜折向大凹面镜下部的准直物镜 Q_1 使之成为平行光束投射到光栅上，色散后再经凹面镜上部的投影物镜 Q_2 把各单色光聚焦在光谱干板上。转动光栅转台就可以使不同波段范围的光成像于光谱干板上。

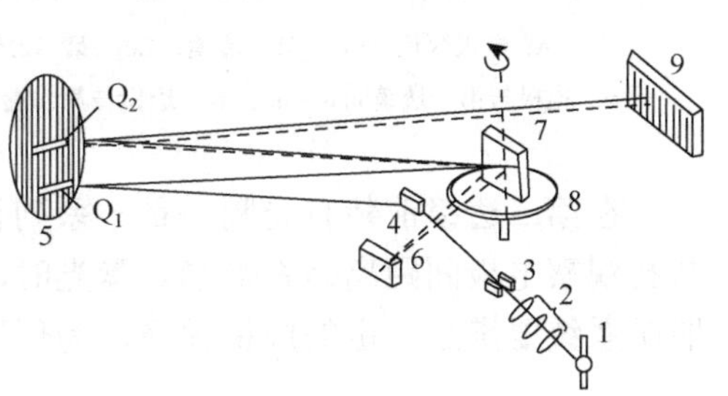

图 2-1　WP_1 型仪器光学系统示意图

1. 光源；2. 照明系统；3. 狭缝；4. 反射镜；5. 凹面镜；6. 二次反射镜；7. 光栅；8. 光栅转台；9. 光谱干板

Q_1. 准直物镜；Q_2. 投影物镜

1. 电极架

电极架上有数个调节旋钮，可调节电极的上下、左右、前后位置，如图 2-2 所示。

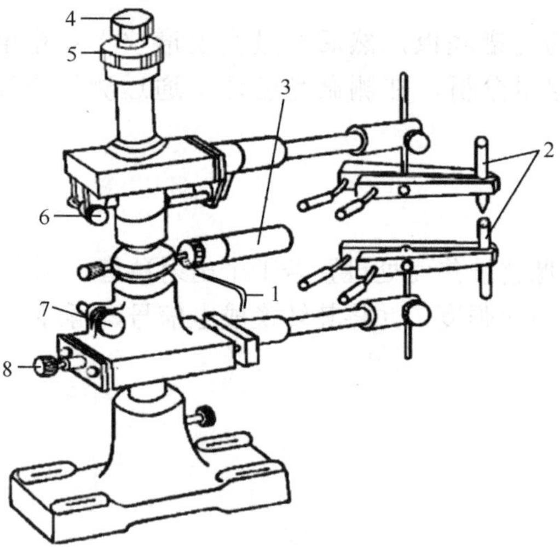

图 2-2　电极架

1. 接电极电源；2. 电极；3. 对光灯；4, 5. 电极上下调节旋钮；6. 上电极左右调节旋钮；7. 下电极左右调节旋钮；8. 下电极前后调节旋钮

2. 摄谱仪的照明系统

摄谱仪的照明系统又称外光路，其作用是使光束均匀地照明摄谱仪狭缝，并使光束充满整个物镜。通常用三透镜照明系统，如图 2-3 所示。

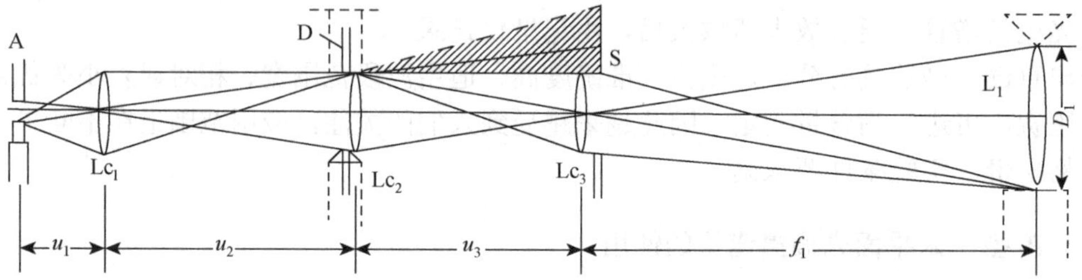

图 2-3　三透镜照明系统

A. 电极弧焰；Lc_1. 第一透镜；Lc_2. 第二透镜；Lc_3. 第三透镜；D. 中间光阑；S. 狭缝；L_1. 准直物镜；u_1. 电极与第一透镜间距；u_2. 第一透镜与第二透镜间距；u_3. 第二透镜与第三透镜间距；f_1. 焦距；D_1. 准直镜高度

在第二透镜前装有光阑，是一系列长方形孔，孔的高度可以选择，并标出数字。利用这些孔观察电极间距离是否恰当。曝光时，用它遮去炽热的电极头辐射出的连续背景。三透镜照明系统要满足一定的成像关系，为保证谱线质量，使用时不得随意移动。

3. 狭缝

狭缝是十分精密的部件。光谱线是狭缝的单色像。狭缝的任何缺陷直接影响谱线的轮廓与强度的均匀性。因此，使用时需要仔细保护狭缝。

WP_1 型 1 米平面光栅摄谱仪所采用的狭缝及调节结构如图 2-4 所示。狭缝和哈特曼光阑转盘装成一体。狭缝的倾角调节结构和调焦结构保证谱线的垂直性及摄得清晰、均匀的最佳谱线。

狭缝宽度对谱线的强度和仪器分辨率有很大影响。在定性分析时，使用的狭缝较窄，一般在 4～8 μm，使邻近谱线能清晰地分开。在定量分析时，为了得到较大的谱线强度，一般采用 10 μm 以上。此外，还应考虑仪器性能、试样情况等因素，合理选择狭缝宽度。

4. 哈特曼光阑

哈特曼光阑位于第三透镜与狭缝之间。它是一系列窗口，用来开放狭缝的不同高度位置或限制狭缝的高度。常用圆形薄板型的哈特曼光阑，与阶梯光谱干板等一起密封在圆盒内，便于使用，如图 2-5 所示。

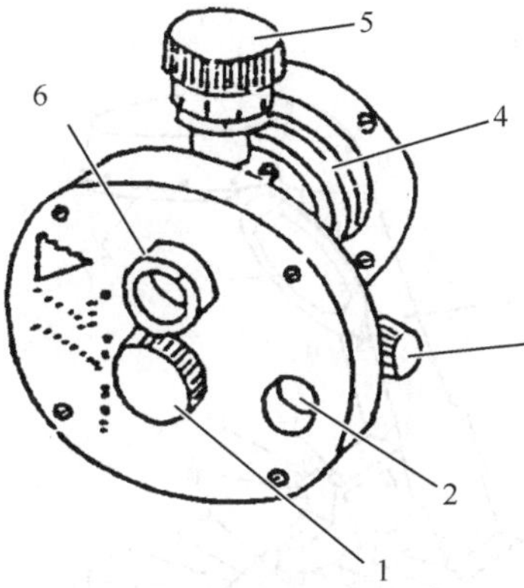

图 2-4　WP_1 型 1 米平面光栅摄谱仪的狭缝及调节结构

1. 光阑移动手轮；2. 光阑位置观察窗；3. 狭缝倾角调节手轮；4. 调焦手轮；5. 调微手轮；6. 第三透镜及狭缝

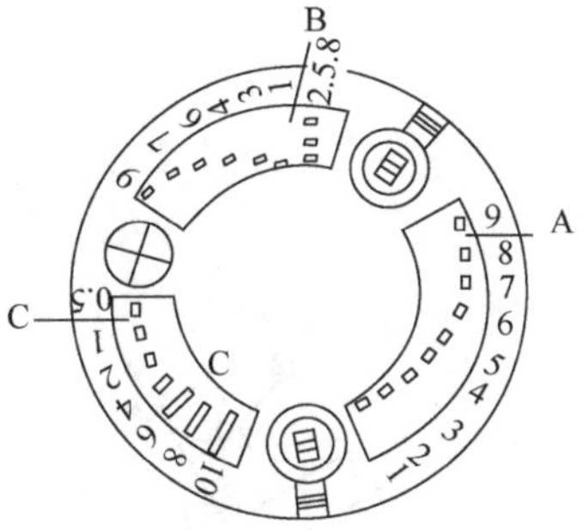

图 2-5　哈特曼光阑盒圆片

A. 拍摄并列光谱的光阑；B. 拍摄比较光谱的光阑；C. 拍摄不同高度光谱的光阑

定性分析时，常采用拍摄比较光谱的光阑，因 2、5、8 三个孔处于同一半径线的位置，拍摄一次铁光谱，可在光谱干板上得到三条铁光谱。然后，每转到一个位置，拍摄记录样品光谱，共可曝六条样品光谱进行比较。

5. 光谱干板

在原子发射光谱分析中，光谱仪的种类较多，所以光谱记录的方式也不同，有看谱法（人眼观测光谱）、摄谱法（用照相乳剂记录光谱）和光电光谱法（用光电转换元件——光电倍增管观测记录光谱）等。目前在我国，摄谱法仍是光谱分析中常用的一种方法。在摄谱法中用于记录光谱的是光谱干板。它主要由感光层和片基两部分组成，部分干板还涂有防晕层，如图 2-6 所示。

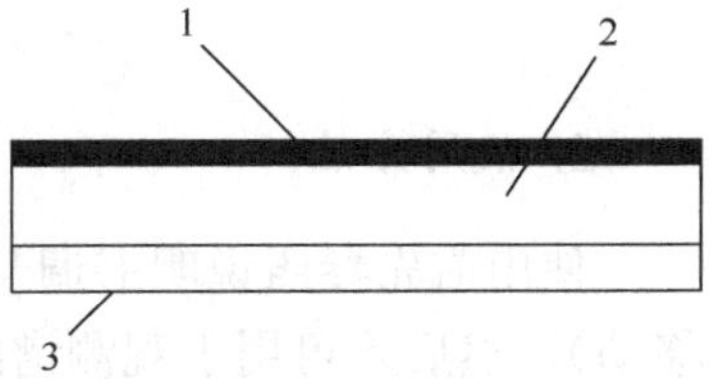

图 2-6　光谱干板构造

1. 感光层；2. 片基；3. 防晕层

感光层又称为感光乳剂，由感光物质（卤化银）、明胶和增感剂组成，其厚度为 10～25 μm。片基是感光乳剂的承载体，一般是光学性质比较好的玻璃，其厚度为 1～1.5 mm。防晕层是涂在片基背面或感光乳剂与片基之间的一层吸收散射光的物质。

2.2.6　8W 型光谱投影仪的使用及维护

1. 结构原理

光谱投影仪用于对摄谱仪所摄下的光谱底板进行定性及半定量分析。

仪器由光学系统及机械调节系统组成。

（1）光学系统。光学系统是仪器的主要组成部分，由一系列透镜、聚光镜以及反射镜组成，如图 2-7 所示。

（2）机械调节系统。机构调节部分均安装在仪器外部，如图 2-8 所示。

光学系统是通过机械调节系统来调节的。

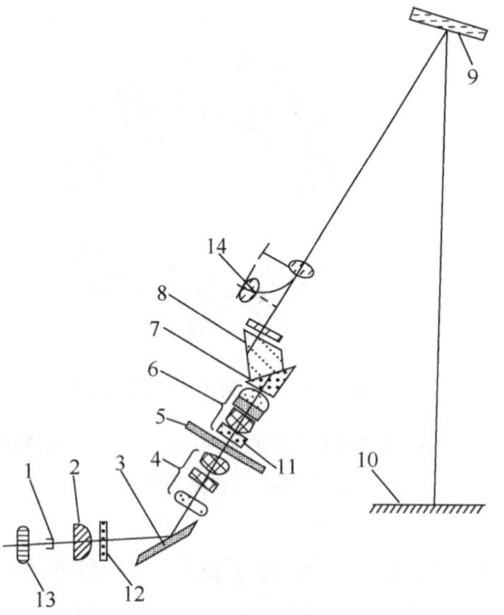

图 2-7　光谱投影仪光学系统

1. 光源；2. 非球面聚光镜；3. 反射镜；4. 聚光镜组；5. 光谱底版；6. 投影物镜组；7, 8. 棱镜；9. 平面反射镜；10. 白色投影屏；11. 可上下移动的透镜；12. 隔热玻璃；13. 球面反射镜；14. 调光透镜

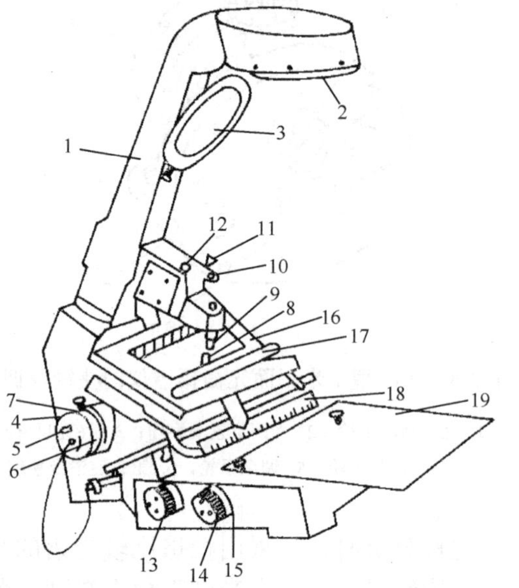

图 2-8　8W 型光谱投影仪

1. 平面反射镜支架；2. 平面反射镜；3. 平面反射镜盖；4. 灯座；5. 灯丝上下移动调节手轮；6. 灯丝清晰度调节；7. 灯座固定螺丝；8, 9. 调节透镜；10. 辅助透镜；11. 标记设备；12, 13. 谱线清晰度调节手轮；14. 底片左右移动手轮；15. 底片上下移动手轮；16. 底片架；17. 底片垫板；18. 标尺；19. 白色投影屏

2. 使用方法

使用前先参照说明书调节照明系统的清晰度及光谱干板工作台的水平位置（调好后不再移动），然后才可用于观测谱线，其操作步骤如下：

（1）接通电源，打开开关旋钮及反射镜盖。

（2）检查照明灯光。打开辅助透镜，白色投影屏上就显出灯丝像，观察两个灯丝像是否清晰并相重合，若不清晰或不重合可用灯丝调节器（图 2-8 中 5、6）调节。这一步骤已预先实施，使用时将辅助透镜合上。

（3）将光谱干板放在已调好水平的工作台上，使感光层朝上（短波区在右边，长波区在左边）。谱线如不清晰可用谱线清晰度调节手轮（图 2-8 中 12 或 13）调节至谱线清晰，然后用底片左右移动及上下移动手轮（图 2-8 中 14 或 15）将所要观察的谱线移至白色投影屏内。

（4）使用完毕，关上电源开关，盖上平面反射镜盖。

3. 维护和保养

（1）若发现镜面不干净，切勿用手擦，可用擦镜纸轻轻地擦或用洗耳球吹去灰尘。

（2）底片未干时，不要放在工作台上看谱，以免底片上的水滴到透镜上。

实验一　原子发射光谱定性分析

一、实验目的

（1）学习原子发射光谱分析的基本原理，了解中型摄谱仪的性能，练习光谱分析实验基本操作。

（2）学习利用谱线图比较法检查试样中是否含有被测定的元素。

二、实验原理

原子发射光谱是由于物质受到火焰、电弧、电火花激发时，原子中的电子从基态吸收能量，跃迁到激发态，然后又从激发态回到基态放出能量，而产生的一系列光谱线。每种原子具有特定的原子结构，所以各元素也就具有它的特征光谱线，这作为光谱定性分析的基础。

一种元素的光谱线很多，不能一条一条地找，也不能随便取几条，所以选择一些特征光谱线来分析，即分析线。分析线要满足两个要求，一是要灵敏，二是不与其他元素光谱线重合。首先，因为定性分析是要肯定样品中有没有这些元素，因此也就要求即使在样品中这些元素很少，也能鉴定出它们的存在，这就决定所选择的光谱线必须是灵敏的，当其含量很少时，还能出现在光谱中。其次，要肯定元素确实存在，对选择的光谱线，就不仅要灵敏，还要和其他元素光谱线不相重合。

一般光谱定性分析常用的方法是谱线图比较法，是用哈特曼阶梯光阑将试样与铁棒并列摄谱，然后在映谱仪下将光谱线与铁光谱图进行比较。根据铁光谱检查样品光谱线中有没有出现某些元素的分析线，从而肯定有何种元素存在。在 2300～3500 Å 范围内，几种元素的主要分析线见表 2-1。

表 2-1　几种元素分析谱线表

元素	波长/Å	在 C 电弧中灵敏度/%	干扰元素
Si	2881.580　I	0.001	
	2516.123　I	0.001	
	2506.969　I	0.03	
	2438.782　I	0.3～1	
	2438.378　I	0.3～1	
	2568.640　I	5～10	Al　2567.987（～5%）

续表

元素	波长/Å	在 C 电弧中灵敏度/%	干扰元素
Mg	2852.129　Ⅰ	＜0.001	Na　2852.328
	2802.0		
	2795.500　Ⅰ	0.001（特征线组）	Fe　2795.544
	2776.690　Ⅰ	～0.1（特征线组）	
	2778.288　Ⅰ	～0.1（特征线组）	
	2779.834　Ⅰ	～0.03（特征线组）	
	2781.417　Ⅰ	～0.1（特征线组）	
	2782.974　Ⅰ	～0.1（特征线组）	
	2790.787　Ⅰ	～0.3	
	2915.520　Ⅰ	3	
Mn	2794.817　Ⅰ	＜0.001	
	2798.271　Ⅰ	特征灵敏线	
	2801.064　Ⅰ		
	2933.063　Ⅱ	＜0.01	
	2638.171　Ⅱ	0.3	
	2639.850　Ⅱ	～1	
	2384.050　Ⅰ	～3	
Pb	2833.069　Ⅱ	＜0.003	
	2802.003　Ⅱ	0.01	
	2663.166　Ⅱ	＜0.003	
	2476.379　Ⅰ	0.1	
	2393.794　Ⅰ	～0.3	
	2332.426　Ⅰ	＞1	
Fe	3020.640　Ⅱ	0.001	
	2599.396　Ⅱ	0.0001～0.003	
	2599.570　Ⅱ	0.003～0.01	
	2598.389　Ⅰ	0.01	
	3018.982　Ⅰ		
Al	3082.155　Ⅱ	0.001～0.003	
	3092.713　Ⅱ	特征线组	
	2652.489　Ⅱ		
Ti	3349.035　Ⅱ	0.001	
	3372.800　Ⅱ	0.001～0.003	
	3088.025　Ⅱ	0.003	
	3377.585　Ⅱ	～0.01	
Ca	3933.666　Ⅱ		
	3968.468　Ⅱ	0.01	
	3258.869　Ⅱ	0.003～0.1	
Cu	3247.540　Ⅱ		
	3273.962　Ⅱ	0.0001～0.0003	
	2824.369　Ⅱ	0.03	
	2961.165　Ⅰ	0.03	
Ge	2651.178　Ⅰ		Fe　2651.291
	2651.575　Ⅰ		Fe　2651.706
	3039.064　Ⅰ	0.01	In　3039.356
	2691.344　Ⅰ		＞0.01%

三、仪器与试剂

1. 仪器

WP_1 型 1 米平面光栅摄谱仪；交流电弧发生器；映谱仪；纯铁电极；纯碳电极；元素标

准光谱图（与摄谱仪的色散率匹配）；电极加工机械。

2. 试剂

试样；显影液；定影液。

四、实验内容与步骤

1. 摄谱前的准备工作

（1）准备电极。在光谱分析实验中，一般用光谱纯的石墨电极作为辅助电极，其直径为 5～7 mm，长为 30～40 mm。上电极加工成锥形，下电极有深 4 mm、直径为 3 mm 的孔穴。

（2）将粉状样品用小勺加入电极的样品孔中，填满碳电极小孔。将填满粉末的碳电极放在电极盘上（注意勿让外来物质沾污碳棒）。

（3）将试样号码、实验条件、电极规格、曝光时间、光谱干板类型、定影显影的时间等都详细写在原始记录纸上。如果摄谱时遇有特殊情况，必须随时记录。

（4）关好暗室的门窗，将从仪器上取下的装有光谱干板的相板盒放置于干净桌面上，打开相板盒，关闭白光灯。从相板小箱中取出一块光谱干板，立即将其余的光谱干板包好盖好，放回小箱中。用湿手指在光谱干板角上鉴别感光层，感光层朝下放在相板盒适当位置上，关紧相板盒并放在摄谱仪上。检查相板盒是否已放好扣紧。

2. 摄谱

（1）开始摄谱前，注意做系列的检查工作，首先检查相板盒是否已放好扣紧，光阑、狭缝、透镜位置是否合适，然后检查线路是否接好。检查完毕后，准备好停表、夹子、手套，抽开相板盒上的遮光板。

（2）将装好试样的碳电极放在电极架上，利用指示灯对好上下电极的位置，保持弧隙距离 3～6 mm。换电极时，可先换上电极（使对准下电极），再换下电极（使对准上电极），经教师检查后，才能进行摄谱。

（3）接通电源，点燃电弧。首先在谱片上拍摄铁光谱，然后调节适当的电压及电流，再在谱片上拍摄试样的光谱。在摄谱过程中，注意不要让电极夹和外来杂质沾污碳棒，注意光阑板移的位置有无错乱，随时记录特殊情况，并尽量采取有效措施补救。

（4）摄谱完毕，盖好狭缝，关好电源开关，插上遮光板，取下相板盒同时装上另一相板盒，以防止灰尘进入仪器。清理工作台和电极架，在暗室中冲洗光谱干板。

（5）地面上铺有耐压的橡胶地板，操作时要集中注意力，不要接触电极的金属部分，不应谈笑、看书或做其他事情，任何人问话只能在摄谱完后回答。

3. 暗室处理

摄好的谱片需进行显影、定影、水洗和晾干等过程。

（1）洗相前，光谱干板应放在干净桌面上，不能随便乱放。

（2）在洗相台上将瓷盘按显影、水洗、定影，从左到右排好顺序，倒入显影液、水和定影液，测量显影液温度，调节到 10～20℃。

（3）熄灭白光灯，从相板盒中取出光谱干板，反转使感光层朝上，以较小的角度迅速插入显影液中，尽可能将整个谱片同时放入显影液中，然后搅动显影液，以使各部分都显影均匀。按规定均匀摇荡 2～5 min。

（4）显影完毕后，将谱片取出放入清水中片刻，再放入定影液中，同时摇荡以使 AgBr 溶解。15 min 以后，至光谱干板完全透明，即可取出。

（5）定影完毕后需用水冲洗，以除去残留在感光层中的 $Na_2S_2O_3$ 和已被溶解的银盐。若感光层留有 $Na_2S_2O_3$，会使影像变色或产生黄色斑点。通常是在 12～18℃的温度下，用清水冲洗 15～20 min，然后放在相板架上使其自然晾干，或用吹风机吹干（温度不能过高以免破坏感光层，使谱线弯曲）。

（6）注意在显影、定影时必须感光层朝上，感光层完全被溶液淹没。若一次洗两块以上光谱干板，要防止两块板互相重叠，以致不均匀。显影液、定影液的配方很多，现介绍天津市津盈感光材料有限公司生产的光谱干板（型号：光谱Ⅱ型）配方。

显影液配方：

水（35～45℃）	700 mL
米吐尔（化学纯）	1 g
无水亚硫酸钠（化学纯）	26 g
对苯二酚	5 g
无水碳酸钠（化学纯）	20 g
溴化钾（化学纯）	1 g
加水至	1000 mL

配制时严格按配方所示的次序加入药品，待前一种试剂完全溶解后方能加入后一种试剂。光谱分析中，一份显影液可用数次，如果遇天气热、放置太久，显影液变黄后不能再用。

F-5 定影液配方：

水	600 mL
硫代硫酸钠	240 g
无水亚硫酸钠	15 g
28% 乙酸（8 份水与 3 份冰醋酸配成）	48 mL
硼酸	7.5 g
钾明矾	15 g
加水至	1000 mL

4. 看谱

（1）将谱片放在光谱投影仪上放大 20 倍，注意胶面朝上，接通电源，调节灯亮度至谱线清楚为止。

（2）首先可以从短波到长波浏览一遍，用自己所掌握的灵敏线、分子谱带、背景情况以及光谱线的特殊记号进行各个元素的分析。如果经常使用的分析线有干扰，则选用其他没有干扰的较灵敏的线。在换用分析线前，应研究干扰线的位置在该波段是否引起干扰。若分析元素与干扰元素蒸发情况不一样，可借以识别。如果遇到几条分析线都有干扰，可找一条不与分析元线重叠的同样强度的干扰元素谱线与重叠谱线对比。如果重叠的一条比较黑，说明分析元素是存在的。如果对有谱线的位置怀疑，可用纯药品摄制的标准板来校正。

（3）半定量分析。根据谱线分析的黑度强弱，估计试样大致含量，一般分为较多量成分（大）、少量成分（中）、微量成分（微）和痕量成分（痕）等。

5. 光谱定性分析试样和分析条件（表 2-2）

表 2-2　光谱定性分析试样和分析条件

<table>
<tr><th>试样</th><th>状态</th><th>辅助电极</th><th>并列摄谱试样</th><th>摄谱条件</th><th>检验元素</th></tr>
<tr><td>矿石
土壤
纯物质
水</td><td>非导电性固体（粉末、溶液）</td><td>碳电极</td><td>Fe、C</td><td rowspan="2">狭缝宽：8 μm
遮光板型号：3.2 mm
电流：3～10 A
曝光时间：30～60 s
极距：2 mm
显影时间：4 min
定影时间：15 min</td><td>Si、Al、Ca、Mg、Mn、Pb、Cu、Ti</td></tr>
<tr><td>煤灰</td><td>非导电性固体</td><td>碳电极</td><td>Fe、C</td><td>Ge 等</td></tr>
<tr><td>黄铜棒</td><td>导电性固体</td><td>不用</td><td>Fe</td><td rowspan="2">狭缝宽：8 μm
遮光板型号：3.2 mm
电流：3～10 A
曝光时间：16 s
极距：2 mm
显影时间：4 min
定影时间：15 min</td><td>Si、Al、Fe、Mn</td></tr>
<tr><td>硬铝</td><td>导电性固体</td><td>不用</td><td>Fe</td><td>Cu、Mn、Si、Fe、Pb、Al、Ca</td></tr>
</table>

6. 实验记录（表 2-3、表 2-4）

表 2-3　摄谱条件记录

实验内容：____________________　　谱片号：______________

摄谱仪型号：　　　光源型号：　　　　　光谱干板生产厂家及规格：

<table>
<tr><td rowspan="2">摄谱条件</td><td>光阑位置</td><td>狭缝宽度/μm</td><td>遮光板型号</td><td>予燃时间/min</td><td>曝光时间/s</td><td>电压/V</td><td>电流/A</td><td>极距/mm</td></tr>
<tr><td></td><td></td><td></td><td></td><td></td><td></td><td></td><td></td></tr>
<tr><td rowspan="4">洗相测光处理条件</td><td>显影液</td><td>显影时间/min</td><td>温度/℃</td><td>止影液</td><td>止影时间/min</td><td>定影液</td><td>定影时间/min</td><td>水洗时间/min</td></tr>
<tr><td></td><td></td><td></td><td></td><td></td><td></td><td></td><td></td></tr>
<tr><td colspan="2">测光电压/V</td><td colspan="2">测光电源</td><td>狭缝宽/μm</td><td colspan="2">狭缝高/μm</td><td>透镜倍数</td></tr>
<tr><td colspan="2"></td><td colspan="2"></td><td></td><td colspan="2"></td><td></td></tr>
</table>

表 2-4　摄谱实验记录

板移/cm	样品号	电流/A	时间/s	板移/cm	样品号	电流/A	时间/s

五、注意事项

（1）激发光源为高电压、高电流装置，实验时应遵守操作规程，注意安全。

（2）对实验中使用的光学仪器，不能用手或布擦拭光学仪器表面，室内应保持干燥、清洁。

（3）开始摄谱前，先打开通风设备，使金属蒸气排出室外。

（4）在暗室操作时，注意光谱干板不要装反，感光层应朝向入射光方向。如果光谱干板装反，玻璃吸收紫外光，将得不到完整的原子发射光谱。

（5）摄谱时应按时开启摄谱仪快门。

（6）电弧辐射很强的紫外线，切勿直接观察，以免伤害眼睛。

六、实验结果与数据处理

（1）记录摄谱条件，包括光源、电流、曝光时间、试样种类等。

（2）用比较光谱法识谱，以铁光谱作为标准谱，在映谱仪上，把元素光谱图按顺序逐一地与所摄取的铁光谱重叠，观察试样光谱中出现谱线所属的元素。

（3）根据看谱结果，列出未知样品中的组分及其含量范围。

七、思考题

（1）原子发射光谱定性分析的原理是什么？

（2）摄谱的主要工作条件及条件选择的依据是什么？

（3）简述看谱的步骤，并说明其理由。

（4）在光谱定性分析中，拍摄铁光谱和试样光谱时，为什么要固定装有光谱干板的相板盒的位置而移动哈特曼光阑，而不能固定光阑而移动相板盒？

（5）不同曝光时间的光谱有何区别？

（6）摄谱仪狭缝宽度对光谱定性分析有什么影响？

实验二　电感耦合等离子体原子发射光谱法测定水样中的 Cu、Zn 和 Fe

一、实验目的

（1）学习电感耦合等离子体光源的工作原理。

（2）了解电感耦合等离子体发射光谱分析的基本原理与操作技术。

二、实验原理

电感耦合高频等离子体光源是 20 世纪 70 年代迅速发展起来的新型激发光源。在电感耦合等离子体原子发射光谱（ICP-AES）分析中，试样溶液被雾化后形成气溶胶，由氩载气携带进入等离子体焰炬。在焰炬的高温下，溶质的气溶胶经历多种物理化学过程而被迅速原子化，成为原子蒸气，并进而被激发，发射出元素的特征光谱，经分光后进入摄谱仪而被记录下来，从而对待测元素进行定量分析。

ICP-AES 分析是将试样在等离子体光源中激发，使待测元素发射出特征波长的辐射，经过分光，测量其强度而进行定量分析的方法。ICP 光电直读光谱仪用 ICP 作光源，用光电检测器（光电倍增管、光电二极管阵列等）检测，并配备计算机自动控制和数据处理系统（图 2-9）。由于 ICP 光源具有环形通道、高温、惰性气氛等特点，因此 ICP-AES 具有分析速度快、灵敏度高、稳定性好、线性范围宽、基体干扰小、可多元素同时分析等优点。

电感耦合高频等离子体光源装置由高频发生器、等离子体炬管和雾化器三部分组成。高频发生器是产生高频磁场、供给等离子体能量的。等离子体炬管由一个三层同心石英玻璃管组成。

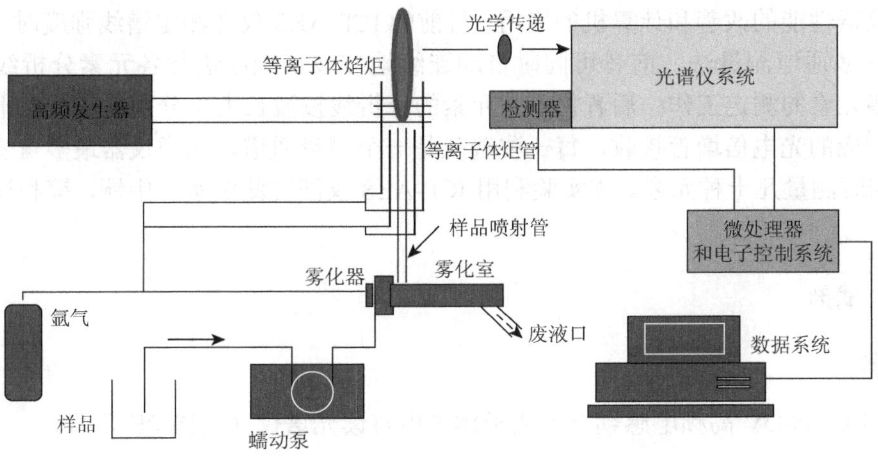

图 2-9　ICP-AES 仪器结构示意图

等离子体发生器中，等离子体炬管的结构如图 2-10 所示。三层石英玻璃管组成同心型套管。三股氩气流分别进入各层石英玻璃管。外管上方为施加高频电流的感应线圈，感应线圈一般有 2～5 匝，内通冷却水。常温下，气体不导电，高频能量不会在气体中产生电流。但如果使用线圈触发少量气体电离，或是将石墨棒等导体插入炬管内，使其在高频交变电场作用下产生焦耳热并发射热电子，随后产生的带电粒子在高频交变电场的作用下做高速运动，碰撞气体原子，使之迅速大量电离，形成“雪崩”式放电。电离了的气体在感应线圈内形成类似变压器的次级线圈，由于感应耦合作用，产生与线圈同心的涡流，强大的电流产生高温（瞬间电流强度可达 100～1000 A，瞬间温度可达 10 000 K），使气体被加热、电离，从而在等离子体炬管上形成一个如同蜡烛火焰的耀眼的稳定的等离子体焰炬。它提供能量，使试样的悬浮微粒原子化、激发甚至电离，产生元素的离子线和原子线光谱。

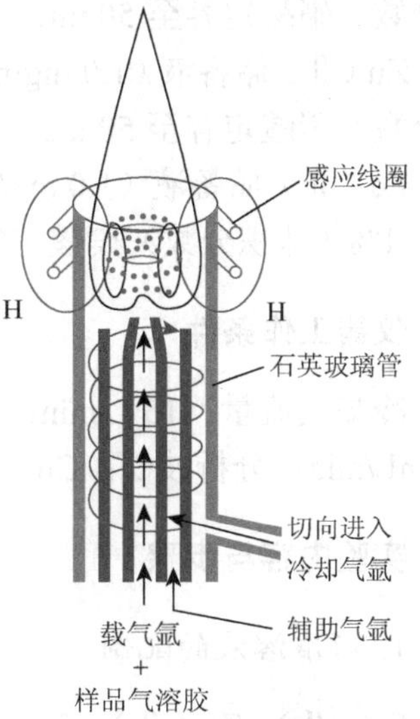

图 2-10　等离子体炬管结构示意图

三股气流中，最外层的气流称为等离子体气流或外气流，它的作用是把等离子体焰炬和石英玻璃管隔离开，以免烧熔石英玻璃管。该气体从切向进入，产生的气流有益于等离子体稳定。中间管气流称为辅助气流或中气流，在进行分析工作时，它可以起抬高等离子体焰炬，减少碳粒沉积，保护进样管的作用。内管气流的作用为携带试样气溶胶进入等离子体焰炬中，使后者形成一个中间通道，让试样在其中激发并发射出光谱。

ICP-AES 具有高温（等离子体焰炬的中心温度高达约 10 000 K，可使试样完全蒸发和原子化）、环状通道、惰性气氛、自吸现象小等特点，因而具有选择性好（基体效应和元素间的干扰少）、灵敏度高（检出限可达 10^{-9}～10^{-11} g/L）、精密度高（相对标准偏差一般为 0.5%～2%）、线性范围宽（通常可达 4～6 个数量级）等优点，是同时分析液体试样中多种金属元素含量的最佳方法。目前，此方法可用于分析 70 多种元素，并可对百分之几十的高含量元素进行测定。

由于仪器性能的改善和计算机的应用，目前的 ICP-AES 仪在测定谱线强度时，常使用顺序扫描法和多通道测量法。前者可同时自动连续地按波长顺序进行各元素分析线强度的测量，完成多元素的测定工作；后者将不同元素的分析线按波长大小分别固定排在不同的出射狭缝，由相应的光电倍增管接收，每一狭缝就是一个测量通道，此类仪器最多可安放 40 个通道，可同时测量几十种元素。本实验利用 ICP-AES 仪同时测定水样中铜、锌和铁等金属离子的含量。

三、仪器与试剂

1. 仪器

OPTIMA2100DV 高频电感耦合等离子体光电直读光谱仪（美国 PE 公司）。

2. 试剂

$CuSO_4$(A.R.)；$Zn(NO_3)_2$(A.R.)；$Fe(NH_4)_2(SO_4)_2\cdot 6H_2O$；$HNO_3$(G.R.)。

Cu（Ⅱ）储备液（1.0 mg/mL）：准确称取 0.126 g $CuSO_4$ 于 50 mL 容量瓶，加入 1%（体积分数）硝酸定容至 50 mL，摇匀待用。

Zn（Ⅱ）储备液（1.0 mg/mL）：准确称取 0.097 g $Zn(NO_3)_2$ 于 50 mL 容量瓶，加入 1%（体积分数）硝酸定容至 50 mL，摇匀待用。

Fe（Ⅱ）储备液（1.0 mg/mL）：准确称取 0.351 g $Fe(NH_4)_2(SO_4)_2\cdot 6H_2O$ 于 50 mL 容量瓶，加入 1%（体积分数）硝酸定容至 50 mL，摇匀待用。

四、仪器工作条件

冷却气流量：15 L/min；载气流量：0.8 L/min；辅助气流量：0.2 L/min；蠕动泵流速：2.0 mL/min；分析波长：Cu，324.754 nm；Fe，259.940 nm；Zn，334.502 nm。

五、实验内容与步骤

1. 标准溶液的配制

Cu（Ⅱ）、Zn（Ⅱ）、Fe（Ⅱ）的混合标准溶液：分别取 1.0 mg/mL 的 Cu（Ⅱ）、Zn（Ⅱ）、Fe（Ⅱ）的标准溶液配制成浓度为 0 μg/mL、0.01 μg/mL、0.03 μg/mL、0.10 μg/mL、0.30 μg/mL、1.0 μg/mL、3.0 μg/mL、10.0 μg/mL、30.0 μg/mL、100 μg/mL 的混合标准系列溶液（以上溶液均在 1% 硝酸中）。

2. 水样的制备

取自来水水样，经过滤处理后即可测定。

3. ICP-AES 测定步骤

（1）保持实验室内通风。打开气源（氩气、空气压缩机）和冷却水（或冷却水循环器）。

（2）打开主仪器电源开关（通常此开关应保持打开状态，以避免仪器开机时的重新初始化导致的时间延迟）。

（3）关闭试样舱门，确保前门紧闭。

（4）启动计算机和 WINLAB32 软件，等待仪器初始化结束。

（5）点炬，15 min 后仪器自动进行光学初始化（initialize optics），并检查结果。也可以选“Tools-Spectrometer Control-initialize optics”随时启动，大约 4 min 结束。

（6）分析方法编辑。

（7）分析样品。

（i）吸入 1% 硝酸溶液，得到空白溶液中 Cu（Ⅱ）、Zn（Ⅱ）、Fe（Ⅱ）的背景信号强度。

（ii）由低浓度至高浓度分别测定不同浓度的混合标准溶液中 Cu（Ⅱ）、Zn（Ⅱ）、Fe（Ⅱ）的发射信号强度。

（iii）吸入空白溶液，冲洗进样系统。

（iv）吸入样品溶液，分别测定样品溶液中 Cu（Ⅱ）、Zn（Ⅱ）、Fe（Ⅱ）的发射信号强度。

（8）完成分析后应清洗进样系统，清洗时间和样品有关，一般可以先喷 2%～5% HNO_3 约 5 min，再喷去离子水约 5 min。样品基体复杂的要延长清洗时间。

（9）结束后在“Plasma”框熄炬，熄炬后，仪器将保持 Plasma 和辅气体 1～2 min 以冷却炬管，此时应继续保持提供氩气。

（10）排出雾化室内余液，停止蠕动泵，松开蠕动泵管。

（11）先退出软件，然后切断仪器电源，关闭气源（氩气、空气压缩机）和冷却水（或冷却水循环器）。

六、实验结果与数据处理

1. 记录实验条件

（1）ICP 发生器频率、功率。

（2）感应线圈匝数。

（3）等离子体焰炬观察高度。

（4）载气、冷却气、工作气体等的流量。

（5）蠕动泵流速。

（6）Cu（Ⅱ）、Zn（Ⅱ）、Fe（Ⅱ）的测定波长。

（7）积分时间。

2. 数据处理

（1）制作 Cu（Ⅱ）、Zn（Ⅱ）、Fe（Ⅱ）的工作曲线。

（2）评价工作曲线的线性。

（3）计算原始样品中 Cu（Ⅱ）、Zn（Ⅱ）、Fe（Ⅱ）的含量。

七、思考题

（1）为什么 ICP 光源能够提高光谱分析的灵敏度和准确度？

（2）通过该实验，你体会到 ICP-AES 分析法有哪些优点？

第 3 章　原子吸收分光光度法

3.1　基 本 原 理

原子吸收分光光度法（atomic absorption spectrophotometry，AAS）是一种以测量原子蒸气对特定谱线的吸收为基础的光谱分析方法。原子在吸收了提供的能量后会从基态跃迁到激发态，由于特定原子的结构决定了原子具有其特定的激发态，通常原子不止有一个激发态。原子处于激发态时很不稳定，会迅速释放所吸收的能量回到基态。释放的能量可以光的形式发出，形成原子发射光谱。如果用特定波长的光照射原子，这些光的能量与原子中的某两个能级之间的能量差相等时，基态的原子就会吸收这种光而发生跃迁，使入射光衰减，产生原子吸收光谱。

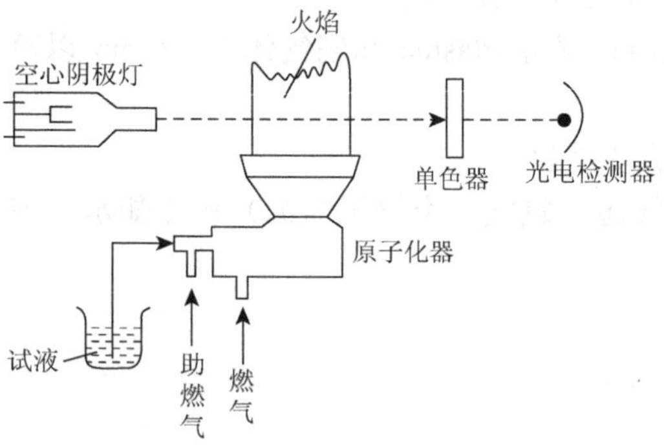

图 3-1　原子吸收分光光度计的结构示意图

原子吸收分光光度计的结构如图 3-1 所示，图中光源发出的光线通过原子化器产生的被测元素的原子蒸气时，蒸气中的基态原子吸收光线，产生吸光度，通过单色器后进入检测系统产生信号并将信号记录。

原子吸收光时，只会吸收能量与其内部能级差相对应的光，而原子内部的能级差是由原子的电子层结构决定的，所以原子对光的吸收是有选择性的。原子只会发出与其能级差相对应的能量的光，满足下列关系式：

$$\Delta E=hc/\lambda \tag{3-1}$$

式中，ΔE 是原子内部的能级差；h 是普朗克常量；λ是吸收光的波长；c 是光速。

由于原子的内部能级数量比分子内部的能级数量要少很多，因此原子的吸收线比分子的吸收线少很多，且表现出明显的不连续性。原子的吸收线非常窄，半宽度大约只有 10^{-3} nm。如果采用通常的分光光度分析仪器中使用的连续光谱的光源，通过单色器产生的单色光进行测量时，原子蒸气中的基态原子对光源入射光的吸收只占很小一部分（大约只有 0.5%），因此测量的灵敏度非常低，无法进行有效的测量。

另一方面，根据经典色散理论，原子蒸气对入射光的吸收的全部能量即积分吸收，也就是原子吸收线下包含的面积，与原子蒸气的浓度有如下关系：

$$\int_{-\infty}^{+\infty} K_{\nu}\mathrm{d}\nu=\frac{\pi e^2}{mc}N_0 f \tag{3-2}$$

式中，K_{ν} 是原子对频率为 ν 的光的吸收系数；N_0 是单位原子蒸气中吸收光辐射的基态原子的数目；e 是电子电荷；m 是电子质量；c 是光速；f 是振子强度，即每个原子吸收或发射特定频率光的电子数，当测量条件一定时，其对特定的元素是一定值。

从式（3-2）可以看出，原子对特定频率的光的积分吸收在一定条件下与单位原子蒸气中吸收光辐射的基态原子的数目成正比，而且与被吸收光的频率无关，也与产生吸收线轮廓的物理方法和条件无关。所以如果能够测得基态原子对中心频率为 ν 的光的积分吸收，就可以建立原子吸收的基本分析方法，并且可以成为一种不需要标准样品的绝对测量方法。但是如前所述，原子吸收线的半宽度非常窄，测量如此窄的原子吸收线的积分吸收值，以目前的技术水平还难以做到。

针对原子吸收的灵敏度和积分吸收测量的困难，澳大利亚学者瓦尔西（Walsh）提出采用半宽度非常窄的锐线光源的方法测量峰值吸收，代替测量积分吸收。这样，一方面解决了测量灵敏度的问题，另一方面不用测量积分吸收就可以进行分析。

如果用半宽度非常窄的锐线光源进行测量，则原子蒸气中的基态原子对光的吸光度与其数量呈线性关系：

$$A = kN_0L \tag{3-3}$$

式中，A 是吸光度；k 是常数；L 是锐线光源发出的光通过原子蒸气的长度。

在原子蒸气中不可避免地存在着被激发了的原子，这些原子就不能吸收锐线光源发出的光，因此蒸气中基态原子的数量不能代表原子蒸气中被测元素的总原子数。在一定温度下，如果采用被测元素的第一共振线进行测量，基态原子和激发态原子的比例是确定的。计算表明，在原子化温度低于 3000 K 时，许多元素由基态跃迁至第一激发态时，激发态的原子所占的比例是非常少的，所以在正常的原子吸收测量时，基态原子的数量就可以被认为是原子蒸气中原子的总数。

当测量时的原子分光光度计一定时，进入原子化器的溶液中被测元素的浓度 c 是一定的，而原子化器的原子化效率一定，所以原子蒸气中原子的总数与溶液中被测元素的浓度成正比。如果锐线光源发出的光通过原子蒸气的长度 L 是固定的，则有

$$A = Kc \tag{3-4}$$

式（3-4）表明，在一定条件下，使用锐线光源测量得到的峰值吸收的吸光度与实验中被测元素的浓度成正比。所以，可以用式（3-4）作为原子吸收的定量关系。

3.2　原子吸收分光光度计

原子吸收光谱分析仪器，无论结构简单还是比较复杂，都主要由光源、原子化器、单色器、检测器和读出装置等组成，其基本构造示意图如图 3-2 所示。

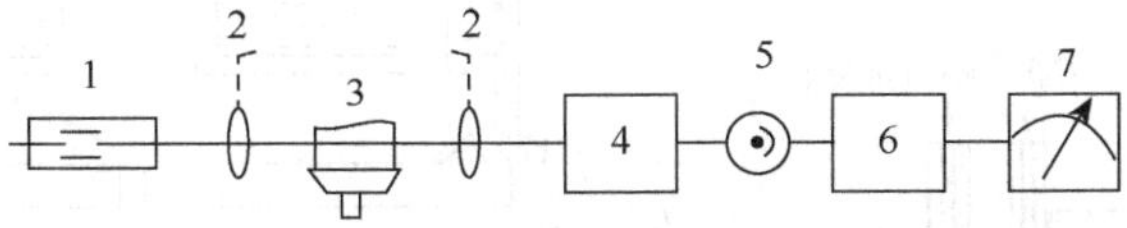

图 3-2　原子吸收分光光度计基本构造示意图

1. 空心阴极灯；2. 透镜；3. 燃烧器；4. 单色器（光栅）；5. 光电倍增管；6. 对数转换、标尺扩展等装置；7. 表头

3.2.1　光源

光源的作用是辐射待测元素的特征光谱线，供测量用。原子吸收要求光源必须能发出比吸收线宽度更窄且强度大、稳定的锐线光源，通常采用空心阴极灯来实现（图 3-3）。空心阴极灯的阴极采用被测元素的高纯物质制成，灯内充有低压的惰性气体（一般是氖气）。

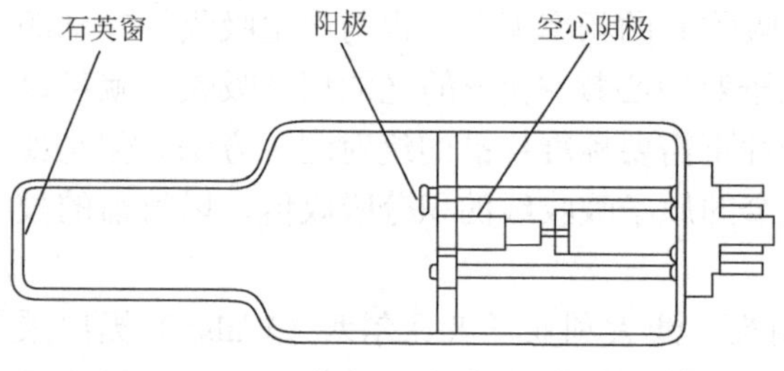

图 3-3　空心阴极灯的结构

当在空心阴极灯的正负两极之间加上适当电压时，灯中的惰性气体被击穿，发生辉光放电，产生等离子体。等离子体中的正电性惰性气体离子在电场的作用下被加速，剧烈撞击阴极表面，使阴极表面的被测元素的原子被撞击而溅射出来，形成原子蒸气。原子蒸气再与等离子体中的离子、电子发生碰撞而被激发，发出该元素的共振线。

由于被测元素的发光是由该元素的原子蒸气发出的，所以谱线的宽度和纯度都可以达到原子吸收测量峰值吸收的要求。

为防止干扰，一般采用被测元素的第一共振线进行测量，可以通过控制空心阴极灯的灯电流进行控制。合适的灯电流可以保证光源的谱线纯度和强度。

3.2.2　原子化器

原子化器的作用是将常温下的非原子态的被测元素的原子转变为原子蒸气。原子化器分为高温和低温原子化两种系统。常用的高温原子化器有火焰和无火焰两大类。

1. 火焰原子化器

火焰原子化器（图 3-4）是一种结构简单、分析速度快的原子化系统，能够进行大多数元素的测定，灵敏度较高，应用广泛。火焰原子化器常用 C_2H_2 作燃气，空气或 N_2O 作助燃气形成火焰。样品溶液进入火焰后发生原子化形成原子蒸气。

2. 无火焰原子化器

常用的无火焰原子化器是高温电热石墨炉（图 3-5）。样品通过进样器加入石墨管中，通电后石墨管产生高温，使样品原子化形成蒸气。原子化效率较火焰原子化器高，灵敏度可以提高 10～200 倍。样品需要量少。但背景吸收比火焰原子化器要高，所以测量时要考虑背景吸收的扣除。

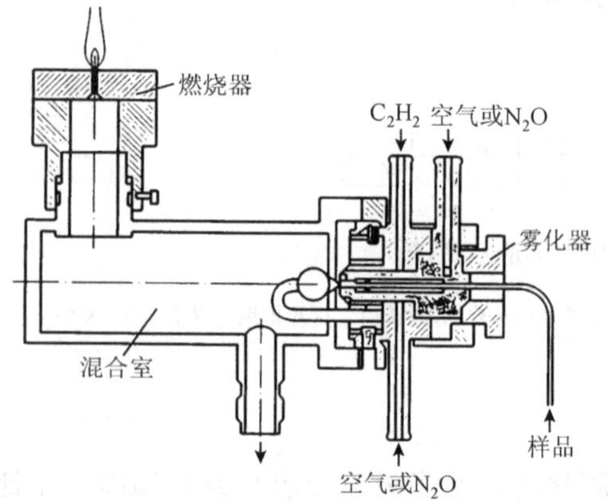

图 3-4　火焰原子化器结构

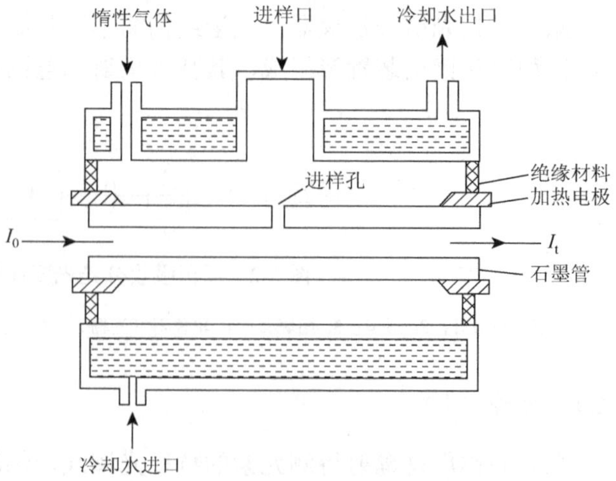

图 3-5　高温电热石墨炉结构

I_0. 入射光强度；I_t. 透射光强度

3.2.3　单色器

单色器可以除去光源的惰性气体的光谱、原子化器发出的光和仪器周围的杂散光。

3.2.4　检测器和读出装置

原子吸收的强度相对于分子的吸收是比较弱的，所以要采用高灵敏度的检测器实现光电转换。常用光电倍增管作为检测器。光电倍增管可以将微弱的光信号放大，形成较强的电信号进入放大装置。经过放大装置放大后的信号通过读出装置显示和记录。

3.3　原子吸收光谱法的干扰因素及消除

原子吸收光谱法是一种选择性好的分析方法。这种方法干扰少，也易于抑制和消除干扰。但是在实际工作中，由于工作条件、分析对象的多样性和复杂性，在一些情况下干扰还是很大。因此，要了解产生干扰的原因和采取抑制干扰的办法。原子吸收光谱法中的干扰可以分为以下几种。

1. 电离干扰

当原子化的温度较高时，分子要解离成为原子，部分原子失去电子而被电离成为离子。发生电离的结果是参与原子吸收的基态原子数目减少，所以导致吸光度降低，灵敏度减小。电离干扰主要发生于碱金属和部分碱土金属的测定。对于电离干扰，常用电离抑制剂消除。常用的电离抑制剂是一些电离电位低、易电离的 K、Na、Rb、Cs 等金属，有时加入的电离抑制剂比待测元素的电离电位高。例如，测 K 时，就加入比 K 电离电位高的 Na。加入 Na 的浓度大些，也可以抑制干扰。

2. 光谱干扰

（1）光源中含有与测量用的谱线（分析线）相邻的被测元素的谱线，如果光路系统测量了这些谱线，就会产生误差。可以通过提高光源的发射强度、减小入射狭缝来减少这种干扰。

（2）光源中含有非被测元素的谱线时，这些谱线不能被吸收，但可能被检测器检测到，因此产生干扰。可以通过提高单色器的分辨率减少这种干扰。

（3）光源中含有与被测元素分析线相近甚至重叠的其他元素的谱线时，或者样品中含有两种谱线十分接近或重叠的元素时，由于原子吸收的谱线都有一定的带宽，会互相吸收干扰元素的发射线，因而产生干扰。可以通过分离干扰元素或另外选择被测元素的其他谱线的方法进行消除。

（4）原子化器中的原子蒸气的发射。在原子蒸气中总是存在一些激发态的原子，会发射谱线进入检测器，使吸光度减少，产生干扰。可以通过提高光源发射强度或进行光源调制加以消除。

（5）背景吸收。在原子化器中的原子蒸气中存在着各种分子对光源谱线的吸收，是宽带吸收，同时原子蒸气中的固体颗粒（如结晶的盐粒等）会对光源的光产生散射和遮挡作用，这些都会造成测量结果偏大，成为背景吸收。背景吸收可以通过采用氘灯校正背景法、塞曼效应校正法进行扣除。

3. 物理干扰

物理干扰又称为基体效应，是由样品和标准之间存在着物理性质的差异造成的，如溶液的黏度、表面张力、密度等因素和样品在转移、蒸发、原子化过程中的物理性质的变化引起的测量吸光度的变化。消除这种干扰的主要方法是尽量保证样品和标准的组成相同或用稀释、标准加入法减少基体效应。

3.4 测试数据处理和结果分析

1. 标准曲线法

首先用标准溶液配制一系列有浓度梯度的标准系列，其中包含浓度为 0 的空白溶液。测量标准系列和被测溶液的吸光度，用标准溶液的浓度为横坐标，以相应的吸光度为纵坐标作图，得到标准曲线。根据标准曲线和被测样品的吸光度（纵坐标），在标准曲线上查出被测溶液的浓度（横坐标）。

标准曲线法的要求：①标准系列的浓度范围应该在线性范围之内；②被测溶液的浓度应该在标准系列的浓度范围之内。

2. 标准加入法

取几份同样的被测溶液，在不同的被测溶液中加入不同浓度的标准溶液（标准系列），然后在仪器上测定吸光度，以标准溶液的浓度为横坐标，以相应的吸光度为纵坐标作图，得到标准曲线。由于每份用以测量的溶液中都含有相同的被测溶液，所以标准曲线与纵坐标的交点即被测溶液的吸光度，而标准曲线的反向延长线与横坐标轴的交点到原点的距离所代表的浓度就是被测溶液的浓度。

标准加入法的要求：①与标准曲线法相似，标准溶液的浓度范围也应该在线性范围之内；②加入标准溶液后，几份被测溶液的浓度应该相同。

标准加入法也可以用一份被测溶液和一份加入已知浓度的标准溶液的被测溶液进行测量。根据定量关系分别列出被测溶液、加入已知浓度的标准溶液的被测溶液的吸光度与浓度的关系式，然后用两个关系式求出被测溶液的浓度。

实验三 水体中铜的原子吸收分光光度法测定

一、实验目的

（1）了解火焰型原子吸收分光光度计的性能及基本操作技术。

（2）掌握原子吸收分析样品的基本方法。

二、实验原理

原子中的电子在基态和激发态两个能级之间发生跃迁时，必须吸收（或发射）一定的能量，这一能量等于两个能级的能级差。当电子在能量最低的激发态与基态之间跃迁时，所吸收（或发射）的光谱线称为该元素的共振线，它是各元素的特征谱线。对大多数元素来说，共振线是该元素所有谱线中最灵敏的谱线。在使用锐线光源条件下，基态原子蒸气对共振线的吸收符合朗伯-比尔定律。在实验条件一定时，待测元素的原子总数与该元素在试样中的浓度 c 成正比，即

$$A = Kc$$

将水样预处理后，以 C_2H_2 为燃料，直接进行吸收测量，方法灵敏度为 0.021 μg/mL（1% 吸收）。

三、仪器与试剂

1. 仪器

任一型号原子吸收分光光度计。

工作条件：光源，铜空心阴极灯；电流，3 mA；测定波长，324.7 nm；光谱通带，0.4 nm；空气压力，2 kg/cm^2（喷雾速度为 4.5～8 mL/min）；C_2H_2 流量，0.8 L/min。

2. 试剂

铜离子标准储备溶液：准确称取 0.1000 g 金属铜（纯度为 99.99%）溶于 15 mL 1∶1（体积比）硝酸，然后移入 100 mL 容量瓶中，用蒸馏水稀释至刻度线，其铜离子浓度为 1 mg/mL。用时将该溶液稀释至铜离子浓度为 20 μg/mL。

四、实验内容与步骤

1. 水样的预处理

对含铜量低的水样，应取较大量的水样经浓缩后才能测定。若含量高时，可将水样经过滤或离心除去水中悬浮固体物后直接测定。

如果水样中含有较大量有机化合物，可根据具体情况采用 HNO_3-HCl 或 $HClO_4$-HNO_3 进行消化。

2. 标准曲线的绘制

向 6 支 25 mL 比色管（或容量瓶）中加入 1 mL 1 mol/L HCl，然后分别加入 20 μg/mL 铜标准溶液，使各比色管中铜含量分别为 0 μg、20 μg、40 μg、60 μg、80 μg、100 μg，用蒸馏水稀释至刻度线，摇匀后于 324.7 nm 入射波长下测定，记录所得吸光度，以吸光度对铜含量绘制标准曲线。

3. 水样的测定

取一定量经过预处理的水样，在与标准样品同样分析条件下进行测定。

五、实验结果与数据处理

根据所得吸光度，在标准曲线上查未知样中铜含量。根据测得的铜含量及所取水样的体积进行计算，其浓度为

$$c_{Cu^{2+}}=\frac{\text{测得的铜含量}(\mu g)}{\text{水样体积}(mL)}$$

注：（1）此法干扰少，一般不需预处理可直接测定。经验表明，500倍于铜量的钠、钡、锰、铝、钛、硅酸根及100倍于铜量的钾、镁、钙、锌、镉、铁、铬对铜的测定无明显影响，铜的检出限可达到0.001 ppm*。

（2）清洁水样一般需经过预先浓缩5～10倍后方可测定，受铜污染的水样可不经浓缩。

六、思考题

（1）试述标准曲线法的特点及使用范围。

（2）如果试样成分比较复杂，应该怎样进行测定？

实验四　豆乳粉中铁、铜、钙的原子吸收分光光度法测定

一、实验目的

（1）掌握原子吸收分光光度法测定食品中微量元素的方法。

（2）学习食品试样的前处理方法。

二、实验原理

原子吸收分光光度法是测定多种试样中微量金属元素的常用方法。测定食品中微量金属元素，首先要处理试样，使其中的金属元素以可溶的状态存在。试样可以用湿法处理，即将试样在酸中消解制成溶液；也可用干法灰化处理，即将试样置于马弗炉中，在400～500℃高温下灰化，再将灰分溶解在盐酸或硝酸中制成溶液。

本实验采用干法灰化处理样品，然后测定其中Fe、Cu、Ca等营养元素。此法也可以用于其他食品，如豆类、水果、蔬菜、牛奶中微量元素的测定。

三、仪器与试剂

1. 仪器

任一型号的原子吸收分光光度计；Fe、Cu、Ca空心阴极灯；容量瓶：1000 mL 3个、100 mL 2个、50 mL 2个；10 mL移液管3支；马弗炉；瓷坩埚；50 mL烧杯4个。

2. 试剂

铜储备液：准确称取1 g纯金属铜溶于少量6 mol/L硝酸中，用0.11 mol/L的硝酸稀释至1000 mL，此溶液含Cu^{2+} 1 mg/mL；铁储备液：准确称取1 g纯铁丝，溶于50 mL 6 mol/L硝酸中，用蒸馏水稀释至1000 mL，此溶液含Fe^{2+} 1 mg/mL；钙储备液：准确称取于110℃干燥的碳酸钙（A.R.）2.498 g，加入100 mL蒸馏水，滴加少量盐酸，使其全部溶解，移入1000 mL容量瓶，用蒸馏水稀释至刻度，此溶液含Ca^{2+} 1 mg/mL；镧储备液：称取$La(NO_3)_3\cdot 6H_2O$（A.R.）15.6 g，溶于少量蒸馏水中，稀释至100 mL，此溶液含La^{3+} 50 mg/mL；6 mol/L盐酸。

---

* ppm量级为10^{-6}。

四、实验内容与步骤

1. 试样的制备

准确称取 2 g 试样，置于瓷坩埚中，放入马弗炉，在 500℃灰化 2～3 h，取出冷却，加 6 mol/L 盐酸 8.00 mL，加热促使残渣完全溶解。转移至 50 mL 容量瓶中，用蒸馏水稀释至刻度线，摇匀。

2. 铁的测定

（1）标准系列溶液的配制。用移液管移取铁储备液 10.00 mL 至 100 mL 容量瓶中，用蒸馏水稀释至刻度线，摇匀。吸取该标准溶液（100 μg/mL Fe）0.5 mL、1 mL、3 mL、5 mL、7 mL 分别放入 5 个 100 mL 容量瓶中，各加入 6 mol/L 盐酸 10 mL，用蒸馏水稀释至刻度线，摇匀。

（2）标准曲线。分析线为 248.3 nm，其他测量条件通过实验选择。逐个测定每个标准溶液的吸光度。铁标准系列溶液的浓度为 0.5 μg/mL、1 μg/mL、3 μg/mL、5 μg/mL、7 μg/mL。

（3）试样溶液的分析。将步骤 1 中制备的试样溶液吸入原子化器中，测量吸光度。如果吸光度比最浓的标准溶液的高，可进行适当稀释后再测定。

3. 铜的测定

（1）标准系列溶液的配制。将铜储备液进行稀释，制成 20 μg/mL Cu 的标准溶液。用移液管移取此标准溶液 0.5 mL、1.0 mL、2.5 mL、5 mL、7.5 mL 放入 5 个 100 mL 容量瓶中，分别加入 16 mL 6 mol/L 盐酸，用蒸馏水稀释至刻度线，摇匀。

（2）标准曲线。分析线为 324.8 nm，其他测量条件通过实验选择。逐个测定每个标准溶液的吸光度。铜标准系列溶液的浓度为 0.1 μg/mL、0.5 μg/mL、1 μg/mL、1.5 μg/mL、2 μg/mL。

（3）试样溶液的分析。测量步骤 1 中制备的试样溶液的吸光度，如果吸光度比最浓的标准溶液的高，可适当稀释。

4. 钙的测定

（1）标准系列溶液的配制。将钙的储备液稀释成 100 μg/mL Ca 的标准溶液。用移液管移取该标准溶液 0.50 mL、1.00 mL、2.00 mL、3.00 mL、5.00 mL 于 5 个 100 mL 容量瓶中，分别加入 16 mL 6 mol/L 盐酸和 20 mL 镧溶液，用蒸馏水稀释至刻度线，摇匀。

（2）标准曲线。分析线为 422.7 nm。测量条件通过实验选择，逐个测定标准溶液的吸光度。钙标准系列溶液的浓度为 0.5 μg/mL、1 μg/mL、2 μg/mL、3 μg/mL、5 μg/mL。

（3）试样溶液的分析。吸取 10 mL 步骤 1 制备的试样溶液到 50 mL 容量瓶中，加入 6.40 mL 6 mol/L 盐酸、10 mL 镧溶液，用蒸馏水稀释至刻度线，摇匀，测量其吸光度。

五、实验结果与数据处理

（1）在方格坐标纸上分别绘制 Fe、Cu、Ca 的标准曲线。

（2）确定豆乳粉中这些元素的含量（μg/g）。

六、思考题

（1）为什么稀释后的标准溶液只能放置较短的时间，而储备液则可以放置较长的时间？

（2）测定钙时，为什么加入镧溶液？

第 4 章　紫外-可见分光光度法

利用紫外-可见分光光度计测量物质对紫外-可见光的吸收程度（吸光度）和利用紫外-可见吸收光谱来确定物质的组成、含量，推测物质结构的分析方法，称为紫外-可见吸收光谱法或紫外-可见分光光度法（ultraviolet and visible spectrometry，UV-Vis）。

紫外-可见吸收光谱的产生是分子的外层价电子跃迁的结果。当分子吸收外来的辐射后，电子能级发生跃迁的同时伴随有若干振动和转动能级的跃迁，产生相应的电子光谱、振动光谱和转动光谱。因此，分子的电子光谱实际上是由电子-振动-转动组成的比原子光谱复杂得多的带状光谱。

紫外-可见分光光度法是目前使用最广泛的定量分析方法之一。它具有较高的灵敏度，可用于微量组分的测定。该法使用的仪器简单，操作方便快速，而且操作误差小、精确度高，其相对误差一般为 1%～5%。此外，还常利用紫外吸收光谱来鉴定有机化合物。但是由于受分子间的相互作用和溶剂的极性影响，分子的电子光谱中转动光谱和振动光谱的精细结构消失，得到的是一条很宽的吸收光谱带。因此，紫外-可见吸收光谱不能广泛用于有机化合物的鉴定，但对于含有生色团和共轭体系的有机化合物的鉴定仍是有用的。

4.1　基 本 原 理

4.1.1　电子跃迁类型

紫外-可见吸收光谱起源于分子中电子能级的变化，各种化合物的紫外-可见吸收光谱的特征就是分子中电子在各种能级间跃迁的内在规律的体现。据此，可以对许多化合物进行定量分析，深入认识有机化合物的结构。

根据分子轨道理论，有机分子中有几种不同性质的价电子：形成单键的 σ 电子，形成双键的 π 电子以及氮、氧等杂原子所含的未成键的 n 电子。当有机化合物吸收了可见光或紫外光后，可能产生的主要电子跃迁以及所需能量大小顺序为

$$\sigma\rightarrow\sigma^{*} > n\rightarrow\sigma^{*} > \pi\rightarrow\pi^{*} > n\rightarrow\pi^{*}$$

1. $\sigma\rightarrow\sigma^{*}$跃迁

这是分子中成键 σ 轨道上的电子吸收辐射后被激发到相应的反键轨道上。引起跃迁所需要的能量很大，一般发生在真空紫外光区。

2. $n\rightarrow\sigma^{*}$跃迁

电子从 n 轨道跃迁到 σ^{*}轨道，称为 $n\rightarrow\sigma^{*}$跃迁，含有杂原子 S、O、N、P 和卤素原子的饱和有机化合物都可以发生这种跃迁。$n\rightarrow\sigma^{*}$跃迁的大多数吸收峰出现在波长小于 200 nm 的地方，在紫外区不易观察到这类跃迁。

3. $\pi \to \pi^*$跃迁

成键π电子由基态跃迁到π^*轨道。凡含有双键或叁键的不饱和有机化合物都能产生$\pi \to \pi^*$跃迁，其所需的能量与$n \to \sigma^*$跃迁相近。吸收峰在 200 nm 附近，属强吸收。共轭体系中的$\pi \to \pi^*$跃迁吸收峰向长波方向移动，在 200～700 nm 的紫外-可见光区。

4. $n \to \pi^*$跃迁

未共用 n 电子跃迁到π^*轨道。含有杂原子的双键不饱和有机化合物能产生这种跃迁。跃迁的能量较小，吸收峰出现在 200～400 nm 的紫外光区，属于弱吸收。

4.1.2　各类化合物的紫外-可见特征吸收光谱

1. 饱和有机化合物

饱和有机化合物只能产生$\sigma \to \sigma^*$跃迁，吸收带在远紫外区，在所研究的近紫外、可见光区不产生吸收，因此常被用作紫外-可见光谱分析时的溶剂。

2. 不饱和有机化合物

不饱和有机化合物中含有π电子，产生$\pi \to \pi^*$跃迁，在 175～200 nm 处有吸收。对含共轭双键的化合物、多烯共轭化合物，则由于大π键的形成，吸收带红移更严重。其最大吸收波长除可以用紫外-可见分光光度计测量外，还可利用经验公式推算，有时将计算结果与实验结果相比较，可确定待测物质的结构。

3. 芳香族化合物

由苯环$\pi \to \pi^*$跃迁而产生的精细结构吸收带，称为 B 吸收带，吸收峰在 230～270 nm，常用来判断芳香族化合物。但苯环上有取代基且与苯环共轭时或在极性溶剂中测定时，这些精细结构会简单化或消失。此外，苯环还有 185 nm 和 200 nm 处的 E 带，当苯环上的取代基不同时，其 B 带和 E 带的吸收峰也随之变化，所以可以由此来鉴定各种取代基。

4. 无机化合物

某些无机化合物的分子同时具有电子给予体和电子接受体，当辐射照射到这些化合物上时，电子从给予体外层轨道跃迁到接受体轨道，这种由于电子转移产生的吸收光谱，称为电荷转移吸收光谱。电荷转移吸收光谱的最大特点是吸收强度大，摩尔吸光系数一般超过 10^4 L/(mol·cm)，这就为高灵敏度测定某些化合物提供了可能性。

过渡元素都有未填满的 d 电子层，镧系和锕系元素含有 f 电子层，这些电子轨道的能量通常是相等的（简并的）。当这些金属离子处于配位体形成的负电场中时，低能态的 d 电子或 f 电子可以分别跃迁到高能态的 d 轨道或 f 轨道，这两类跃迁分别称为 d 电子跃迁和 f 电子跃迁。由于这两类跃迁必须在配位体的配位场作用下才能发生，因此又称为配位体场跃迁，相应的光谱称为配位体场吸收光谱。配位体场吸收光谱通常位于可见光区，强度弱，摩尔吸光系数为 0.1～100 L/(mol·cm)，对于定量分析应用不大，多用于配合物研究。

4.1.3　定量依据

紫外-可见吸收光谱进行定量分析的依据是朗伯-比尔定律，其数学表达式为

$$A=\lg\frac{I_0}{I_\mathrm{t}}=\varepsilon bc \tag{4-1}$$

式中，A 是吸光度；I_0 是入射光强度；I_t 是透射光强度；b 是液层厚度（cm）；c 是被测物质的浓度（mol/L）；ε 是物质的摩尔吸光系数[L/(mol·cm)]。即当一定波长的单色光通过某物质的溶液后，溶液的吸光度与该物质的浓度及液层的厚度成正比。

摩尔吸光系数 ε 在特定波长和溶剂情况下，是吸光分子（或离子）的一个特征常数。在数值上等于单位摩尔浓度溶液在单位光程中所测得的吸光度。它是物质吸光能力的量度，可作定性分析的参数。

4.2　仪 器 结 构

4.2.1　仪器结构与原理

各种型号的紫外-可见分光光度计就其基本结构来说，主要由光源、单色器、吸收池、检测器、信号显示器五个部分组成（图 4-1）。光源提供连续辐射，经单色器获得有限波长范围的辐射，通过吸收池中被测溶液吸收后，到达光检测器，使光信号转换成电信号，产生的光电流由信号显示器直接读出吸光度或透光率。

图 4-1　紫外-可见分光光度计基本结构示意图

1. 光源

仪器对光源的基本要求是在广泛的光谱区内能稳定发射连续光谱、有足够辐射强度而且辐射能量随波长变化无明显变化。紫外-可见分光光度计常用的光源有热光源和气体放电灯两种。

热光源有钨灯和卤钨灯。钨灯是可见光区和近红外光区最常用的光源，它适用的波长范围为 320～2500 nm。钨灯发射的是连续光谱。可见光区钨灯的能量输出波动为电源电压波动的 4 次方倍。因此，要使钨灯光源稳定，必须对钨灯电源电压严加控制。需要采用稳压变压器或电子电压调制器来稳定电源电压，也可用 6 V 直流电源供电。

卤钨灯即在钨灯中加入适量的卤化物或卤素，灯泡用石英制成。卤钨灯具有较长的寿命和高的发光效率。不少分光光度计已采用这种光源代替钨灯。

气体放电灯多用作紫外光区的光源。这类光源有氢灯、氘灯、汞灯等。这类灯在接通电路时会放电发光。常用的是氢灯及其同位素氘灯，适用的波长范围为 165～375 nm。氘灯的光谱分布与氢灯相同，但其光强度是同功率氢灯的 3～5 倍，寿命比氢灯长。

低压汞灯发射的是一些分立的线光谱，主要能量集中在紫外光区(200～400 nm)，以 253.7 nm 处谱线最强，在紫外光区有 24 条谱线，可专门用作校正分光光度计单色器的波长标尺。

2. 单色器

单色器是能从光源波长连续的复合光中分出单色光的光学装置，其主要功能为产生光谱纯度高的波长且波长在紫外-可见区域内任意可调。单色器的性能直接影响光谱通带的宽度，从而影响测定灵敏度、选择性。单色器一般由入射狭缝、准光器（透镜或凹面反射镜使入射光成平行光）、色散元件、聚焦元件和出射狭缝等几部分组成。其关键部分是色散元件，起分光的作用。以棱镜和光栅为色散元件，分光性能好、能分出很窄的光谱通带，辐射纯度高，使用方便。缺点是棱镜色散率随波长而改变。采用反射光栅作色散元件，可用于紫外、可见及近红外辐射区。在整个波长区具有几乎一致的分辨能力，而且成本比棱镜低，但不同的衍射级造成的光谱重叠需用适当的吸收滤光器滤除。现代高级分光光度计往往采用双单色器，包括四个光栅或两个棱镜或一个光栅与一个棱镜，这样可以明显减少杂散光，提高分辨率。

3. 吸收池

吸收池用于盛放分析试样，常用吸收池的光程有 0.5 cm、1.0 cm、2.0 cm、3.0 cm、5.0 cm 等，形状有正方形、长方形和圆柱形等，由石英和玻璃两种材料制成。对于紫外、可见光区和近红外光区，都可以采用熔融石英池，玻璃池则只可能用于可见光区和近红外光区。

在高精度的分析测定中（紫外光区尤其重要），吸收池要挑选配对。因为吸收池材料本身的吸光特征以及吸收池光程长度的精度等对分析结果都有影响。

4. 检测器

检测器是将光信号转变成电信号的装置，要求灵敏度高、响应时间短、噪声水平低且有良好的稳定性。常用的检测器有硒光电池、光电管、光电倍增管和光二极管阵列检测器。硒光电池构造简单，价格便宜，但长期曝光易“疲劳”，灵敏度也不高；光电管灵敏度比硒光电池高，它能将所产生的光电流放大，可用来测量很弱的光；光电倍增管比普通光电管更灵敏，是目前高中档分光光度计中常用的一种检测器；光二极管阵列检测器是用光二极管阵列作检测元件，阵列由数百个光二极管组成，各自测量一窄段即几十微米的光谱。通过单色器的光含有全部的吸收信息，在阵列上同时被检测，并用电子学方法及计算机技术对二极管阵列快速扫描采集数据，由于扫描速率非常快，可以得到三维光谱图。

5. 信号显示器

检测器上的响应信号经滤波、放大等电子线路处理后，经模数转化器转化成数字信号传输至计算机进行处理，并显示输出光谱曲线或吸光度值。有些简单的仪器采用记录仪记录溶液的吸光度或透光率，同时用数字显示，或者直接从刻有吸光度或透光率的仪表盘上读取。

4.2.2　紫外-可见分光光度计的分类

目前使用的紫外-可见分光光度计按使用波长范围分为可见光度计（400～780 nm）和紫外-可见分光光度计（200～1000 nm）；按光路分为单光束和双光束分光光度计；按单位时间

内通过溶液的波长数又分为单波长和双波长分光光度计。

双光束分光光度计的光源发出的光分成两束，分别射入参比池和样品池，这就消除了仪器受光源强度变化的影响（图 4-2）。

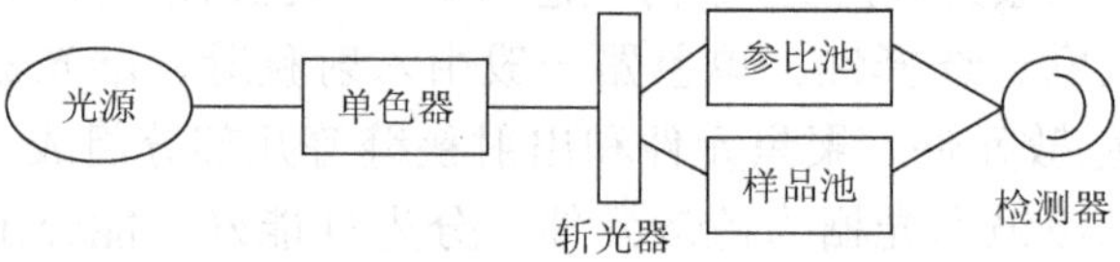

图 4-2　双光束分光光度计光路图

双波长分光光度计采用两个单色器产生两束不同波长的单色光，并经过斩光器调制使两束光轮流通过比色池，如图 4-3 所示。双波长分光光度计在混合物分析及消除干扰等方面有明显的优势。

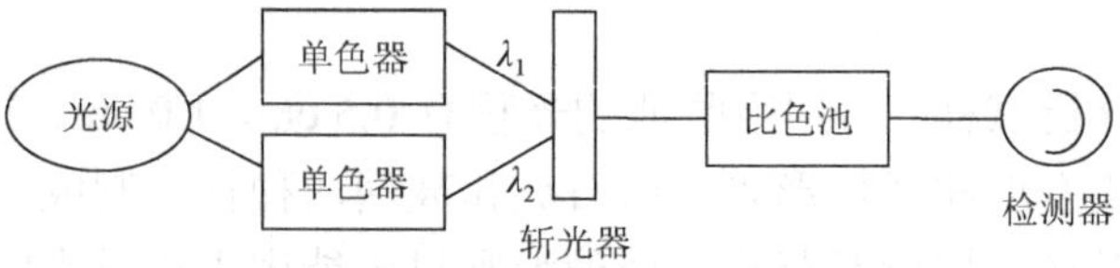

图 4-3　双波长分光光度计光路图

4.3　实验技术

4.3.1　解联立方程组的方法

两种以上吸光组分的混合物，根据其吸收峰的相互干扰情况可分为三种，如图 4-4 所示。对于前两种情况，可通过选择适当的入射波长，按单一组分的方法测定，测定波长一般要尽量靠近最大吸收波长，这样可提高灵敏度。对于最后一种情况，由于两组分相互重叠严重，采用单纯的单波长分光光度法已不可能，所以只能根据吸光度的加和性原则，通过适当的数学处理来进行测定。具体方法是：在 A 和 B 最大吸收波长 λ_1 及 λ_2 处，分别测定混合物的吸光度 $A_{\lambda_1}^{A+B}$ 和 $A_{\lambda_2}^{A+B}$，然后通过解下列一元二次方程组，求得各组分的浓度。

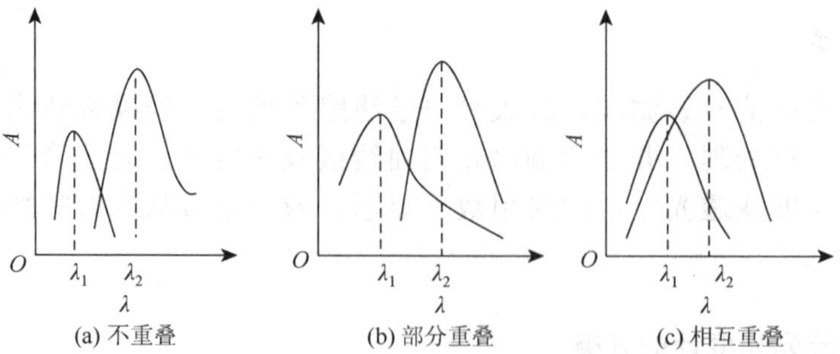

图 4-4　混合物的紫外吸收光谱

$$\begin{cases} A_{\lambda_1}^{A+B} = \varepsilon_{\lambda_1}^{A} \cdot c^{A} + \varepsilon_{\lambda_1}^{B} \cdot c^{B} \\ A_{\lambda_2}^{A+B} = \varepsilon_{\lambda_2}^{A} \cdot c^{A} + \varepsilon_{\lambda_2}^{B} \cdot c^{B} \end{cases} \tag{4-2}$$

很显然，如果有 n 个组分相互重叠，就必须在 n 个波长处测定其吸光度的加和值，然后解 n 元一次方程组，才能分别求得各组分含量。应该指出，随着测量组分的增多，实验结果的误差也将增大。

4.3.2　双波长分光光度法

通过两个单色器分别将光源发出的光分成 λ_1、λ_2 两束单色光，经斩光器并束后交替通过同一吸收池，因此检测的是试样溶液对两波长光吸收后的吸光度差。两束光通过吸收池后的吸光度差与待测组分浓度成正比，一般有等吸收法和系数倍率法。

4.3.3　导数分光光度法

对吸收光谱曲线进行一阶或高阶求导，即可得到各种导数光谱曲线。对朗伯-比尔定律 $A=\varepsilon bc$ 求导得

$$\frac{d^n A}{d\lambda^n} = \frac{d^n \varepsilon}{d\lambda^n} bc \tag{4-3}$$

由式（4-3）可知，吸光度 A 的导数值与浓度 c 成正比。随着导数阶数的增加，谱带变得尖锐。导数光谱最大的优点是分辨率得到了很大提高，这是因为吸收光谱曲线经过求导之后，其中各种微小的变化能更好地显示出来。在多组分同时测定、浑浊样品分析、消除背景干扰、加强光谱的精细结构以及复杂光谱的辨析等方面，导数分光光度法在一定程度上解决了普通分光光度法难以解决的问题。

实验五　邻二氮菲分光光度法测定铁
（条件试验和试样中铁含量的测定）

一、实验目的

（1）掌握选择分光光度分析的条件及分光光度法测定铁的方法。

（2）掌握紫外-可见分光光度计的性能、结构及使用方法。

二、实验原理

铁的分光光度法所用的显色剂较多，有邻二氮菲（又称邻菲罗啉、菲绕啉）及其衍生物、磺基水杨酸、硫氰酸盐等。其中邻二氮菲分光光度法的灵敏度高、稳定性好、干扰容易消除，因而是目前普遍采用的一种方法。

在 pH 为 2～9 的溶液中，Fe^{2+}与邻二氮菲（Phen）生成稳定的橘红色配合物$[Fe(Phen)_3]^{2+}$，其反应式为

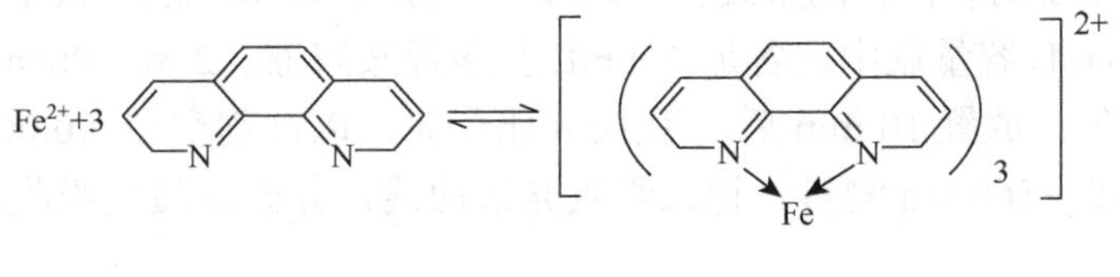

其 lg $K_{稳}$＝21.3，摩尔吸光系数 $\varepsilon_{508}=1.1\times10^4$ L/(mol·cm)。当铁为三价状态时，可用盐酸羟胺或抗坏血酸还原。

Cu^{2+}、Co^{2+}、Ni^{2+}、Cd^{2+}、Hg^{2+}、Mn^{2+}、Zn^{2+}等也能与 Phen 生成稳定配合物，在少量情况下，不影响 Fe^{2+}的测定，量大时可用 EDTA 掩蔽或预先分离。

分光光度法的实验条件，如测量波长、溶液酸度、显色剂用量、显色时间、温度、溶剂以及共存离子干扰及其消除等，都是通过实验来确定的。本实验在测定试样中铁含量之前，先做部分条件试验，以便初学者掌握确定实验条件的方法。

实验数据的记录应该是按照适当格式的。文字式的记录方法或流水账式的记录方式不便进行数据分析。在绘制标准曲线时可参考以下格式（以本实验为例，表 4-1）。

表 4-1　铁含量测定数据记录表

项目＼序号	1	2	3	4	5	6	7	8
$V_{铁标}$/mL								
$V_{盐酸羟胺}$/mL								
$V_{邻二氮菲}$/mL								
V_{NaAc}/mL								
V_{H_2O} /mL								
吸光度 A								

三、仪器和试剂

1. 仪器

UV-1700 紫外-可见分光光度计。

2. 试剂

铁标准溶液（10 μg/mL）：准确称取若干克（自行计算）$NH_4Fe(SO_4)_2\cdot12H_2O$（A.R.）于 200 mL 烧杯中，加入 5 mL 6 mol/L HCl 和少量水，溶解后转移至 250 mL 容量瓶中，稀释至刻度，摇匀，所得溶液含 Fe^{3+}100 μg/mL。然后用移液管吸取上述溶液 25mL 于 250mL 容量瓶中，加入 5 mL 6mol/L HCl，用水稀释至刻度，摇匀，此溶液含 Fe^{3+}10 μg/mL。

邻二氮菲 0.15% 水溶液；盐酸羟胺 10% 水溶液（用时配制）；1 mol/L NaAc；0.10 mol/L NaOH；6 mol/L HCl。

四、实验内容与步骤

1. 条件试验

（1）吸收光谱曲线的制作和测量波长的选择。用移液管吸取 0.00 mL、0.50 mL 铁标准溶液分别加入两个 50 mL 容量瓶中，各加入 1 mL 盐酸羟胺溶液、2 mL Phen、5 mL NaAc，用水稀释至刻度，摇匀。放置 10 min 后，用 1 cm 比色皿，以试剂空白（0.00 mL 铁标准溶液）为参比溶液，在 440～560 nm 测量、记录吸收光谱曲线，并确定最大吸收波长 λ_{max}。

（2）溶液酸度的选择。取 7 个 50 mL 容量瓶，分别加入 0.50 mL 铁标准溶液、1 mL 盐酸羟胺、2 mL Phen，摇匀，然后用滴定管分别加入 0.0 mL、2.0 mL、5.0 mL、10.0 mL、15.0 mL、20.0 mL、30.0 mL 0.10 mol/L NaOH 溶液，用水稀释至刻度，摇匀。放置 10 min。用 1 cm 比色皿，以蒸馏水为参比溶液，在选择的波长下测定各溶液的吸光度。同时，用 pH 计测量各溶液的 pH。以 pH 为横坐标，吸光度为纵坐标，绘制吸光度与 pH 的酸度影响曲线，得出测定铁含量的适宜酸度范围。

（3）显色剂用量的选择。取 7 个 50 mL 容量瓶，各加入 0.50 mL 铁标准溶液、1 mL 盐酸羟胺，摇匀，再分别加入 0.1 mL、0.3 mL、0.5 mL、0.8 mL、1.0 mL、2.0 mL、4.0 mL Phen 和 5 mL NaAc 溶液，用水稀释至刻度，摇匀。放置 10 min。用 1 cm 比色皿，以蒸馏水为参比溶液，在选择的波长下测定各溶液的吸光度。以所取 Phen 溶液的体积为横坐标，相应的吸光度为纵坐标，绘制吸光度-显色剂用量曲线，得出测定铁时显色剂的最适宜用量。

（4）显色时间。在一个 50 mL 容量瓶中，加入 0.50 mL 铁标准溶液、1 mL 盐酸羟胺溶液，摇匀，再加入 2 mL Phen 和 5 mL NaAc，用水稀释至刻度，摇匀。立刻用 1 cm 比色皿，以蒸馏水为参比溶液，在选择的波长下测量吸光度，然后依次测量放置 5 min、10 min、30 min、60 min、120 min 后的吸光度。以时间 t 为横坐标，吸光度 A 为纵坐标，绘制 A 与 t 的显色时间影响曲线，从而得出铁与 Phen 显色反应完全所需要的适宜时间。

2. 铁含量的测定

（1）标准曲线的绘制。

在 6 个 50 mL 容量瓶中，用移液管分别加入 0.00 mL、2.00 mL、4.00 mL、6.00 mL、8.00 mL、10.00 mL 10 μg/mL 铁标准溶液，再分别加入 1 mL 盐酸羟胺、2 mL Phen、5 mL NaAc 溶液，每加入一种试剂后都要摇匀。然后，用水稀释至刻度，摇匀后放置 10 min，用 1 cm 比色皿，以试剂空白（0.00 mL 铁标准溶液）为参比溶液，在所选择的波长下，测量各溶液的吸光度。以含铁量为横坐标，吸光度 A 为纵坐标，绘制标准曲线。

（2）试样中铁含量的测定。

准确吸取 2 mL 试液于 50 mL 容量瓶中，按标准曲线的制作步骤，加入各种试剂，测量吸光度。从标准曲线上查出和计算试样中铁的含量（μg/mL）。

五、实验结果与数据处理

（1）按条件试验的数据，分别绘出各类变化曲线，并得出实验的最佳条件。

（2）绘制标准曲线。

（3）由试样测定结果求出铁的含量（μg/mL）。

六、思考题

（1）本实验量取各种试剂时应分别采用何种量器量取较为合适？为什么？

（2）试对所做条件试验进行讨论并选择适宜的测量条件。

（3）怎样用紫外-可见分光光度法测定水样中的全铁（总铁）和亚铁的含量？试拟出一种简单步骤。

（4）制作标准曲线和进行其他条件试验时，加入试剂的顺序能否任意改变？为什么？

实验六　紫外-可见分光光度法测定混合物中铬和钴

一、实验目的

（1）掌握紫外-可见分光光度计的性能、结构及使用方法。

（2）学习用紫外-可见分光光度法测定多组分混合物的原理和方法。

二、实验原理

当混合物两组分 M 及 N 的吸收光谱互不重叠时，可通过选择适当的入射波长，按单一组分的方法测定。若 M 及 N 的吸收光谱互相重叠，如图 4-5 所示，则可根据吸光度的加和性质在 M 和 N 的最大吸收波长 λ_1 和 λ_2 处测量总吸光度 $A_{\lambda_1}^{M+N}$ 及 $A_{\lambda_2}^{M+N}$ 。假如采用 1 cm 比色皿，则可由下列方程式求出 M 及 N 组分的含量：

$$A_{\lambda_1}^{M+N} = A_{\lambda_1}^{M} + A_{\lambda_1}^{N} = \varepsilon_{\lambda_1}^{M} c_M + \varepsilon_{\lambda_1}^{N} c_N \tag{4-4}$$

$$A_{\lambda_2}^{M+N} = A_{\lambda_2}^{M} + A_{\lambda_2}^{N} = \varepsilon_{\lambda_2}^{M} c_M + \varepsilon_{\lambda_2}^{N} c_N \tag{4-5}$$

解此联立方程组，得

$$c_M = \frac{A_{\lambda_1}^{M+N} \varepsilon_{\lambda_2}^{N} - A_{\lambda_2}^{M+N} \varepsilon_{\lambda_2}^{N}}{\varepsilon_{\lambda_1}^{M} \varepsilon_{\lambda_2}^{N} - \varepsilon_{\lambda_2}^{M} \varepsilon_{\lambda_1}^{N}} \tag{4-6}$$

$$c_N = \frac{A_{\lambda_1}^{M+N} - c_M \varepsilon_{\lambda_1}^{M}}{\varepsilon_{\lambda_1}^{N}} \tag{4-7}$$

式中，$\varepsilon_{\lambda_1}^{N}$、$\varepsilon_{\lambda_2}^{N}$、$\varepsilon_{\lambda_1}^{M}$、$\varepsilon_{\lambda_2}^{M}$ 分别是组分 N 及 M 在 λ_1 与 λ_2 处的摩尔吸光系数。

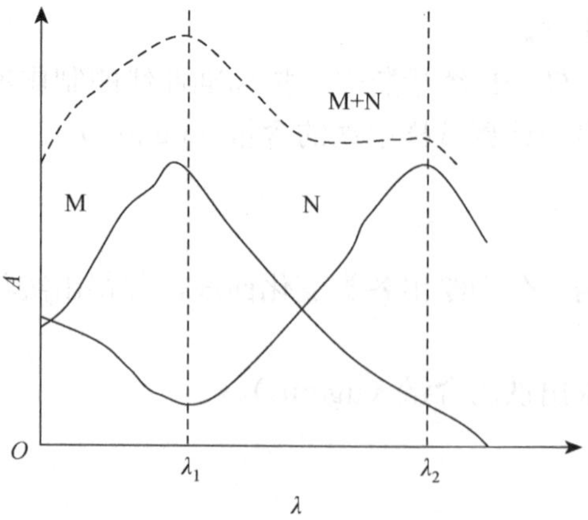

图 4-5　两组分混合物的吸收光谱

本实验中测 Cr^{3+} 和 Co^{2+} 的混合物。分别配制 Cr^{3+} 和 Co^{2+} 的标准系列溶液，在 λ_1 和 λ_2 处分别测量 Cr^{3+} 和 Co^{2+} 标准系列溶液的吸光度，并绘制标准曲线。两标准曲线的斜率即 Cr^{3+} 和

Co^{2+}在 λ_2 和 λ_1 处的摩尔吸光系数，代入式（4-6）和式（4-7）即可求出 Cr^{3+}和 Co^{2+}的浓度。

三、仪器与试剂

1. 仪器

紫外-可见分光光度计；50 mL 容量瓶 9 个；10 mL 移液管 2 支；5 mL 移液管 1 支。

2. 试剂

0.700 mol/L $Co(NO_3)_2$ 溶液；0.200 mol/L $Cr(NO_3)_3$ 溶液。

四、实验内容与步骤

（1）溶液的配制。

取 4 个 50 mL 容量瓶，分别加入 2.50 mL、5.00 mL、7.50 mL、10.00 mL 0.700 mol/L $Co(NO_3)_2$ 溶液。另取 4 个 50 mL 容量瓶，分别加入 2.50 mL、5.00 mL、7.50 mL、10.00 mL 0.200 mol/L $Cr(NO_3)_3$ 溶液，皆用蒸馏水稀释至刻度，摇匀。

（2）绘制 $Co(NO_3)_2$ 和 $Cr(NO_3)_3$ 溶液的吸收光谱曲线，并确定 λ_1 和 λ_2。

取步骤(1)中配制的 $Cr(NO_3)_3$ 和 $Co(NO_3)_2$ 溶液各一份，以蒸馏水为参比，在 420～700 nm 波长范围内，分别绘制 Cr^{3+}和 Co^{2+}的吸收光谱曲线，并从曲线上找出 λ_1 和 λ_2。

（3）标准曲线的绘制。

以蒸馏水为参比，在 λ_1 和 λ_2 处分别测定步骤（1）中配制的 $Cr(NO_3)_3$ 和 $Co(NO_3)_2$ 系列标准溶液的吸光度，并分别绘制二者的标准曲线。

（4）未知试液的测定。

取一个 50 mL 容量瓶，加入 5.00 mL 未知试液，用蒸馏水稀释至刻度，摇匀。在波长 λ_1 和 λ_2 处测量试液的吸光度 $A_{\lambda_1}^{Cr^{3+}+Co^{2+}}$ 和$A_{\lambda_2}^{Cr^{3+}+Co^{2+}}$ 。

五、实验结果与数据处理

（1）绘制 Cr^{3+}和 Co^{2+}的吸收光谱曲线，并确定 λ_1 和 λ_2。

（2）分别绘制 Cr^{3+}和 Co^{2+}在 λ_1 和 λ_2 下的 4 条标准曲线，并求出 $\varepsilon_{\lambda_1}^{Co^{2+}}$ 、$\varepsilon_{\lambda_2}^{Co^{2+}}$ 、$\varepsilon_{\lambda_1}^{Cr^{3+}}$ 、$\varepsilon_{\lambda_2}^{Cr^{3+}}$ 。

（3）由测得的未知试液的吸光度 $A_{\lambda_1}^{Cr^{3+}+Co^{2+}}$ 和$A_{\lambda_2}^{Cr^{3+}+Co^{2+}}$ ，用式（4-6）和式（4-7）求未知试样中 Cr^{3+}和 Co^{2+}的浓度。

六、思考题

（1）紫外-可见分光光度法同时测定两组分混合液时，如何选择吸收波长？

（2）若同时测定三组分混合液，怎么办？

第 5 章　分子荧光分析法

某些物质分子在吸收紫外光或者可见光照射后，会在一定时间内发射出波长比入射光长的光，如果这个时间比较短，这种光就称为荧光。物质的分子吸收光能后发射出波长在紫外、可见（红外）区的荧光光谱，根据其光谱的特征及强度对物质进行定性和定量分析，这种分析方法就是分子荧光分析法。

荧光分析是一种先进的分析方法，它比电子探针法、质谱法、光谱法、极谱法等应用得更广泛。荧光分析法的灵敏度高、选择性强、工作曲线线性范围宽，是一种重要的痕量分析技术，其在医学、食品分析、药学、化学、材料科学和生命科学等诸多领域都有广泛的应用。

5.1　基 本 原 理

5.1.1　分子荧光与磷光的产生过程

在常温状态下，许多有机化合物和某些无机化合物的分子比较稳定，处于基态最低振动能级。当上述物质分子吸收特定波长的光辐射能（或热能、电能、化学能等）之后由基态能级跃迁至激发态，成为极不稳定的激发态分子，该过程为激发过程。处于这种激发状态的分子，称为电子激发态分子。

电子激发态的多重态用 $2S+1$ 表示，S 为电子自旋角动量量子数的代数和，其数值为 0 或 1。大多数分子含有偶数电子。根据泡利不相容原理，基态分子的每一个轨道中两个电子的自旋方向总是相反的，即自旋配对。假如分子中的全部电子都是自旋配对的，即 $S=0$，该分子便处于单重态，用符号 S 表示。大多数基态分子处于单重态（$2S+1=1$），基态单重态以 S_0 表示。倘若分子吸收能量后电子在跃迁的过程中不发生自旋方向的变化，这时分子处于激发的单重态；如果电子在自旋过程中还伴随着自旋方向的改变，这时分子便具有两个自旋不配对的电子，即 $S=1$，分子处于激发的三重态，用符号 T 表示。符号 S_0、S_1 和 S_2 分别表示分子的基态、第一和第二电子激发单重态；T_1 和 T_2 则分别表示第一和第二电子激发三重态。

当物质受光照射时，基态分子吸收光能就会产生电子能级跃迁而处于第一、第二电子激发单重态，以 S_1、S_2 表示。处于激发态的分子是不稳定的，通过无辐射去活，将多余的能量转移给其他分子或激发态分子内的振动或转动能级后，回至第一激发单重态的最低振动能级，然后再以发射辐射的形式去活，跃迁至基态的各振动能级，发射出荧光。当第一激发单重态与三重态之间发生振动耦合，以无辐射方式去活，回至最低三重态，然后以发射辐射的形式去活，跃迁回到基态的各个振动能级时，便发射出磷光。

辐射跃迁发生光子的发射，主要是荧光、延迟荧光或磷光的发射；无辐射跃迁则是指以热的形式辐射其多余的能量，包括振动弛豫（VR）、内转换（IC）、系间跨越（ISC）及外转换（EC）等。各种跃迁方式发生的可能性及程度，与荧光物质本身的结构及激发时的物理和化学环境等因素有关。图 5-1 为分子内所发生的各种光物理过程的示意图。

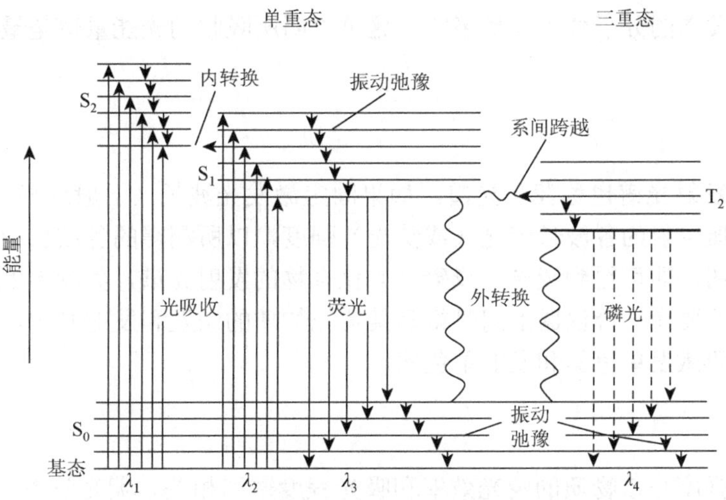

图 5-1　分子荧光与磷光的产生过程示意图

5.1.2　荧光激发光谱和荧光发射光谱

荧光和磷光均为光致发光，由于能发射荧光的物质的分子结构具有特殊性，任何具有荧光（或磷光）的分子都具有两个特征光谱：激发光谱和发射光谱。根据测量方式与表示方式的不同，荧光光谱还可分为同步荧光光谱、三维荧光光谱和时间分辨荧光光谱。

1. *激发光谱*

分子对光的吸收具有选择性，因此不同波长的入射光就具有不同的激发效率。如果固定荧光（或磷光）的发射波长（测定波长），然后不断改变激发光（入射光）波长，以所测得的该发射波长下的荧光（磷光）强度对激发光波长作图，即可得到荧光（或磷光）化合物的激发光谱，如图 5-2 所示。

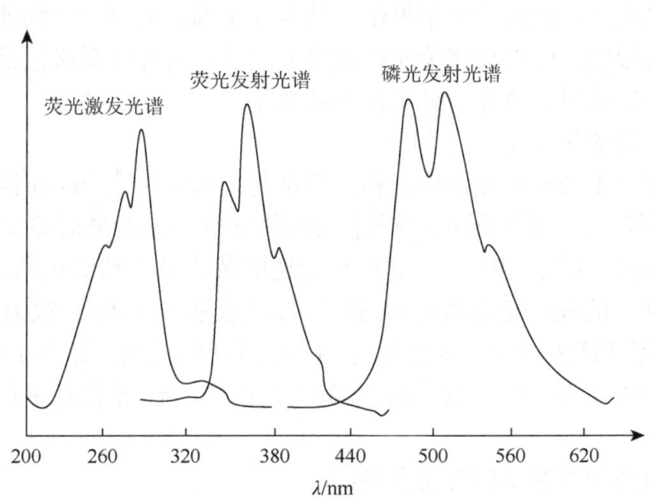

图 5-2　室温下菲的乙醇溶液的荧光激发光谱与荧（磷）光发射光谱

应该指出，激发光谱可能与其吸收光谱相同，但激发光谱是荧光强度与波长的关系曲线，吸收光谱则是吸光度与波长的关系曲线，两者在性质上是不同的。当然，在激发光谱的最大波长处，处于激发态的分子数目是最多的，这可说明所吸收的光能量也是最多的，自然能产生最强的荧光。

2. 发射光谱

荧光物质的发射光谱也称荧光光谱。如果固定激发光波长（一般选择最大激发波长），然后记录荧光物质发射的各波长荧光（或磷光）强度，以所测得的各波长荧光（或磷光）强度对发射波长作图，即可得到荧光（或磷光）化合物的发射光谱，如图 5-2 所示。

由此可见，若要在一台仪器上同时得到某荧光物质的激发和发射光谱，则该仪器应该具备两个单色器，即激发单色器和发射单色器。

3. 荧光效率

溶液的荧光强度与该物质的荧光效率和吸光程度密切相关。荧光效率（φ_f）即荧光量子产率，是指荧光物质吸光后产生的光量子数与所吸收的激发光的量子数的比值，即

$$\varphi_f = \frac{发射的光量子数}{吸收的光量子数}$$

荧光效率是衡量荧光物质发射荧光能力的尺度。在荧光产生过程中，如果荧光物质将所吸收的能量过多地以无辐射形式消耗掉，则荧光效率降低，荧光信号就弱。反之，若荧光效率高，所产生的荧光信号就强。有实际应用价值的荧光物质的荧光效率为 0.1～1。

4. 影响荧光的因素

分子结构和化学环境是影响物质发射荧光和荧光效率的重要因素。

1）荧光与物质分子结构的关系

在荧光分析中，分析物质本身应具有荧光特性，或者是与相应的荧光试剂反应后生成具有荧光特性的物质。这些物质分子必须具有吸收光量子的结构和有较高的荧光效率。一些物质虽具有较强的吸光能力，但荧光效率很低，信号非常弱。而另一些物质虽能产生荧光，但是吸收光辐射的能力很弱，同样会使荧光检测信号很弱。荧光物质必须是具有一定结构的化合物，现从以下几个方面讨论荧光与分子结构的关系。

（1）具有共轭 π 键的化合物。

实验表明，能够产生强烈荧光的化合物几乎都是通过 $\pi \to \pi^*$、$n \to \pi^*$ 跃迁过程吸收辐射后处于高激发态，然后经过一系列无辐射跃迁降到激发单重态的最低振动能级，最后再经过 $\pi^* \to \pi$ 或 $\pi^* \to n$ 跃迁去活过程产生荧光。这两种跃迁的荧光效率都比较高，所产生的荧光信号也较强。但是 $\pi \to \pi^*$ 跃迁的吸光能力比 $n \to \pi^*$ 强，所以吸收系数也大（一般为 $n \to \pi^*$ 跃迁的 100～1000 倍）。两种跃迁形式产生的荧光寿命不同。$\pi \to \pi^*$ 跃迁的荧光寿命为 10^{-9}～10^{-7} s，而 $n \to \pi^*$ 跃迁荧光寿命稍长一些，为 10^{-7}～10^{-5} s。在荧光分析中，$\pi \to \pi^*$ 跃迁是产生荧光的主要跃迁形式。

（2）具有共平面性和刚性结构的化合物。

实验表明，具有较强荧光特性的物质分子多数具有共平面性和刚性结构。分子共平面性

越大，溶液中荧光物质分子与溶剂或其他溶质分子相互作用越弱，激发能损失越少，荧光效率就会提高。总之，结构刚性效应可使分子的平面性增大而使分子稳定，也使 π 电子的共轭程度增加，同时减少分子的内转换和系间跨越跃迁以及分子内部的振动等能量损失，提高了荧光效率，增强了荧光强度。

（3）取代基的影响。

取代基的性质对荧光物质的荧光特性和荧光强度会产生较大的影响，尤其是芳香族和杂环化合物，常常由于取代基的不同，其荧光性质和荧光效率是不一样的。在各种取代基中，—OH、$—NH_2$、—NHR、—CH、—OR 等给电子取代基不仅会增强荧光体的荧光强度，而且会使激发波长和发射波长产生红移。这是由于这些取代基的加入使荧光体的结构中产生了p-π共轭作用，增加了π电子的共轭程度，增强了荧光强度。

对于如—COOH、—CHO、$—NO_2$、—CO—和重氮类等吸电子基团的加入，往往会使荧光体的荧光特性减弱，这是由于吸电子取代基的诱导效应降低了共轭体系中 π 电子的共轭程度，使荧光强度降低。

取代基的空间位置对荧光性质也有一定的影响。通常邻位和对位取代基增强荧光，间位取代基抑制荧光。当两种性质不同的取代基共存时，其中一个起主导作用。例如，4-二甲氨基-4′-硝基苯乙烯结构中有$—N(CH_3)_2$（给电子）和$—NO_2$（吸电子）两个取代基，由于前者在结构中起主导作用，因此该化合物具有荧光性质。

芳香烃取代卤素等其他重原子之后，荧光性质减弱，磷光性质增强，且随着卤素原子序数的增加，重原子效应越显著。这是由于重原子的存在使荧光体中的电子自旋和轨道耦合作用增强，系间跨越速度显著增加。

2）环境因素对荧光强度的影响

荧光的产生及其强度的大小除取决于待测物质分子结构外，溶液中环境因素的影响也是很大的。

（1）温度与溶剂效应。

一般情况下，荧光性质随着荧光物质温度的升高而降低。其原因在于随着温度的升高，无辐射去活过程增强，使荧光效率和荧光强度下降。因此，在荧光测定时必须使试液保持恒温。

溶剂的极性对荧光有较大影响，通常荧光强度随着溶剂极性的增大而增强。这是因为随着溶剂极性的增加，$n\rightarrow\pi^*$跃迁能量增加（吸收峰紫移）、$\pi\rightarrow\pi^*$跃迁能量降低（吸收峰红移），从而能使荧光增强。

（2）溶液 pH 的影响。

当荧光物质本身为弱酸或弱碱时，如大多数芳香化合物带有酸性或碱性取代基，溶液的pH 改变对溶液荧光强度产生的影响较大。因为有些物质在离子状态时无荧光，而有些则相反，也有些物质在分子状态和离子状态均有荧光，但荧光光谱有所不同。

5. 荧光光谱技术

1）同步荧光光谱

同步扫描技术与常用的荧光测定方法最大的区别是同时扫描激发和发射两个单色器波长。由测得的荧光强度信号与对应的激发波长（或发射波长）构成光谱图，称为同步荧光光谱。同步荧光法按光谱扫描方式的不同可分为恒（固定）波长法、恒能量法、可变角法和恒基体法。

2）三维荧光光谱

计算机技术的发展和普及为荧光分析带来了三维荧光光谱技术。以荧光强度、激发光谱和发射光谱为坐标可获得三维荧光光谱图，也称总发光光谱。三维荧光可用两种图形方式表示：三维曲线光谱图和平面显示的等强度线光谱图（等高线光谱）。

3）时间分辨荧光光谱

时间分辨荧光光谱是一种测量技术。基于不同发光体寿命衰减速率的不同，采用时间延迟装置，用发射单色器进行扫描，可得到时间分辨发射光谱。其可以对一些光谱发生重叠，但是发光寿命存在差异的组分进行分辨和分别测定。该技术还可以利用不同发光体形成速率的不同进行选择性测定。

5.1.3 荧光强度与溶液浓度的关系

根据荧光效率的定义，荧光强度 I_f 应为所吸收的辐射强度 I_a 与荧光效率 φ_f 的乘积：

$$I_f=\varphi_f I_a=\varphi_f(I_0-I) \tag{5-1}$$

由于

$$A=\lg\frac{I_0}{I} \quad 或 \quad I=I_0\cdot 10^{-A} \tag{5-2}$$

可得

$$I_f=\varphi_f I_0(1-10^{-A}) \tag{5-3}$$

$$I_f=\varphi_f I_0\left[2.3A-\frac{(-2.3A)^2}{2!}-\frac{(-2.3A)^3}{3!}\cdots\right] \tag{5-4}$$

如果溶液很稀，吸光度 $A<0.05$，式（5-4）方括号中其他各项与第一项相比均可忽略不计，则式（5-4）可简化为

$$I_f=2.3\varphi_f I_0 A=2.3\varphi_f I_0 \varepsilon bc \tag{5-5}$$

可见，当 $A<0.05$ 时，荧光强度与物质的荧光效率、激发光强度、物质的摩尔吸收系数和溶液的浓度成正比。对于一给定物质，当激发光波长和强度一定时，荧光强度只与溶液浓度有关：

$$I_f=Kc \tag{5-6}$$

式（5-6）为荧光定量分析的基本依据。以荧光强度对荧光物质的浓度作图，在低浓度时，呈现良好的线性关系，可使用工作曲线法测定未知溶液的浓度。但应注意，当荧光物质的溶液浓度较高时，荧光强度同浓度之间的线性关系将发生偏离，有时甚至随溶液浓度增大，荧光强度降低。

5.1.4 分子荧光分析法的特点

1. 灵敏度高

一般而言，分子荧光分析法的灵敏度比紫外-可见分光光度法高 2～4 个数量级，检出限可达 0.1～0.001 μg/mL。分子荧光分析法之所以具有比紫外-可见分光光度法高得多的灵敏度，是因为现代电子技术具有检测十分微弱光信号的能力，而且荧光强度与激发光强度成正比，

提高激发光强度也可以增大荧光强度，使测定灵敏度提高。紫外-可见分光光度法则不然，它测定的是吸光度，不管是增大入射光强度 I_0，还是提高检测器的灵敏度，都会使透射光信号与入射光信号以同样的比例增大，吸光度值并不会改变，因而灵敏度不能提高。

2. 选择性较强

分子荧光分析法既能依据特征发射光谱来鉴定物质，又可以根据特征吸收光谱来鉴定，还可以采用同步荧光光谱和时间分辨荧光光谱测量技术，进一步提高选择性。

5.2 仪器结构

荧光分光光度计是用于扫描荧光物质所发射荧光光谱的一种仪器，一般由光源、单色器、样品池、检测器和信号显示记录器五部分组成（图 5-3）。它与紫外-可见分光光度计比较，主要差别有两点。第一，荧光分光光度计采用垂直测量方式，即在与激发光相垂直的方向测量荧光，以消除透射光的影响。第二，荧光分光光度计有两个单色器，一个是激发单色器，置于样品池前，用于获得单色性较好的激发光；另一个是发射单色器，置于样品池和检测器之间，用于分出某一波长的荧光，消除其他杂散光干扰。

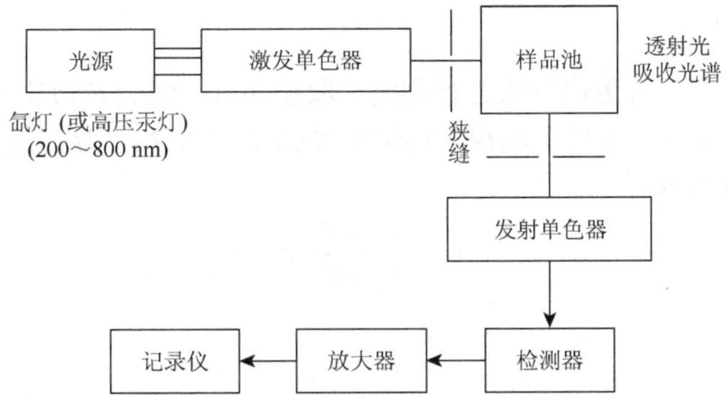

图 5-3　荧光分光光度计仪器结构图

1. 光源

荧光分析中，由于荧光强度与激发光强度成正比，因此荧光测量中的激发光源一般要求比吸收测量中的光源有更大的发射强度。在荧光分光光度计中，通常采用高压汞灯或氙弧灯作光源。高压汞灯是利用汞蒸气放电发光的光源，其光谱略呈带状，以 365 nm 的谱线为最强。荧光分析中常使用 365 nm、405 nm 和 436 nm 三条谱线。高压氙弧灯是荧光分光光度计中应用最广泛的一种光源。高压氙弧灯是一种短弧气体放电灯，工作时，在相距约 8 mm 的钨电极间形成强电子流（电弧），氙原子与电子流相撞而解离为正离子，氙正离子与电子复合而发光，其光谱在 250～800 nm 范围内呈连续光谱。

2. 单色器

荧光分光光度计一般采用两个可调光栅单色器，分别称为激发单色器和发射单色器，因此，荧光分光光度计既可获得激发光谱，又可获得荧光光谱。

3. 样品池

由于荧光分析的激发光涉及紫外区且采用垂直测量方式，因此荧光分光光度计一般采用四面透光石英材料的样品池。

4. 检测器

荧光的强度一般较弱，要求检测器具有较高的灵敏度。荧光分光光度计一般采用光电倍增管作为检测器。

5.3 实验技术

1. 工作曲线法

工作曲线法是常用的方法，即将已知量的标准物质经过与试样的相同处理后，配成一系列标准溶液并测定它们的相对荧光强度，以相对荧光强度对标准溶液的浓度绘制工作曲线，由试液的相对荧光强度对照工作曲线求出试样中荧光物质的含量。

2. 比较法

如果试样数量不多，可用比较法进行测定。取已知量的纯荧光物质配制和试液浓度相近的标准溶液 c_s，并在相同的条件下测得它们的荧光强度 F_x 和 F_s。若有试剂空白 F_0，须扣除，然后按下式计算试液的浓度：

$$c_x = \frac{F_x - F_0}{F_s - F_0} \cdot c_s \tag{5-7}$$

3. 荧光猝灭法

荧光猝灭剂的浓度 c_Q 与荧光强度的关系可用 Stern-Volmer 方程表示：

$$F_0/F = 1 + Kc_Q \tag{5-8}$$

式中，F_0 与 F 分别是猝灭剂加入前与加入后试液的荧光强度。由式（5-8）可见，F_0/F 与猝灭剂浓度之间有线性关系。与工作曲线法相似，对一定浓度的荧光物质体系，分别加入一系列不同量的猝灭剂 Q，配成荧光物质-猝灭剂系列，然后在相同条件下测定它们的荧光强度。以 F_0 与 F 的比值对 c_Q 绘制工作曲线，即可方便地进行测定。该法具有较高的灵敏度和选择性。

4. 多组分混合物的荧光分析

如果混合物中各组分的荧光峰相互不干扰，可分别在不同波长处测定，直接求出它们的浓度。如果荧光峰互相干扰，但激发光谱有显著差别，其中一个组分在某一激发光下不会产生荧光，因而可选择不同的激发光进行测定。例如，Al^{3+} 和 Ga^{3+} 的 8-羟基喹啉配合物的氯仿萃取液，荧光峰均在 520 nm，但激发峰分别在 365 nm 和 435.8 nm，因此，可分别用波长为 365 nm 及 435.8 nm 的激发光激发，在 520 nm 处测定。如果在同一激发光波长下荧光光谱互相严重干扰，可以利用荧光强度的加和性，在适宜的荧光波长处测定，用列联立方程式的方法求结果。

实验七　分子荧光分析法测定样品中维生素 B_2 的含量

一、实验目的

（1）掌握用分子荧光分析法测定核黄素的原理。

（2）加深对分子荧光分析法原理的理解。

（3）掌握荧光分光光度计的基本操作。

二、实验原理

维生素 B_2 又称维生素 G 或核黄素，其结构式如图 5-4 所示。维生素 B_2 易溶于水而不溶于乙醚等有机溶剂，在中性或酸性溶液中稳定，光照易分解，对热稳定。

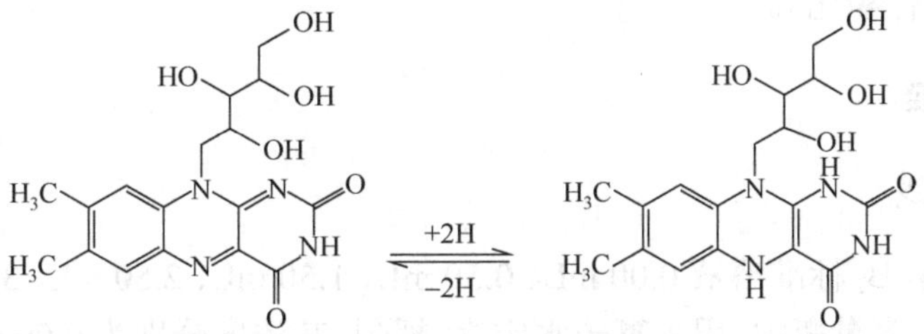

图 5-4　维生素 B_2 氧化还原机理图

维生素 B_2 在碱性溶液中经光照会发生分解而转化为光黄素，光黄素的荧光比维生素 B_2 的荧光强得多，且可溶于氯仿。将经光照射后的碱性溶液酸化，用氯仿萃取后可进行荧光测定。但通常采用简化的方法测定维生素 B_2，其激发光谱和荧光光谱如图 5-5 所示。溶液在 420～450 nm 蓝光的照射下，发出绿色荧光，其峰值对应波长为 525 nm。维生素 B_2 的荧光在 pH=6～7 时最强，在 pH=11 时消失，所以测维生素 B_2 的荧光时，溶液要控制在酸性范围内，且在避光条件下进行。

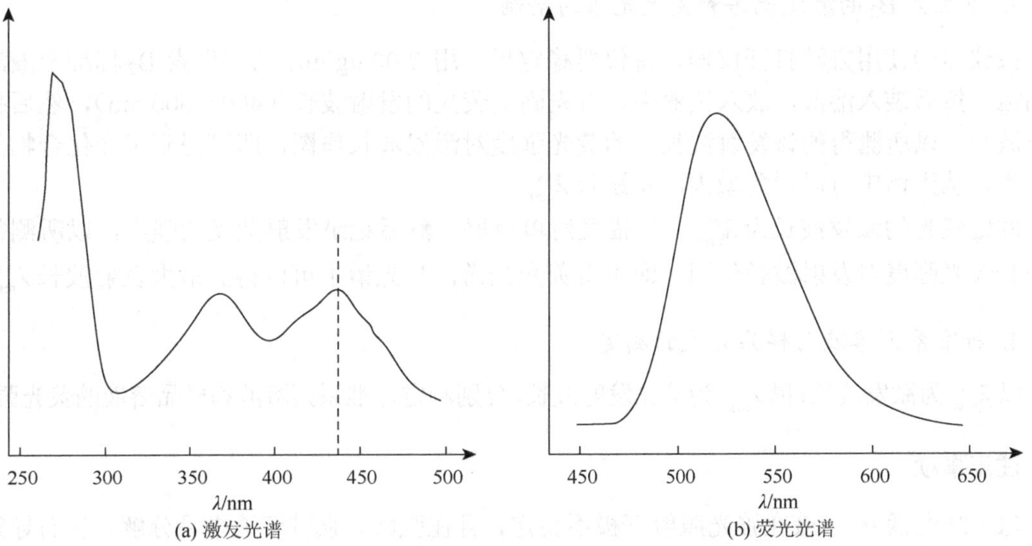

图 5-5　水中维生素 B_2 的激发光谱和荧光光谱

多维葡萄糖粉中含有维生素 B_1、B_2、C、D_2 及葡萄糖，其中，维生素 C 和葡萄糖在水溶液中不发荧光，维生素 B_1 本身无荧光，在碱性溶液中用铁氰化钾氧化后才产生荧光，维生素 D_2 用二氯乙酸处理后才有荧光，因此它们都不干扰维生素 B_2 的测定。

三、仪器与试剂

1. 仪器

日立 F-4500 型荧光分光光度计及其附件；容量瓶（50 mL）。

2. 试剂

维生素 B_2 标准储备液（20 μg/mL）：准确称取 20 mg 维生素 B_2，用 1∶10（体积比）的乙酸定容至 1000 mL 容量瓶中，保存于冰箱中。

乙酸：1∶10（体积比）。

四、实验内容与步骤

1. 绘制工作曲线

准确移取维生素 B_2 标准溶液 0.00 mL、0.50 mL、1.50 mL、2.50 mL、3.50 mL 和 5.00 mL，分别加入 6 个 50 mL 容量瓶中，用去离子水定容，摇匀，其浓度分别为 0.00 μg/mL、0.20 μg/mL、0.60 μg/mL、1.00 μg/mL、1.40 μg/mL、2.00 μg/mL。

2. 样品的准备

准确称取粉碎后的维生素 B_2 样品 0.1～0.2 g，用 30 mL 1∶10 乙酸溶解，必要时低温加热使其溶解完全，然后用水定容至 100 mL。由于样品中存在辅助的添加剂，如淀粉，使溶液浑浊，不利于荧光测定，所以需要对其进行过滤。过滤后，准确移取滤液 0.50 mL 于 50 mL 容量瓶中，用去离子水定容至刻度。

3. 维生素 B_2 的激发光谱和荧光光谱的绘制

按仪器的使用方法打开仪器，待仪器稳定后，用 2.00 μg/mL 的维生素 B_2 标准溶液润洗样品池，然后装入溶液，放入仪器中。首先固定荧光的发射波长（400～600 nm），然后扫描激发波长，以所测得的该发射波长下的荧光强度对激发波长作图，即可得到荧光化合物的激发光谱，从光谱中可以得到最大激发波长 λ_{max}^{ex}。

固定荧光的激发波长为 λ_{max}^{ex}，扫描发射单色器，然后记录发射荧光的强度，以所测得的各波长荧光强度对发射波长作图，即可得荧光光谱，从光谱中可以得到最大发射波长 λ_{max}^{em}。

4. 标准系列溶液与样品溶液的测定

以 λ_{max}^{ex} 为激发波长，以 λ_{max}^{em} 为荧光发射波长，分别测定标准系列溶液和样品溶液的荧光强度。

五、注意事项

（1）维生素 B_2 溶液在强光照射下极不稳定，且在强酸、强碱溶液中易分解，从而导致荧光消失。

（2）在测量过程中不得改变任何测量条件，否则应全部重测。

六、实验结果与数据处理

（1）列表记录各项实验数据。

（2）以荧光强度为纵坐标，标准系列溶液浓度为横坐标，绘制标准曲线。

（3）根据样品溶液的荧光强度，在标准曲线上查得对应的浓度 c_x，然后计算样品中维生素 B_2 的质量分数。

七、思考题

（1）激发波长与荧光发射波长有何关系？为什么？

（2）测定过程中应注意哪些问题？

实验八　奎宁的荧光特性和含量测定

一、实验目的

（1）学习绘制奎宁的激发光谱和荧光光谱。

（2）了解溶液的 pH 和卤化物对奎宁荧光的影响及分子荧光分析法测定奎宁的含量。

（3）了解日立 F-4500 型荧光分光光度计的结构、性能及操作。

二、实验原理

由于处于基态和激发态的振动能级几乎具有相同的间隔，分子和轨道的对称性都未改变，因此有机化合物的荧光光谱和激发光谱有镜像关系。

奎宁是喹啉类衍生物，能与疟原虫的 DNA 结合，形成复合物，抑制 DNA 的复制和 RNA 的转录，从而抑制疟原虫的蛋白合成，其作用较氯奎弱。另外，奎宁能降低疟原虫耗氧量，抑制疟原虫体内的磷酸化酶而干扰其糖代谢。奎宁在稀释溶液中是强的荧光物质，其结构如图 5-6 所示。它有两个激发波长，分别为 250 nm 和 350 nm，荧光发射峰在 450 nm。在低浓度时，荧光强度与荧光物质的浓度成正比。

$$F=Kc$$

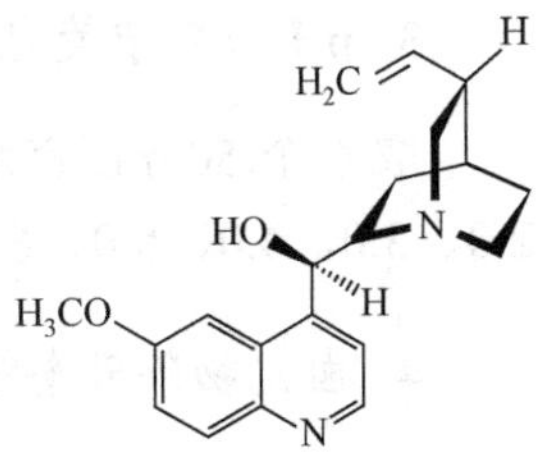

图 5-6　奎宁的结构图

采用标准曲线法，即以已知量的标准物质，经过和试样同样处理后，配制一系列标准溶液，测定这些溶液的荧光强度后，用荧光强度对标准溶液浓度绘制标准曲线，再根据试样溶液的荧光强度，在标准曲线上求出试样中荧光物质的含量。

三、仪器与试剂

1. 仪器

日立 F-4500 型荧光分光光度计；石英皿；容量瓶：1000 mL 2 个，250 mL 1 个，50 mL 10 个；10 mL 移液管 1 支。

2. 试剂

奎宁储备液（100.0 μg/mL）：120.7 mg 硫酸奎宁二水合物中加 50 mL 1 mol/L H_2SO_4 溶液，并用去离子水定容至 1000 mL。将此溶液稀释 10 倍，得 10.00 μg/mL 奎宁标准溶液。

0.05 mol/L 溴化钠溶液；缓冲溶液（pH 为 1.0、2.0、3.0、4.0、5.0、6.0）；0.05 mol/L H_2SO_4。

四、实验内容与步骤

1. 奎宁的标准曲线及其激发光谱和荧光光谱绘制

1）标准系列溶液的配制

取 6 个 50 mL 容量瓶，分别加入 10.00 μg/mL 奎宁标准溶液 0.00 mL、2.00 mL、4.00 mL、6.00 mL、8.00 mL、10.00 mL，用 0.05 mol/L H_2SO_4 稀释至刻度，摇匀。

2）绘制激发光谱和荧光光谱

固定 λ_{em}=450 nm，在 200～400 nm 范围扫描激发光谱；固定 λ_{ex}=250 nm 和 350 nm，在 400～600nm 范围扫描荧光光谱。

3）绘制标准曲线

将激发波长 λ_{ex} 固定在 350 nm（或 250 nm），发射波长 λ_{em}=450 nm，测量系列标准溶液的荧光强度。

2. 试样溶液荧光强度的测定

取 4～5 片药品，在研钵中研磨，准确称取 0.1000 g，用 0.05 mol/L H_2SO_4 溶解，并转移至 1000 mL 容量瓶中，用 0.05 mol/L H_2SO_4 稀释至刻度，摇匀。

取上述溶液 5.00 mL 至 50 mL 容量瓶中，用 0.05 mol/L H_2SO_4 稀释至刻度，摇匀。与标准系列溶液同样条件下，测量试样溶液的荧光强度。

3. pH 与奎宁荧光强度的关系

取 6 个 50 mL 容量瓶，分别加入 10.00 μg/mL 奎宁溶液 4.00 mL，并分别用 pH 为 1.0、2.0、3.0、4.0、5.0、6.0 的缓冲溶液稀释至刻度，摇匀。测定 6 个溶液的荧光强度。

4. 卤化物猝灭奎宁荧光试验

取 5 个 50 mL 容量瓶，分别加入 10.00 μg/mL 奎宁溶液 4.00 mL，再分别加入 0.05 mol/L 溴化钠溶液 1.0 mL、2.0 mL、4.0 mL、8.0 mL、16.0 mL，用 0.05 mol/L H_2SO_4 稀释至刻度，摇匀。测量它们的荧光强度。

五、注意事项

奎宁溶液必须现配现用并避光保存。

六、实验结果与数据处理

（1）绘制荧光强度对奎宁溶液浓度的标准曲线，并由标准曲线确定未知试样的浓度，计算药片中奎宁的含量。

（2）以荧光强度对 pH 作图，并得出奎宁的荧光强度与 pH 关系的结论。

（3）以荧光强度对溴离子浓度作图，并解释结果。

七、思考题

（1）为什么测量荧光的方向必须和激发光的方向成直角？

（2）如何绘制激发光谱和荧光光谱？

（3）能用 0.05 mol/L HCl 代替 0.05 mol/L H_2SO_4 稀释溶液吗？为什么？

第 6 章　化学发光分析法

化学发光（chemiluminescence，CL）是指在化学反应体系中的反应物、生成物或反应中间体吸收了反应释放的化学能，由基态跃迁至激发态，然后再从激发态返回基态时所产生的光辐射。化学发光具有很高的灵敏度（检出限可达 10^{-12}～10^{-21} mol）、很宽的线性范围（3～6 个数量级），同时仪器设备简单、廉价、易微型化。如今，化学发光分析法在化学、生物、医学领域都得到了广泛应用。

6.1　方 法 原 理

6.1.1　基本原理

某些物质在进行化学反应时，由于吸收了反应时产生的化学能而使反应物或生成物分子激发至激发态，受激分子由激发态回到基态时，便发出一定波长的光。这种吸收化学能使分子发光的过程称为化学发光。化学发光可以分为直接化学发光和间接化学发光。直接化学发光是最简单的化学发光反应，由两个关键步骤组成，即激发和辐射。例如，A、B 两种物质发生化学反应生成 C 物质，反应释放的能量被 C 物质的分子吸收并跃迁至激发态 C^*，处于激发态的 C^*在回到基态的过程中产生光辐射。这里，C^*是发光体，此过程中由于 C 直接参与反应，所以称为直接化学发光。该过程表示如下：

$$A+B = C^*$$

$$C^* \longrightarrow C+h\nu$$

间接化学发光又称能量转移化学发光，它主要由三个步骤组成：首先反应物 A 和 B 反应生成激发态中间体 C^*（能量给予体）；当 C^*分解时，释放出能量并转移给 F（能量接受体），使 F 被激发而跃迁至激发态 F^*；最后，当 F^*跃迁回基态时，产生发光。该过程表示如下：

$$A+B = C^*$$

$$C^*+F = C+F^*$$

$$F^* \longrightarrow F+h\nu$$

一个化学反应要产生化学发光现象，必须满足以下条件：①该反应必须提供足够的激发能，并由某一步骤单独提供，因为前一步反应释放的能量将因振动弛豫消失在溶液中而不能发光；②要有有利的反应过程，使化学反应的能量至少能被一种物质所接受并进入激发态；③激发态分子必须具有一定的化学发光量子产率以释放出光子，或者能够转移它的能量给另一个分子使之进入激发态并释放出光子。

化学发光分析法测定的物质可以分为三类：第一类物质是化学发光反应中的反应物；第二类物质是化学发光反应中的催化剂、增敏剂或抑制剂；第三类物质是偶合反应中的反应物、催化剂、增敏剂等。这三类物质还可以通过标记方式来测定其他物质，进一步扩大化学发光分析法的应用范围。

6.1.2　常见的化学发光体系

1. 鲁米诺体系

鲁米诺（3-氨基邻苯二甲酰肼）在碱性溶液中被 H_2O_2、I_2 等氧化剂氧化，可产生最大波长为 425 nm 的蓝光辐射，发光反应的量子产率为 0.01～0.05，是研究最早、应用最广泛的发光试剂之一。反应机理如图 6-1 所示。

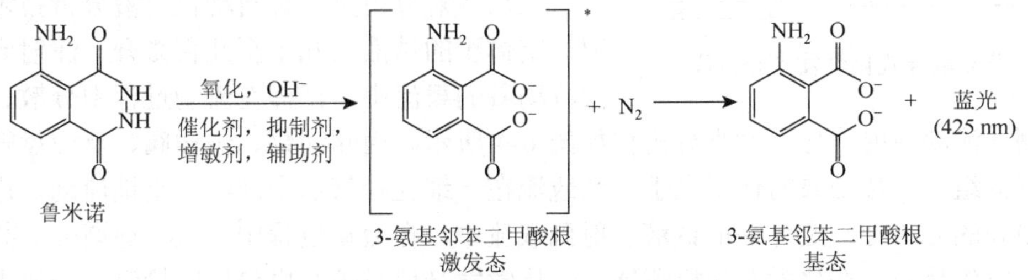

图 6-1　鲁米诺化学发光反应过程图

2. 过氧草酸类

过氧草酸盐（酯）（peroxalate）包括一大类物质，它们自身并不发光，其化学发光均为敏化化学发光。化学发光反应过程（图 6-2）是芳香草酸酯与过氧化氢反应，形成高能量的中间物，高能中间物将能量传给发光体，使之处于激发态，在其返回基态时放出光子。

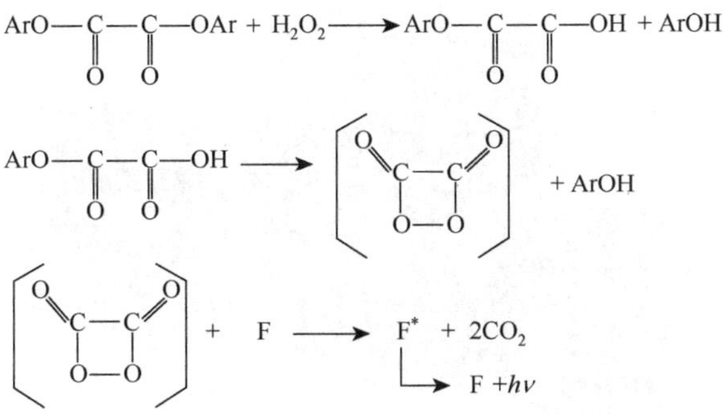

图 6-2　过氧草酸类物质的化学发光反应过程图

6.2　仪 器 结 构

化学发光分析仪主要包括反应池、进样装置、光检测装置和结果处理部分。和分子荧光分析法相比，化学发光分析法不需要外部光源，消除了杂散光及因光源发光不稳定而导致波动的缺点。按照进样方式，可将化学发光分析仪分为分立取样式和流动注射式。

1. 分立取样式化学发光分析仪

分立取样式化学发光分析仪（图 6-3）是一种静态下测量液相化学发光信号的装置。先将试剂与试样加入试液储管中，然后开启旋塞使溶液流入反应池混合，混合后化学发光反应立

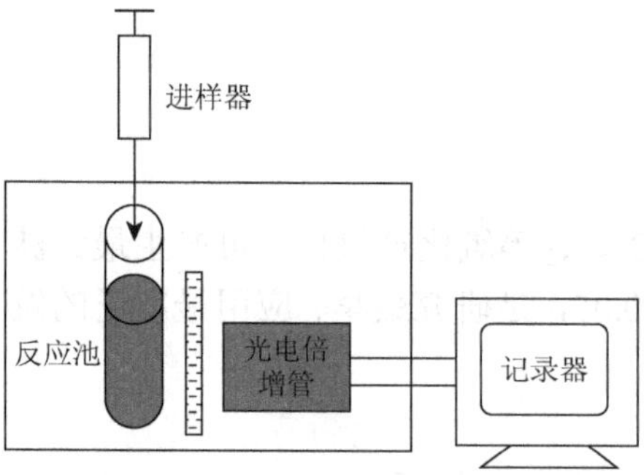

图 6-3　分立取样式化学发光分析仪

即发生。发光信号通过光电倍增管检测，再经放大后在记录器上记录下来。其具有结构简单、灵敏度高的特点，还可用于反应动力学的研究。但手工进样重复性差，测量的精密度不高，且难以实现自动化，分析效率也比较低。

2. 流动注射式化学发光分析仪

流动注射分析是一种自动化溶液分析技术。它是把一定体积的试液（几十至几百微升）注射到一个连续流动着的载流中，试样在流动过程中分散、反应，并被检测。流动注射式化学发光分析仪如图 6-4 所示。由蠕动泵、进样阀、反应盘管和化学发光检测器组成。蠕动泵的作用在于推动载流在一细孔径管道中连续稳定地流动。进样阀以重现性很高的方式把一定体积的试液注射到载流中，在流动过程中，试液逐渐分散并与载流中的试剂发生反应。在化学发光检测器中，化学发光信号被光电倍增管检测，经放大后记录下来。流动注射式仪器检测的光信号只是整个发光动力学曲线的一部分，所以必须根据反应速率调整进样阀与检测器之间的管道长度或流速，以控制留存时间，使发光信号的峰值恰好被检测，从而获得最高的灵敏度。将化学发光与流动注射相结合，兼有分析速度快、仪器设备简单、操作方便、灵敏度高、线性响应范围宽等显著优点。随着药物分析的不断发展，它不但要求分析结果准确可靠，且要求分析方法简单快速，尤其是对痕量药物分析，所以流动注射化学发光分析法显得更为重要。

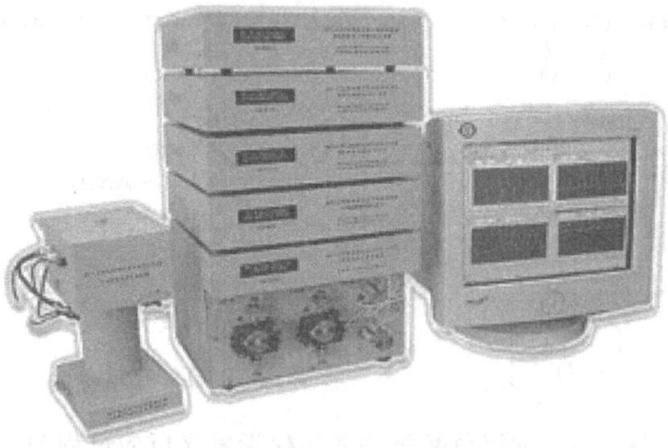

图 6-4　流动注射式化学发光分析仪

实验九　流动注射化学发光分析法测定 H_2O_2 的含量

一、实验目的

（1）掌握流动注射化学发光分析法测定 H_2O_2 含量的基本原理。

（2）了解流动注射式化学发光分析仪的基本构造和原理，并能进行简单操作。

二、实验原理

在碱性条件下，H_2O_2 氧化鲁米诺产生化学发光（图 6-5），在一定的浓度范围内，化学发

光的强度与 H_2O_2 的浓度成正比。基于此，可以利用标准曲线法测定 H_2O_2 的含量。

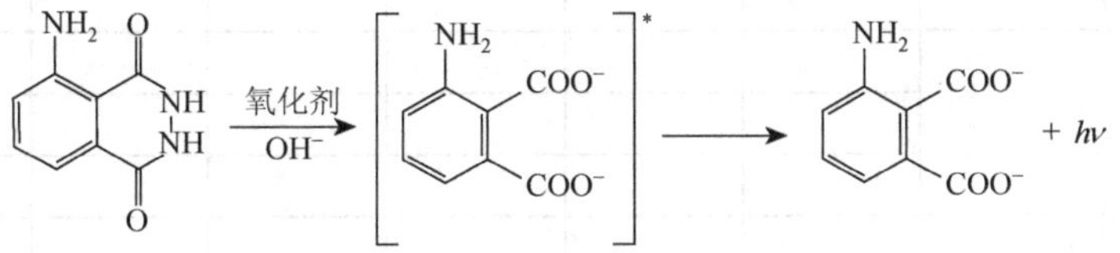

图 6-5　H_2O_2 氧化鲁米诺化学发光原理

三、仪器与试剂

1. 仪器

流动注射式化学发光分析仪（西安瑞迈分析仪器有限责任公司）；蠕动泵；进样阀；计算机。

2. 试剂

鲁米诺储备液：准确称取 0.1779 g 鲁米诺试剂，用 0.01 mol/L NaOH 溶液定容，配成 0.01 mol/L 的储备液。使用时配制成 1.0×10^{-5} mol/L 溶液。

H_2O_2 标准储备液：准确移取 0.40 mL 30% 的 H_2O_2 于 100 mL 容量瓶中，配制成 0.1 mol/L 的 H_2O_2 标准储备液。

水为二次蒸馏水。

四、实验内容与步骤

（1）按照图 6-6 所示组装流路。

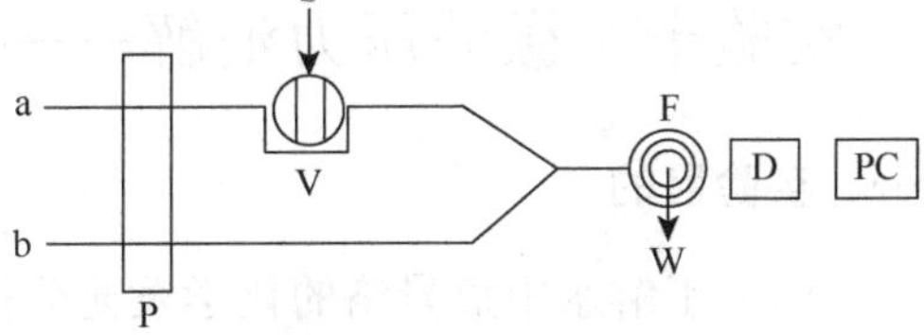

图 6-6　实验流路示意图

a. H_2O_2 流路；b. 鲁米诺流路；S. 进样；V. 进样阀；W. 废液；F. 反应发光盘；P. 蠕动泵；D. 检测器；PC. 计算机工作站

（2）标准曲线的绘制。

取 6 个 50 mL 容量瓶，分别加入 H_2O_2 标准储备液 0.00 mL、1.00 mL、2.00 mL、3.00 mL、4.00 mL、5.00 mL，用蒸馏水稀释至刻度，摇匀。

将各流通管路分别插入相应的试剂溶液中，打开蠕动泵，待信号稳定后，记录发光强度，以体系的发光强度和空白发光强度之差定量。

（3）样品溶液的配制和测定。

准确移取市售双氧水 0.5 mL，定容至 100 mL 容量瓶。

取上述溶液 3.00 mL 至 50 mL 容量瓶中，用蒸馏水稀释至刻度，摇匀。在与标准系列溶液同样测定条件下，测量试样溶液的发光强度。

（4）读取数据作图，计算 H_2O_2 的含量。

五、注意事项

（1）注意进样阀采样和进样的位置。

（2）蠕动泵上的泵管要夹好。

（3）实验结束后，检查仪器是否正常，关闭是否正确，流路是否清洗干净。

六、实验结果与数据处理

（1）原始数据的记录见表 6-1。

表 6-1　H_2O_2 含量测定数据记录表

$c_{H_2O_2}$ /(μg/L)							*x*
信号强度							
平均强度							
扣除空白强度							

（2）以浓度为横坐标，以相应的化学发光强度为纵坐标，绘制标准曲线，并计算合成样品中 H_2O_2 的含量。

七、思考题

（1）为什么过氧化氢要现配现用？

（2）为什么泵管要夹紧？

（3）鲁米诺在什么条件下才能发光？

（4）流动注射式化学发光分析仪由哪些部件组成？

实验十　微波压力消解——化学发光分析法测定水体中的价态铬

一、实验目的

（1）了解水中痕量铬的化学发光分析方法。

（2）掌握微波炉压力密封消解水样的技术。

（3）掌握化学发光分析仪的基本操作。

二、实验原理

H_2O_2 氧化碱性鲁米诺的反应在 Cr^{3+}等金属离子存在下而加速，并伴随亮蓝色的化学发光（λ_{max}=425nm）。当固定 H_2O_2 和鲁米诺溶液（pH≥12.0）的浓度及用量时，其化学发光强度与 Cr^{3+}浓度（10^{-10}～10^{-5} g/mL）呈线性关系，检测下限为 6.2×10^{-13} g/mL，以此定量溶液中的 Cr^{3+}。

由于 $Cr_2O_7^{2-}$ 、CrO_4^{2-} 对鲁米诺发光体系无催化活性，测定总铬时，向水样中加入过量亚硫酸，用聚四氟乙烯生料带密封后，于微波炉中快速加热，中挡功率消解 4～5 min，将水样中的六价铬还原为 Cr^{3+}，在与 Cr^{3+}相同的测定条件下定量总铬量。根据总铬量和 Cr^{3+}量之差，求得水样中六价铬的含量。

水样中共存的 Fe^{3+}、Fe^{2+}、Ca^{2+}、Mg^{2+}、Cu^{2+}等可迅速与试剂中加入的 EDTA 反应生成相应配合物，不干扰测定。自来水中的 Co^{2+}一般含量极微，不足以干扰 Cr^{3+}的测定，通常不予考虑，如果有显著干扰，可用 1-(2-吡啶偶氮)-2-萘酚（PAN）掩蔽消除。本实验具有较高的选择性。

三、仪器与试剂

1. 仪器

流动注射式化学发光分析仪（西安瑞迈分析仪器有限责任公司）；微波炉；聚四氟乙烯

生料带；50 mL 容量瓶；1 L 试剂瓶；吸量管；酸度计；电磁搅拌器；pH 玻璃电极；台秤；pH=0.5～5.0 精密试纸。

2. 试剂

0.01 mol/L EDTA 溶液；1.0 mol/L KOH 溶液；2.5 mol/L KBr 溶液；6% H_2SO_3；4×10^{-2} mol/L H_2O_2（其中含 1.0×10^{-3} mol/L 的 EDTA）；$NaHCO_3$（A.R.）等。

1.0×10^{-4} g/mL Cr^{3+}标准储备液：准确称取 0.5125 g 干燥的 $CrCl_3·6H_2O$（G.R.）溶于少量三次重蒸水中，定容为 1 L 溶液储存。使用时，再逐级稀释成所需浓度，本实验使用 1.0×10^{-7} g/mL Cr^{3+}标准溶液。

1.0×10^{-3} mol/L 鲁米诺储备液：称取鲁米诺 0.1771 g 于小烧杯中，加入 2.00 mL 1.0 mol/L 的 KOH（或 NaOH）溶解，定容为 1 L 溶液，于棕色试剂瓶中保存，备用。

2.5×10^{-4} mol/L 鲁米诺分析液：量取 250 mL 鲁米诺储备液于 1 L 烧杯中，加入 100 mL 0.01 mol/L EDTA、200 mL 2.5 mol/L KBr 和 8.4 g $NaHCO_3$（A.R.），再加 300 mL 重蒸水，置于电磁搅拌器上搅拌，不断加入 1.0 mol/L KOH 溶液，直至用酸度计测得 pH 为 12.50 时，移入 1 L 棕色容量瓶中，用重蒸水定容，摇匀。

pH 为 2.50 的 HCl 稀溶液：在 1 L 烧杯中加入 900 mL 重蒸水，用 1.0 mol/L 的 HCl 溶液在酸度计上调节 pH 为 2.50（也可用 pH=0.5～5.0 的精密试纸检验），备用。

四、实验内容与步骤

1. 总铬水样的预处理

于干净的 50 mL 容量瓶中准确加入 25.00 mL 自来水、2.00 mL 6% 亚硫酸，用聚四氟乙烯生料带（2～3 层）密封容量瓶颈口，用橡皮筋紧固，置于微波炉中加热，中挡功率维持微沸 4 min，关闭微波炉电源，取出容量瓶，冷却至室温，备用。

2. 标准溶液及待测液的制备

取 3 个 50 mL 容量瓶，向编号为 1、2 的容量瓶中依次加入 1.0×10^{-7} g/mL Cr^{3+}标准溶液 0.00 mL、5.00 mL，用重蒸水稀释至 25.00 mL。向 3 号容量瓶中准确加入上述自来水样 25.00 mL，前述预处理过的总铬水样编号为 4，然后小心用 0.1 mol/L HCl 溶液分别将这 4 个溶液的 pH 调至 2.50（用 pH=0.5～5.0 的精密试纸检验），然后用 pH 为 2.50 的稀 HCl 溶液定容，摇匀。

3. 测定

将预热好的仪器的“增益选择”旋钮旋至中挡，按下“高压”指示选择键，打开“高压”电源，绿指示灯亮，用高压“调节”旋钮调负高压至适当位置（一般为−500～−400 V，表头 1 μA 相当于−20 V）。

将废液排放管夹及试液储管活塞放开，用重蒸水充分洗涤试剂加入管、试液储管，待重蒸水排净后，夹紧废液排放管，关闭试液储管活塞。按下“复位”，用“调零”旋钮小心调至数显为“0”，同时将记录仪连接并调节好（也可不用记录仪）。

准确移取鲁米诺分析液 2.00 mL、4×10^{-2} mol/L H_2O_2 溶液 1.00 mL，依次注入试剂加入

管。准确移取 1 号容量瓶中的溶液 2.00 mL 于试液储管中，然后均匀、快速打开活塞，记录数显峰值，关闭活塞，打开废液排放管夹，放净反应废液后重新夹好。按上述操作步骤对各溶液做 3～5 次平行测定。舍去可疑值后，取平均值进行计算。

五、实验结果与数据处理

按下式计算水样总铬含量 $c_{总铬}$：

$$c_{总铬}(\mathrm{g/L})=\frac{1.0\times10^{-7}\ \mathrm{g/mL}\times5.00\ \mathrm{mL}\times(I_4-I_1)}{(I_2-I_1)\times25.00\ \mathrm{mL}}=\frac{2.0\times10^{-5}(I_4-I_1)}{I_2-I_1}$$

式中，I_1、I_2、I_4 分别为测定的 1 号（空白）、2 号（标准）和 4 号（总铬水样）容量瓶中溶液的相对发光平均峰值。

按下式计算水样中三价铬的含量 $c_{\mathrm{Cr(III)}}$：

$$c_{\mathrm{Cr(III)}}(\mathrm{g/L})=\frac{1.0\times10^{-7}\ \mathrm{g/mL}\times5.00\ \mathrm{mL}\times(I_3-I_1)}{(I_2-I_1)\times25.00\ \mathrm{mL}}=\frac{2.0\times10^{-5}(I_3-I_1)}{I_2-I_1}$$

式中，I_1、I_2 的意义同上；I_3 为 3 号容量瓶溶液的相对发光平均峰值。

显然，水样中六价铬的含量按下式计算：

$$c_{\mathrm{Cr(VI)}}(\mathrm{g/L})=c_{总铬}(\mathrm{g/L})-c_{\mathrm{Cr(III)}}(\mathrm{g/L})$$

六、注意事项

（1）实验中所用玻璃仪器事先应用稀硝酸浸泡后，用 0.01 mol/L EDTA 处理 10 min，然后用重蒸水洗净后使用。

（2）化学发光值受酸度和试液的注入速度影响较大，因此平行测定时，每次注入试液的速度应均匀一致。同时，如果不换待测液，则不要用重蒸水洗涤试液储管和反应池，否则，测定精密度和灵敏度都将变差。

（3）更换待测液时需用重蒸水洗涤试液储管和反应池（试剂加入管可不必洗涤），因此，洗后测定的第一个数据仅作为参考。

（4）测定过程中，指示选择应始终按下“高压”键，此种情况下，能及时观察负高压值是否变化，随时予以调整，保证稳定在预定值上。

（5）微波炉转盘上可同时加热消解 20 个左右的水样，但盘中心有“热点”效应，为保护转盘，当消解样品少于 8 个时，最好在盘中央放一杯 150 mL 的水。

（6）微波炉工作时，严禁放置金属材料的器皿，以保护磁控管。注意阅读微波炉使用说明书及其他方面的安全知识。

（7）按本实验的设定条件，反应池中反应液为 5 mL，pH 为 11.0 左右，可获得最高灵敏度。

七、思考题

（1）为什么要向鲁米诺分析液中加入 EDTA 和 KBr？

（2）如何用该化学发光体系测定 Cr^{3+} 的检测下限和标准偏差、相对标准偏差？

（3）标准溶液和所有待测液的 pH 为什么要调到 2.50？试液的注入速度对化学发光强度有何影响？怎样控制？

（4）化学发光分析研究中，常需记录化学发光光谱（I_{CL}-λ），如何实现？

第 7 章　红外光谱法

红外光谱是一种分子光谱，也称分子振动-转动光谱。根据绘制的红外光谱图中吸收峰谱带的位置、形状和强度，结合分子特征基团振动频率与分子结构的关系来确定吸收带的归属，可以鉴定化合物分子中存在的官能团及其化学环境，推断分子的结构。因此，测定未知物结构是红外光谱法的重要用途。

红外光谱法测样品是非破坏性的，气体、液体、固体样品均可测定，而且具有所需样品量少、获得图片快、操作简便等优点，所有这些使得红外光谱成为最常用的检测手段之一。

7.1　方 法 原 理

分子内部原子间的相对振动和分子转动所需的能量较低，落于红外区，因此，红外光谱反映的是分子的振动和转动情况。当用一定频率的红外光照射某物质分子时，若该物质的分子中某基团的振动频率与其相同，则此物质就能吸收这种红外光，分子由振动基态跃迁到激发态。由于分子的振动能量比转动能量大，当发生振动能级跃迁时，不可避免地伴随着转动能级的跃迁，因此无法得到纯粹的振动光谱，而只能得到分子的振动-转动光谱。当用不同频率的红外光依次通过测定分子，就会出现强弱不同的吸收现象，作 T-λ 图就得到其红外吸收光谱图。

7.1.1　双原子分子的振动

分子振动可以近似地看作分子中原子以平衡点为中心，以很小的振幅做周期性振动。这种分子振动模型可以用经典方法来模拟。将双原子分子看作一个弹簧连接两个小球，m_1 和 m_2 分别代表两个小球的质量，即两个原子的质量，弹簧的长度就是分子化学键的长度。这个体系的振动频率取决于弹簧的强度，即化学键的强度和原子的质量，其振动是在两个小球的键轴方向发生的。

按照胡克定律，可以得到如下计算公式：

$$\sigma(\mathrm{cm}^{-1}) = \frac{1}{2\pi c}\sqrt{\frac{k}{\mu}} \qquad (7\text{-}1)$$

式中，σ 是振动波数；c 是光速；k 是键力常数；μ 是原子的折合质量。由实验得到的键力常数的平均值和式(7-1)可以估算各种键型的基频吸收峰的波数。一般来说，单键的 $k=4\times10^5$～6×10^5 g/s^2，双键的 $k=8\times10^5$～12×10^5 g/s^2，叁键的 $k=12\times10^5$～20×10^5 g/s^2。

由式（7-1）还可以看出，键力常数越大，原子折合质量越小，则化学键的振动频率越高，吸收峰将出现在高波数区；相反，则出现在低波数区。

7.1.2　多原子分子的振动

由于组成多原子分子的原子数目增多，加之分子中原子排布情况的不同，即组成分子的化学键或基团和空间结构的不同，多原子分子的振动光谱远比双原子分子复杂得多。多原子分子在红外光谱图上可以出现一个以上的基频吸收带，基频吸收带的数目等于分子的振动自由度。对于由 n 个原子组成的线性分子来说，其振动自由度为 $3n-5$。对于由 n 个原子组成的非线性分子来说，其振动自由度则为 $3n-6$。

理论上计算的每一个振动自由度，在红外光谱上相应产生一个基频吸收带。实际上，绝大多数化合物在红外谱图上出现的峰数，远小于理论上计算的振动数，这是由如下的原因引起的：

（1）没有偶极矩变化的振动不产生红外吸收。

（2）相同频率的振动吸收重叠，即简并。

（3）仪器不能区别频率十分接近的振动，或因吸收带很弱，仪器检测不出。

（4）有些吸收带落在仪器检测范围之外。

7.1.3　影响吸收峰强度的因素

在红外光谱中，一般按摩尔吸光系数 ε 的大小划分吸收峰的强弱等级。其具体划分如下：

$\varepsilon>100$	极强峰（vs）	$20<\varepsilon<100$	强峰（s）
$10<\varepsilon<20$	中强峰（m）	$1<\varepsilon<10$	弱峰（w）

振动能级的跃迁概率和振动过程中偶极矩的变化是影响谱峰强弱的两个主要因素。从基态向第一激发态跃迁时，跃迁概率大，因此，基频吸收一般比较强。从基态向第二激发态的跃迁，虽然偶极矩的变化较大，但能级的跃迁概率小，因此，相应的倍频吸收带较弱。应该指出，基频振动过程中偶极矩的变化越大，其对应的峰强度也越大。很明显，如果化学键两端连接的原子的电负性相差越大，或者分子的对称性越差，伸缩振动时，其偶极矩的变化越大，产生的吸收峰也越强。

7.2　仪 器 结 构

红外光谱仪的发展大体可分为三代：第一代是以棱镜为分光元件，分辨率较低，操作环境要求恒温恒湿；第二代是以衍射光栅作为分光元件，分辨率提高，能量较高；第三代是傅里叶变换红外光谱仪，具有高光通量、低噪声、测试速度快、分辨率及灵敏度高、波数准确、光谱范围宽等特点。傅里叶变换红外光谱仪主要由红外光源、迈克耳逊干涉仪、样品池、检测器、计算机和记录系统等部分组成（图 7-1）。

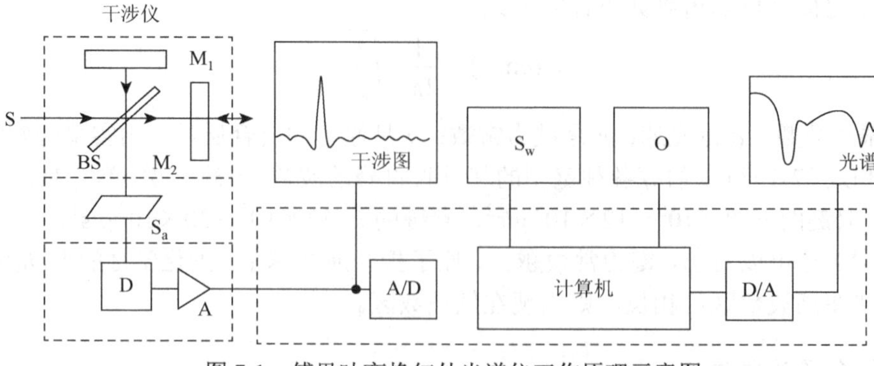

图 7-1　傅里叶变换红外光谱仪工作原理示意图

S. 光源；M_1. 定镜；M_2. 动镜；BS. 分束器；D. 探测器；S_a. 样品；A. 放大器；A/D. 模-数转换器；D/A. 数-模转换器；S_w. 键盘；O. 外围设备

傅里叶变换红外光谱仪不需要分光元件进行分光，而是采用迈克耳逊干涉仪形成干涉信号（图 7-2），并通过傅里叶变换获取红外吸收光谱。由光源发出的红外光经过干涉仪到达样品，再到检测器，信号经过滤波器滤除高频并放大后通过模–数转换器转换成数字信号输入计算机进行傅里叶变换。

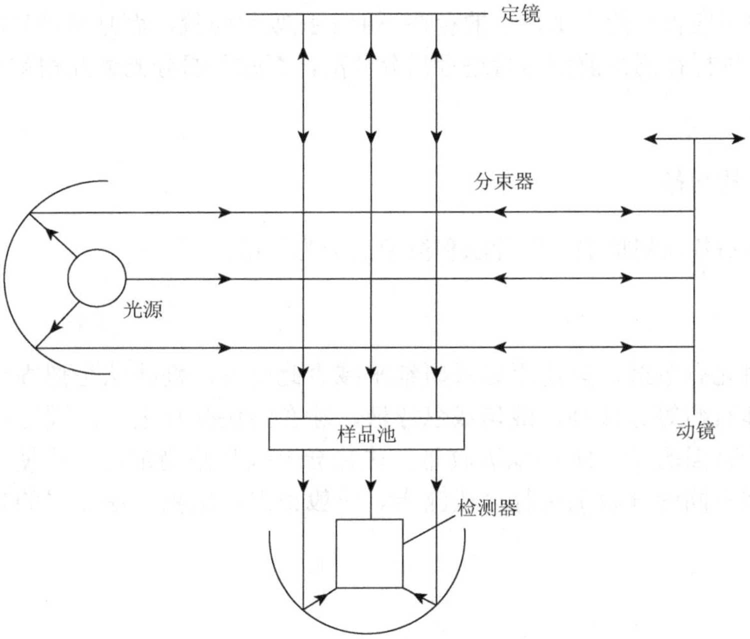

图 7-2　迈克耳逊干涉仪的光路图

箭头表示辐射传播的方向，动镜上方的箭头表示动镜移动的方向

迈克耳逊干涉仪由两个相互垂直的平面镜组成，其中一个平面镜固定，另一平面镜做往复移动。一个半反射膜将光源平分成垂直的两束。分束器材料根据测定的波长区域选择，中红外或近红外区可用锗或氧化铁涂上一层无红外吸收的溴化钾（KBr）或碘化铯，远红外区则用有机薄膜。波长为 λ 的准直单色光被分为两束，以相互垂直的方向到达两个平面镜后反射回分束器处汇集，其中一个平面镜位置发生移动导致光程差而发生干涉，以此干涉光作用于样品，通过试样后得到带有样品信息的干涉图，然后通过检测器获得光电信号后进行傅里叶变换，从而解析出所需的光谱信息。

傅里叶变换红外光谱仪用硅碳棒或能斯特灯作为中红外区的光源，远红外区则用高压汞灯作光源，近红外区用卤钨灯作光源。中红外区有两种检测器，常用的是封装于耐温的碱金属卤化物窗内的氘代硫酸三甘肽（DTGS）热电检测器。要提高检测的灵敏度，可以使用碲镉汞，但这要求液氮冷却。在远红外区，用锗或铟-锑检测器在液氦温度下工作。近红外区常用硫化铅光电导体作检测器。

7.3　实 验 技 术

要获得一张高质量的红外光谱图，除仪器本身的因素外，还应具备两个条件，就是熟练的仪器操作技术和合适的样品制备方法。有关仪器的操作技术可参考各种仪器的说明书。制备样品时应注意下列几点：

（1）选择适当的样品浓度和测试厚度，过低的浓度或过薄的测试厚度往往使弱峰消失，反之又会使强吸收峰超越标尺，无法确定其真实位置。一张好的谱图应使其吸收峰的透过率大都处于 20%～60% 范围内。

（2）样品中不应含有游离水，水的存在不但干扰吸收面貌，而且腐蚀吸收窗片。

（3）多组分试样在测试前应尽量进行组分分离，否则各组分光谱互相重叠，致使图谱无法解析。

7.3.1 固体样品的制备

固体样品的制备以糊状法、压片法和溶液法最为常用。

1. 糊状法

固体粒子对光有散射，只能用尽量研细来减少此现象。糊状法是把固体样品研磨成粉末状，加入液体石蜡等分散剂，混匀成悬浮液，涂在两块盐片之间，固定在样品架上进行测定。液体石蜡有强的 C—H 伸缩吸收带，往往会干扰某些测定，一般使用分段研糊，即用两种吸收范围不同的分散剂进行分段测定。一般说来，用糊状法测得的光谱不能用于定量分析。

2. 压片法

取 1～2 mg 样品，加干燥 KBr 粉末 100～200 mg，在玛瑙研钵中混匀、研细，装入成型模具，放入压片机中，加压至 29.4 MPa，保持 5 min，取出后放入样品支架上进行测定。由于 KBr 极易吸水，在整个制样过程中要特别注意干燥，尽量缩短 KBr 在空气中暴露的时间。

3. 溶液法

溶液法是将固体样品溶解在溶剂中，然后注入液体池进行测定的方法。此法要用各种厚度的固定槽（0.025～1 mm），其中最常用的是 0.1～0.2 mm 厚的固定槽。用溶液法测定时要注意溶剂的种类和浓度。

可拆池的液层厚度可由间隔片的厚薄调节。由于操作液体层的厚度的重复性差，误差总是存在，所以一般用在定性或半定量分析上，而不用在定量分析上。固定池与可拆池不同，可用于定量和易挥发液体的定性分析。红外透光窗片由多种材料制成，可以根据透红外光的波长范围、机械强度及对试样溶液的稳定性选用。

溶液法使用的溶剂都会有红外吸收，所以要在参比光路中用相同厚度的液体池装上溶剂进行补偿，以消除溶剂吸收，得到样品光谱图。但在溶剂吸收特别强的区域，不能真实地记录溶质的吸收，形成了所谓的“死区”，记录下的谱线在此区域为平坦的曲线。所以在选择溶剂时不要让要观察的吸收峰落入“死区”。几种常用溶剂的强吸收峰位置如下：

氯仿：3010～2990 cm^{-1}，1240～200 cm^{-1}，815～650 cm^{-1}；

二硫化碳：2220～2120 cm^{-1}，1630～1420 cm^{-1}；

液体石蜡：2920～2710 cm^{-1}，1470～1410 cm^{-1}，1380～1350 cm^{-1}；

四氯化碳：820～725 cm^{-1}；

六氟丁二烯：1200～1140 cm^{-1}，1010～760 cm^{-1}。

在选择溶剂时，还要注意溶剂的其他影响，如氢键的形成、样品与溶剂的化学反应等问题。溶液法常常难以得到一张完整的红外光谱图。另外，红外透光窗片常用 KBr 材料，而 KBr 溶于水，所以溶剂中不能含水。

7.3.2 薄膜法

某些材料难以用前面几种方法测试，也可以使用薄膜法。一些高分子膜常常可以直接用来测试，而更多的情况是要将样品制成膜。聚苯乙烯薄膜的红外光谱如图 7-3 所示。

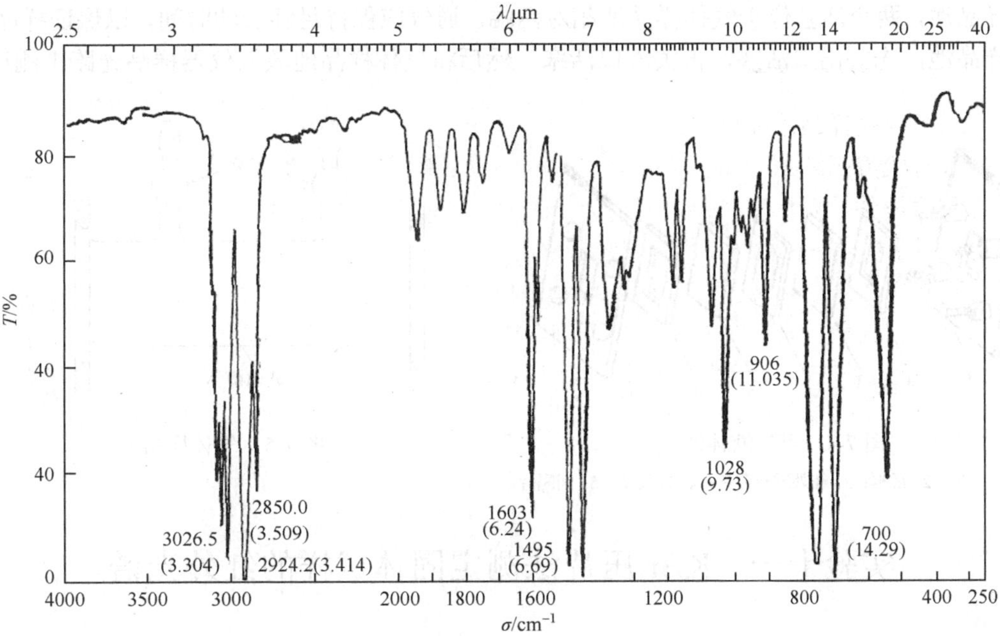

图 7-3 聚苯乙烯薄膜的红外光谱

1. 熔融法

熔点低、对热稳定的样品可放在窗片上用红外灯烤，使其受热成流动性液体后加压压成膜。

2. 溶液成膜法

样品溶于低沸点溶剂后，涂在平板上使其成膜。

3. 切片成膜

不溶、难熔又难粉碎的固体可以用机械切片法成膜。

4. 全反射光谱测定法

对一些难熔、难粉碎或表面涂层不透明的样品可以采用全反射光谱测定法（ATR）测定。

7.3.3　液体样品的制备

对于沸点不是很低的液体，可以夹在两块盐片之间放在样品固定架上直接进行测定（图 7-4）。而对于沸点较低的液体，需采用固定密封池，其具体做法是在固定密封池中放入合适厚度的金属片，将进样孔对准盐片上的小孔，上紧四个螺丝，用注射器将溶液样品注入小孔。当液体充满池体后，将两个小孔封紧，样品架放入仪器中进行测定。该法操作简便，适用于对高沸点及不易清洗的试样进行定性分析。

7.3.4　气体样品的制备

选择光程合适的圆柱形气体样品池（图 7-5），将入口活塞和出口活塞都打开，使样品进入气体样品池，两个活塞位于气体样品池相对两端。通气应保持足够长的时间，以保证样品完全充满样品池，先关出口活塞，再关入口活塞，然后将气体样品池放入仪器样品光路中测绘。

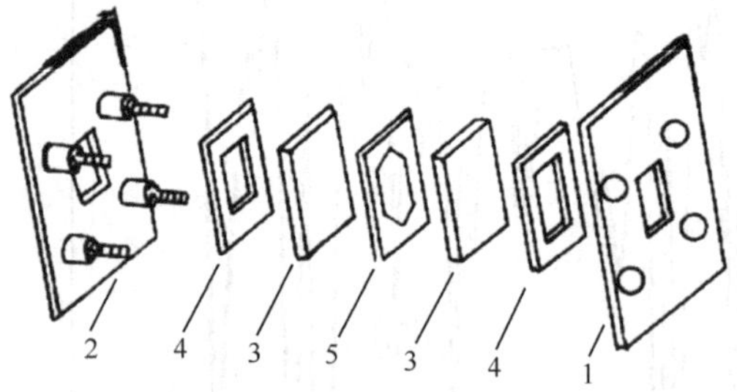

图 7-4　可拆液体池

1. 前框；2. 后框；3. 红外透光窗片；4. 橡胶垫；5. 间隔片

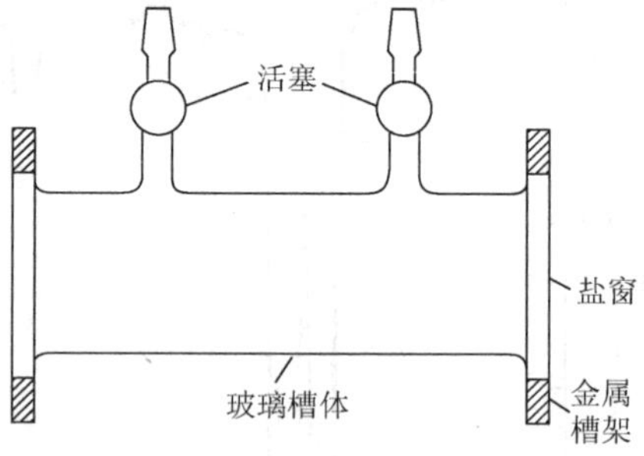

图 7-5　气体样品池

实验十一　KBr 压片法测定固体试样的红外光谱

一、实验目的

（1）了解傅里叶变换红外光谱仪的基本测试方法。

（2）练习用 KBr 压片法制样。

（3）掌握苯甲酸的红外光谱分析步骤。

二、实验原理

压片法是红外光谱分析固体试样应用最广的方法。将固体样品与卤化碱（通常是 KBr）混合研细，并压成透明片状，然后放到红外光谱仪上进行分析。压片法所用的碱金属的卤化物应尽可能纯净和干燥，试剂纯度一般应达到分析纯，可以用的卤化物有 NaCl、KCl、KBr、KI 等。由于 NaCl 的晶格能较大，不易压成透明薄片，而 KI 又不易精制，因此大多采用 KBr 或者 KCl 作样品载体。

苯甲酸为无色、无味片状晶体，分子式为 C_6H_5COOH，又称安息香酸。其熔点为 122.13℃，沸点为 249℃，相对密度为 1.2659（15/4℃）。由于氢键的作用，苯甲酸通常以二分子缔合体的形式存在。只有在测定气态样品或非极性溶剂的稀溶液时，才能看到游离态苯甲酸的特征吸收。用固体压片法得到的红外光谱中显示的是苯甲酸二分子缔合体的特征，在 2400～3000 cm^{-1} 处是 O—H 伸缩振动峰，峰宽且散。由于受氢键和芳香环共轭两方面的影响，苯甲酸缔合体的 C═O 伸缩振动吸收位移在 1700～1800 cm^{-1} 区（而游离 C═O 伸展振动吸收是在 1710～1730 cm^{-1} 区，苯环上的 C═C 伸缩振动吸收出现在 1480～1500 cm^{-1} 和 1590～1610 cm^{-1}），这两个峰是鉴别有无芳香环存在的标志之一，一般后者峰较弱，前者峰较强。

三、仪器与试剂

1. 仪器

FTIR-8400S/IR prestige-21 傅里叶变换红外光谱仪（日本岛津公司）；压片机；模具；干燥器；玛瑙研钵；药匙；镜纸；红外灯。

2. 试剂

苯甲酸粉末；光谱纯 KBr 粉末。

四、实验内容与步骤

（1）样品制备。在玛瑙研钵中分别研磨 KBr 和苯甲酸至细粉，然后置于烘箱中烘 4～5 h，烘干后的样品置于干燥器中待用。取 100～200 mg 干燥 KBr 倒入压片模具中压制成透明薄片（图 7-6 和图 7-7），并保存在干燥器内；另取 1～2 mg 干燥苯甲酸和 100～200 mg 干燥 KBr，一并倒入玛瑙研钵中进行研磨直至混合均匀，取少许上述混合物粉末倒入压片模具中压制成透明薄片，并保存在干燥器内。

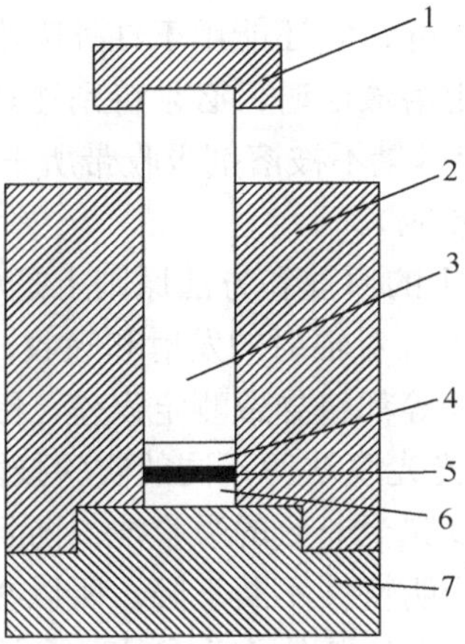

图 7-6　压模结构

1. 压杆帽；2. 压模体；3. 压杆；4. 顶模片；5. 试样；6. 底模片；7. 底座

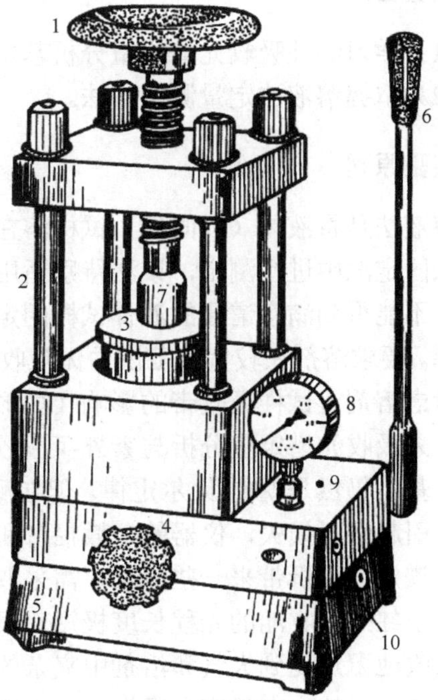

图 7-7　压片机

1. 压力丝杆手轮；2. 拉力螺柱；3. 工作台垫板；4. 放油阀；5. 基座；6. 压把；7. 压模；8. 压力表；9. 注油口；10. 油标及入油口

（2）开启傅里叶变换红外光谱仪的电源，开启计算机，进入 Windows 操作系统。

（3）启动“IR solution”软件，自检完成后设置相关参数。

（4）背景扫描。点击“BKG”按钮进行背景扫描，扫描时样品架不能放有样品，当然，有时需要放置空白样品进行背景扫描。如果做压片，则需要用纯 KBr 压片作背景。

（5）样品扫描。首先把样品放入样品室，点击“Sample”进行样品测试，测试完成后可以获得样品的图谱。点击“Stop”按钮可以停止扫描。

（6）测定教师指定的一未知样品的红外光谱图。

五、实验结果与数据处理

（1）解析苯甲酸红外谱图中的特征吸收峰分别是苯甲酸中的哪些官能团产生的，并作出标记。

（2）将未知化合物官能团区的峰位列表，并根据教师提供的元素分析数据及物理性质推断出未知样品可能的结构。

六、思考题

（1）影响样品红外光谱图质量的因素有哪些？

（2）KBr 压片法制备固体试样要注意哪些问题？

实验十二　溶液法制样测定甲苯-环己烷溶液中的甲苯含量

一、实验目的

（1）学习红外吸收光谱定量分析基本原理。

（2）掌握溶液法定量测定方法。

二、实验原理

溶液法是将液体（或固体）试样溶在适当的红外溶剂，如 CS_2、CCl_4、$CHCl_3$ 等中，然后注入固定池中进行测定，该法特别适用于定量分析。此外，它还能用于红外吸收很强、用液膜法不能得到满意谱图的液体试样的定性分析。在采用溶液法时，必须特别注意红外溶剂的选择。要求溶剂在较宽的范围内无吸收，试样的吸收带尽量不被溶剂吸收带所干扰。此外，还要考虑溶剂对试样吸收带的影响（如形成氢键等溶剂效应）。

红外吸收光谱定量分析与紫外-可见分光光度定量分析的原理和方法原则上是相同的。它的定量基础仍然是朗伯-比尔定律。但在测量时，吸收池窗片对辐射的发射和吸收，试样对光的散射引起辐射损失，仪器的杂散辐射和试样的不均匀性等都将导致测定误差，因而给红外吸收光谱定量分析带来一些困难，需采取与紫外-可见分光光度法所不同的实验技术。

由于红外吸收池的光程长度极短，很难做成两个厚度完全一致的吸收池，而且在实验过程中吸收池窗片受到大气和溶剂中夹杂的水分浸蚀，其透明特性不断下降，所以在红外测定中，透过试样的光束强度，通常只简单地同以空气或只放一块盐片作为参比的参比光束进行比较，并采用基线法测量吸光度，如图 7-8 所示。测量时，在所选择的被测物质的吸收带上，以该谱带两肩的公切线 *AB* 作为基线，通过峰值波长处 *t* 的垂直线和基线相交于 *r* 点，分别测量入射光和透射光的强度 I_0 和 I，依照 $A=\lg(I_0/I)$，求得该波长处的吸光度。

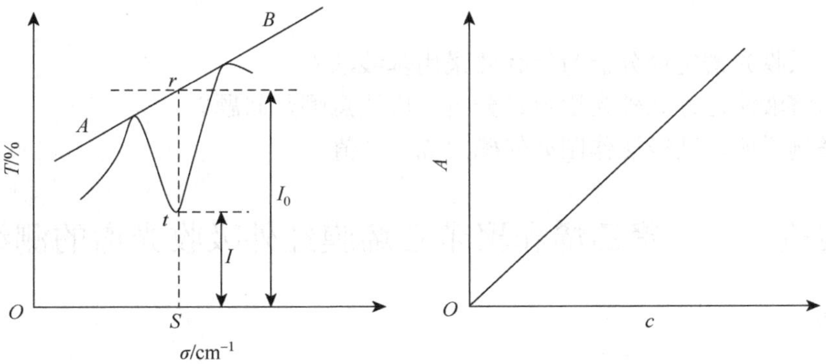

(a) 基线的确定　(b) 工作曲线

图 7-8　基线法

三、仪器与试剂

1. 仪器

红外光谱仪；一对液体池；样品架；红外灯；平板玻璃（20 cm×25 cm）。

2. 试剂

甲苯、环己烷、无水乙醇各 1 瓶（均为 A.R.）；氯化钠单晶块（2 cm×3 cm×0.8 cm）。

四、实验内容与步骤

（1）开启傅里叶变换红外光谱仪的电源，自检完成后设置相关参数。

（2）按以下方法处理氯化钠单晶块。从干燥器中取出氯化钠单晶块，在红外灯的辐射下，于垫有平板玻璃的 5 号铁砂纸上，轻轻擦拭单晶块上下表层，继而在金相砂纸上轻擦，然后再在麂皮革上摩擦，并不时滴入无水乙醇，最终擦至单晶块上下两面完全透明，保存于干燥器内备用。

（3）配制标准溶液。分别移取甲苯 1.00 mL、2.00 mL、3.00 mL、4.00 mL、5.00 mL 放至 100 mL 容量瓶中，分别用环己烷稀释至刻度，摇匀。编号依次为 1#、2#、3#、4#、5#。

（4）标准溶液的测定。取两块已处理好的氯化钠单晶块，在其中一块的透明平面上放置间隔片，于间隔片的方孔内滴加一滴 1#标准溶液，将另一单晶块的透明平面对齐压上，然后将它固定在支架上（如图 7-4 所示，两单晶块的液膜厚度为 0.001～0.05 mm）。以空气作参比物测定红外光谱图，随后以同样方法测定 2#、3#、4#、5#标准溶液的红外光谱图。每次测定前需用无水乙醇清洗液体池，然后再用标准溶液或试样润洗三四次。

（5）测定未知样品的红外光谱图。按照（4）的测定方法，在相同条件下测定未知样品的红外光谱图。

五、实验结果与数据处理

以 1#、2#、3#、4#、5#标准溶液的吸光度值为纵坐标，以甲苯溶液浓度为横坐标绘制标准曲线。从标准曲线上查出未知样品中甲苯的浓度。

六、思考题

（1）红外吸收光谱定量分析为什么要采用基线法？

（2）采用溶液法进行红外光谱定量分析，应注意哪些问题？

（3）试举例说明，基线法作图如何确定 I_0 与 I 值。

实验十三　聚乙烯和聚苯乙烯膜红外吸收光谱的测绘

一、实验目的

（1）熟悉傅里叶变换红外光谱仪的工作原理和使用方法。

（2）掌握薄膜试样红外吸收光谱的测绘方法。

（3）通过对聚乙烯和聚苯乙烯红外光谱图的解释，学习红外吸收光谱解析的基本方法。

二、实验原理

薄膜法主要用于高分子化合物的测定。通常将试样热压成膜，或将试样溶解在沸点低、易挥发的溶剂中，然后倒在玻璃板上，待溶剂挥发后成膜。制成的膜直接插入光路即可进行测定。

不同化合物由不同的基团组成，因此有不同的振动方式和频率，得到的红外光谱也不同，可以通过它们的红外吸收光谱进行定性鉴别和结构分析。乙烯聚合成聚乙烯的过程中，乙烯的双键被打开，聚合成 $\left[\!-CH_2-CH_2-\right]_n$ 长链，因而聚乙烯分子中仅有的基团是饱和的亚甲基（$—CH_2$），其基本振动形式及频率为：①亚甲基的反对称伸缩振动 $\sigma_{as(CH_2)}$ 2926 cm^{-1}；②亚甲基的对称伸缩振动 $\sigma_{s(CH_2)}$ 2853 cm^{-1}；③亚甲基的对称弯曲振动 $\delta_{s(CH_2)}$ 1465 cm^{-1}；④长亚甲基链的面内摇摆振动 $\delta_{[(CH_2)_n, n>4]}$ 720 cm^{-1}。因此，在聚乙烯的红外光谱上只能观察到四个吸收峰。

在聚苯乙烯的结构中，除了亚甲基外，还有次甲基（—CH）、苯环上的不饱和碳氢基团（═CH）和碳碳骨架（C═C）。因此，聚苯乙烯的基本振动形式除了有聚乙烯中的①～③之外，还有：⑤苯环上不饱和碳氢基团伸缩振动 $\sigma_{(=CH)}$ 3000～3100 cm^{-1}；⑥次甲基的伸缩振动 $\sigma_{(-CH)}$ 2955 cm^{-1}；⑦苯环骨架振动 $\delta_{(C=C)}$ 1450～1600 cm^{-1}；⑧苯环上不饱和碳氢基团的面外弯曲振动 $\delta_{(=C-H)}$（苯环上邻近 5 个氢）770～730 cm^{-1}、710～690 cm^{-1} 等。由此可见，聚苯乙烯的红外光谱比聚乙烯复杂得多，根据两者的红外光谱很容易鉴别它们。

三、仪器与试剂

1. 仪器

WQF-510 型傅里叶变换红外光谱仪；红外灯；玛瑙研钵；除湿机。

2. 试剂

聚乙烯和聚苯乙烯标样与样品。

四、实验内容与步骤

（1）试样卡片的制作。取厚度约为 5 μm 的 30 mm×50 mm 的聚乙烯和聚苯乙烯膜各一张，另取 55 mm×120 mm 的硬纸板四张，在它们中间开出长 30 mm、宽 15 mm 的长方形口，然后把薄膜分别粘夹在两张硬纸板长方形口上，即制成试样卡片。

（2）按仪器操作步骤开机和进行调节，并设定实验条件。

（3）将聚乙烯膜的试样卡片置于试样窗口前。

（4）测绘聚乙烯膜的红外吸收光谱。

（5）在同样实验条件下，测绘聚苯乙烯膜的红外吸收光谱。

五、实验结果与数据处理

在获得的红外吸收光谱图上，从高波数到低波数，标出各特征吸收峰的频率，指出各特征吸收峰属于何种基团的什么形式的振动。

六、思考题

（1）化合物的红外吸收光谱是怎样产生的？它能提供哪些信息？

（2）如何进行红外吸收光谱的图谱解释？

（3）与经典色散型红外光谱仪相比，傅里叶变换红外光谱仪有何特点？

（4）简要说明红外光谱仪的日常维护。

第8章　质　谱　法

质谱（mass spectroscopy，MS）是以某种方式使分子离子化或碎裂后，在质量分析器中按照离子的质荷比（m/z，质量 m 和电荷 z 的比值）大小进行分离，检测它们的强度，并将其排列成的谱。近年来，质谱仪分辨率的不断提高，联用技术、快速小型化等的发展，使质谱的应用范围越来越广，除了做相对原子质量、相对分子质量测定以及同位素、元素组成分析，进行有机小分子、生物大分子等的分子式、结构式推定外，还可以作为检测器用于生产过程、环境及生理监测等。

8.1　方 法 原 理

8.1.1　基本原理

当具有一定能量的电子流冲击原子或分子时，后者失去一个价电子（也可能失去一个以上的电子）成为带一个正电荷的分子离子或多电子离子。由于有机分子的离子化电压（解离位能）为 9～15 eV（电子伏特），一般所用冲击电子流的能量为 70 eV，所以受到冲击的分子除形成分子离子外，还有多余的能量可导致键的断裂，形成许多碎片。带正电荷的分子离子及碎片离子，按 m/z 大小依次经过质谱仪，在其相应的 m/z 值处出现峰，得到质谱图。一般情况下，样品在质谱中出现的峰很多。利用化合物的质谱特性与分子结构的相关性进行定性分析，依据谱峰强度与各组分含量的关系进行定量分析。

质谱图一般都采用“条图”。在图中横轴表示质荷比（m/z），纵轴表示峰的相对强度（RA，相对丰度），图中最强的离子峰定义为基峰，峰高作为 100%，以对它的百分比来表示其他离子峰的强度，谱线的强度与离子的多少成正比。

8.1.2　质谱图中主要离子峰类型

1. 分子离子峰

分子受电子流（如电子电离源）撞击后，失去某个电子而生成带正电荷的离子称为分子离子或母离子。质谱图中相应的峰称为分子离子峰或母峰。因此，分子离子峰的 m/z 的数值相当于该化合物的相对分子质量。

2. 同位素离子峰

一般说来，与物质相对分子质量有关的分子离子峰 M，是由最大丰度的同位素（一般各元素的最轻同位素的天然丰度最大）所产生的，在质谱图上会出现一个或多个由重同位素组成的分子所形成的离子峰——同位素离子峰。通过同位素丰度的测量和计算，可以推断出化合物的分子式。

3. 碎片离子峰

当轰击电子的能量超过分子电离所需的能量时，分子离子处于激发状态，在离子源中，其原子之间的一些键还会进一步断裂，产生质量数较低的碎片，称为碎片离子，质谱图上相应的峰称为碎片离子峰。碎片离子峰在质谱图上位于分子离子峰的左侧。分子的碎裂过程与其结构密切相关，研究碎片离子的断裂过程，能提供被分析化合物的结构信息。

4. 亚稳离子峰

离子在离开电离室到收集器之前的飞行过程中，发生分解而形成低质量的离子所产生的峰，称为亚稳离子峰。在质谱图上，亚稳离子峰较易识别，其峰形宽且矮小，*m*/*z* 通常为非整数。

5. 重排离子峰

在两个或两个以上键的断裂过程中，某些原子或基团从一个位置转移到另一个位置所生成的离子，称为重排离子。质谱图上相应的峰为重排离子峰。转移的基团常常是氢原子。

6. 多电荷离子峰

分子失去一个电子后，成为高激发态的分子离子，为单电荷离子。有时，某些非常稳定的分子能失去两个或两个以上的电子，这时在质量数为 m/nz（n 为失去的电子数）的位置上出现多电荷离子峰。多电荷离子峰的质荷比可能是整数，也可能不是整数。多电荷离子峰的出现表明被分析的样品异常稳定。例如，芳香族化合物易出现多电荷离子峰。

8.2 仪 器 结 构

对于不同种类、不同用途的质谱仪，其结构有所不同，但仪器的框架相同。典型的质谱仪一般由进样系统、离子源、质量分析器、检测器组成。此外，还包括真空系统、电气系统和数据处理系统等辅助设备（图 8-1）。

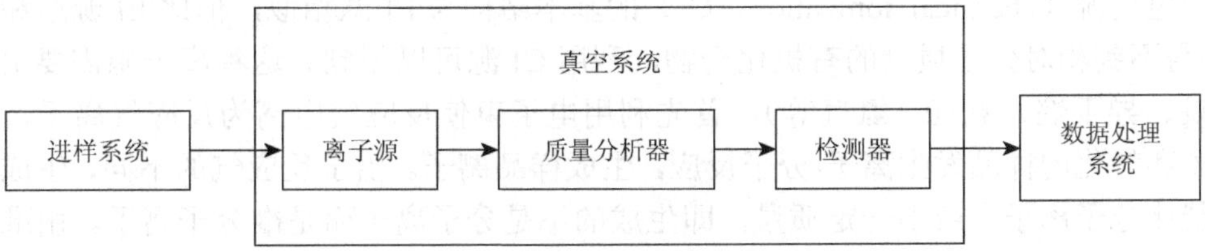

图 8-1 质谱仪结构

1. 真空系统

为利于有机分子的气化、减少离子之间以及离子与空气分子之间的碰撞、除去非阳离子碎片等，进样系统、离子源、质量分析器和检测器等单元都要维持高真空。离子源真空度应达 1.3×10^{-4}～1.3×10^{-5} Pa，质量分析器中应达 1.3×10^{-6} Pa，以减少离子碰撞损失。真空度过低，将造成离子源的损坏，引起其他分子离子反应，使质谱图复杂化。另外，用于加速离子的几千伏高压也会引起放电，造成不利的结果。

一般质谱仪都采用机械泵预抽空后，再用高效率扩散泵连续地运行以保持真空。现代质谱仪采用分子泵可获得更高的真空度。

2. 进样系统

进样系统的作用是在不破坏真空条件的前提下将分析样品引入离子源。常用的进样装置有三种类型：间歇式进样、直接探针进样和色谱进样（GC-MS、HPLC-MS）。

（1）间歇式进样。适于气体、沸点低且易挥发的液体、中等蒸气压固体等。需要将样品注入储样器中，导入系统。

（2）直接探针进样。适于高沸点液体及固体。探针杆通常是一根规格为 25 cm×6 mm 长杆，末端有一装样品的黄金坩埚。将探针杆通过真空闭锁系统把样品送入离子源中。引入样品量可以很小。

（3）色谱进样。利用气相和液相色谱的分离能力，与质谱仪联用，进行多组分复杂混合物分析。

3. 离子源

使样品产生离子的装置称为离子源。由于离子化所需要的能量随分子不同差异很大，因此，对于不同的分子应选择不同的解离方法。通常称能给样品较大能量的电离方法为硬电离方法，而给样品较小能量的电离方法为软电离方法，后一种方法适用于易破裂或易电离的样品。有机质谱中最常用的离子源如下。

1）电子电离源

在该方法中用以轰击样品分子使其电离的是能量常规为 70 eV 的电子束。利用电子电离源（electron ionization，EI）得到的离子流稳定性好、产率高。得到的质谱中离子峰多、信息丰富，因而其应用最为广泛。但当样品相对分子质量较大或稳定性差时，常常得不到分子离子峰，也就不能测定这类样品的相对分子质量。

2）化学电离源

化学电离源（chemical ionization，CI）的基本结构与 EI 源相似，但比 EI 源温和，有些用 EI 源得不到相对分子质量的有机化合物，利用 CI 源可以得到。这种离子源需要引入反应气（甲烷、异丁烷、氮气、氨气等），首先利用电子束使反应气电离为反应气离子，然后反应气离子和气化的样品发生离子-分子反应，生成样品离子。由于反应气的不同，生成的样品离子可能比分子离子大或小一定质量，即生成的不是分子离子而是准分子离子。由准分子离子可以推测相对分子质量。准分子离子不易再发生断裂，所以碎片离子峰少，强度低，反映的结构信息少。

3）场致电离和场解吸

场致电离（field ionization，FI）是在作为场离子发射体的金属刀片、尖端或细丝上施加正电压，使处于高静电发射体附近的样品气态分子失去价电子而电离为正离子，即气态分子在强电场作用下发生电离。场解吸（field desorption，FD）是将样品吸附在作为离子发射体的金属细丝上，在细丝上通以微弱电流，提供样品从发射体上解吸的能量，解吸出来的样品即扩散到高场强的场发射区域进行离子化。对液态或固态样品进行 FI 时，仍需要气化，而 FD 则没有气化要求。显然，FD 特别适合于难气化和热稳定性差的固体样品分析，扩大了质谱分析的范围，尤其在天然产物的研究上得到广泛的应用。FI 和 FD 的共同特点是形成的 $M^{+\cdot}$ 没有过多的剩余热力学能，减少了分子离子进一步裂解的概率，增加了分子离子峰的丰度，碎片离子峰相对减少。

4）二次离子质谱和快原子轰击

二次离子质谱（secondary ion mass spectrometry，SIMS）是用一定能量的惰性气体离子束（如铯或氩）轰击固体表面，引起表面原子、分子或原子团的二次发射，即离子溅射。将样品表面的原子、分子或原子团溅射出来成为带电的离子，这就是二次离子。二次离子经溅射进入气相，并在电场作用下引入质量分析器。快原子轰击（fast atom bombardment，FAB）是已被电离并加速的惰性气体（氩或氙）快离子流与惰性中性原子（氩或氙）作用，发生电荷交换，生成高能快原子，将其作为初级中性原子束轰击涂有样品的金属靶，使样品离子化。与 SIMS 相比，FAB 使用中性原子代替离子轰击样品，消除了电荷效应。有机化合物通常用基质（甘油等高沸点溶剂）调和后涂在金属靶上，生成的离子是被测有机化合物分子与甘油分子作用生成的准分子离子，在较低质量范围内，基质的影响较大。另外，非极性有机化合物灵敏度较差。这两种电离源的共同特点是完全避免了对有机化合物的加热，更加适用于热不稳定、难气化的有机化合物分析，可以检测高相对分子质量的有机化合物。

5）基质辅助激光解吸电离

基质辅助激光解吸电离（matrix assisted laser desorption/ionization，MALDI）是将样品分散在基质分子中并形成晶体。当用激光照射样品与基质形成的共结晶薄膜时，基质从激光中吸收能量传递给样品，样品解吸附，基质、样品之间发生电荷转移使得样品分子电离。它是一种软电离技术，具有高的灵敏度、准确度及分辨率等特点，测定生物大分子的分子质量高达 600 kDa，适用于混合物及生物大分子的测定、聚合物分析等。

6）电喷雾电离

电喷雾电离（electron spray ionization，ESI）也是一种软电离技术，通常没有碎片离子峰，只有整体分子的峰，其电离原理如图 8-2 所示。样品溶液从具有雾化气套管的毛细管流出时，在电场和雾化气（通常是氮气）的作用下喷成雾状的带电微液滴；在热气体作用下，液滴中溶剂被快速蒸发，液滴直径不断变小，表面电荷密度不断增大。当达到瑞利极限时，即表面电荷产生的库仑斥力与液滴表面张力大致相等，则会发生“库仑爆炸”，产生带电的更小微滴，最终把样品离子从液滴中排挤出来，形成的样品离子通过锥孔、聚焦透镜进入分析器后被检测。通常，形成的小分子样品得到带单电荷的准分子离子，而大分子样品则可能得到带十甚至上百个电荷的多种电荷离子，使离子 m/z 值减小，从而能检测几万到几十万相对分子质量的生物大分子。

当今的质谱技术发展很快，离子源的发展也取得很大进展。例如，近年来的热喷雾电离源（HSI）、电感耦合等离子体电离源（ICP）、大气压化学电离源（APCI）等都已商品化，这都是为了某种用途而开发的新离子源。

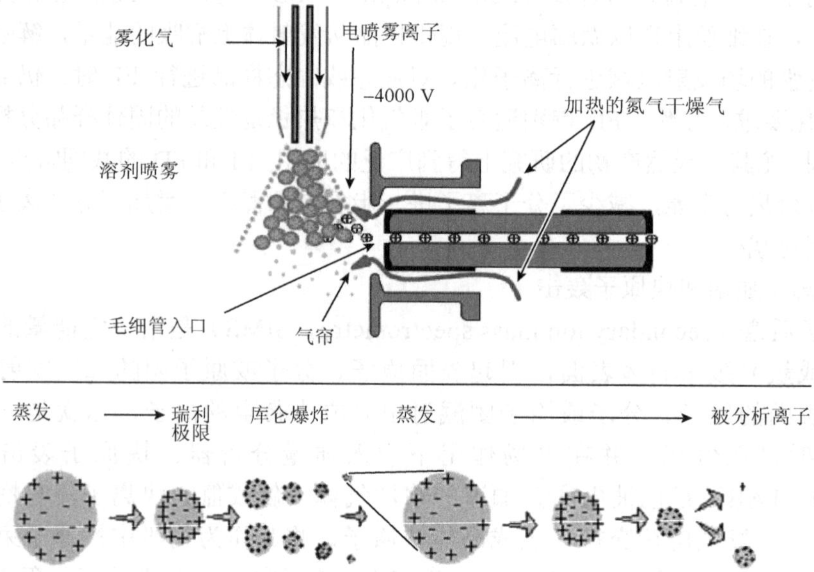

图 8-2　电喷雾电离示意图

4. 质量分析器

质量分析器是质谱仪中的重要组成部分，它将离子源产生的离子按 *m/z* 分开。质谱仪使用的质量分析器有多种，应用比较广泛的有以下几种。

1）磁分析器

磁分析器分为单聚焦型和双聚焦型。

单聚焦型是用一个扇形磁场进行质量分析的质谱仪（图 8-3）。经加速后的离子束在磁场作用下，其飞行轨道发生不同程度的弯曲，当向心力与离心力相等时，离子才能飞出磁场区，实现分离。单聚焦质量分析器只是将 *m/z* 相同而入射方向不同的离子聚焦到一点（方向聚焦）。但对于 *m/z* 相同而动能（或速度）不同的离子不能聚焦，所以其分辨率较低，一般为 5000。

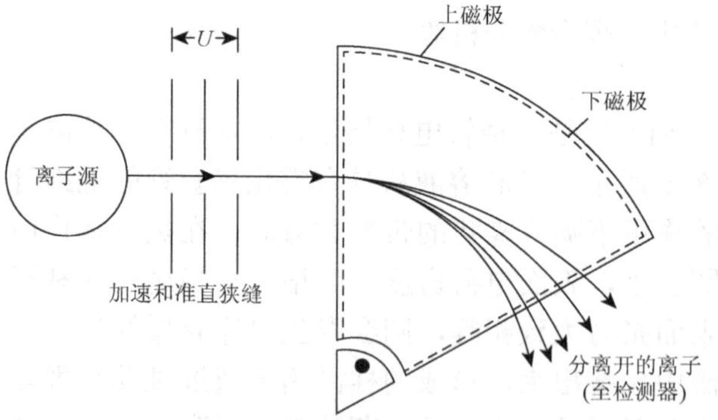

图 8-3　单聚焦质量分析器示意图

为克服动能或速度“分散”的问题，即实现“动能（速度）聚焦”，在离子源和磁分析器之间增加一扇形静电分析器，在两个扇形电极板上加一直流电位，使相同动能的离子的曲率半径相同。改变电流值可使不同能量的离子从其出射狭缝引出，并进入磁分析器再实现方向聚焦。双聚焦质量分析器示意图如图 8-4 所示，其分辨率可提高到 150 000 以上。

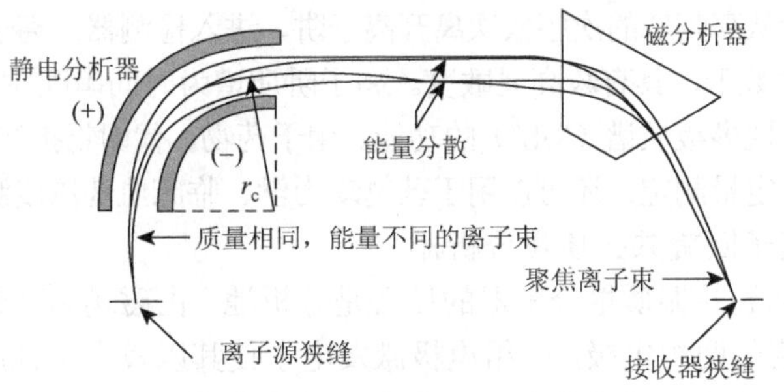

图 8-4 双聚焦质量分析器示意图

2）四极杆质量分析器

四极杆质量分析器是将从离子源出来的离子流引入由四极杆组成的四极场（电场）中（图 8-5）。在电极上加一个直流电压和一个射频电压。离子从顶端通过圆孔进入高频电场，在场半径限定的空间内在 *X*、*Y* 方向发生震动，以恒定的速度沿平行于电极的方向前进。在一定条件下，有一个“稳定震动”，可以使一种离子从四极场一端到达另一端而不碰在电极上。这种震动与离子的 *m/z* 有关。因此，只有一种单一的 *m/z* 的离子通过分析器全程，所有其他离子都是不稳定离子并碰撞在电极上。改变直流电压与射频电压并保持比例不变，就可做质量扫描。这种分析器体积小、质量轻、灵敏度高、操作容易，可以快速地进行全扫描，适合与气相色谱仪联用。它的主要缺点是分辨率低和有质量歧视效应，扫描范围较窄。

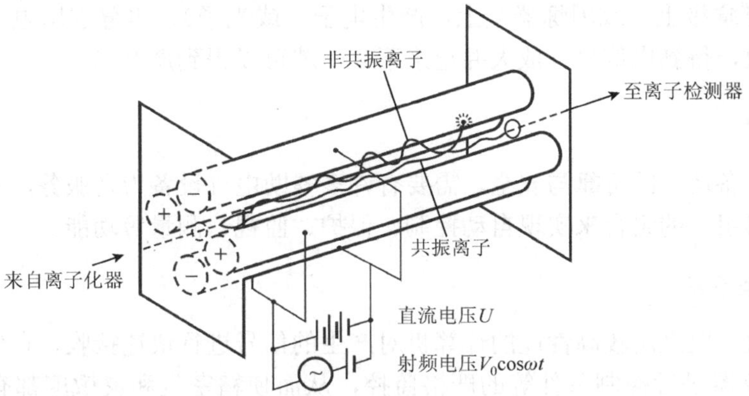

图 8-5 四极杆质量分析器示意图

3）飞行时间分析器

飞行时间分析器的核心器件是离子漂移管。由离子源产生的离子加速后拥有基本一致的动能，进入无场漂移管飞向离子接收器，离子质量越大，速度越小，到达接收器所用时间越长；反之，离子质量越小，速度越大，到达接收器所用时间越短。因此被加速的离子可以按不同的时间经漂移管到达接收器，从而可以把不同质量的离子按质荷比大小进行分离。理论上，质量检测没有分析上限，适于生物大分子研究。

4）离子阱分析器

离子阱由两个端盖电极和位于它们之间的类似四极杆的环电极构成。端盖电极施加直流电压或接地，环电极施加射频电压，通过施加适当电压就可以形成一个势能阱，即离子阱。根据射频电压的大小，离子阱就可捕获某一质量范围的离子，待离子累积到一定数量后，升高环电极上的射频电压，离子按质量从高到低的次序依次离开离子阱，进入检测器。离子阱分析器扫描速率快，测定的质量范围可高达数千，具有较高灵敏度。离子阱质谱为时间串联质谱，单个离子阱通过时间序列的设定就可以实现多级质谱（MS^n）的功能。用于药物、代谢物推测、中药鉴定、中药指纹图谱等方面的定性、半定量测定，还可以用于药物动力学、临床血药浓度测定等定性工作。

5）傅里叶变换离子回旋共振质量分析器

傅里叶变换离子回旋共振质量分析器的核心是分析池，由磁场和两组电极组成。在垂直磁场方向上设置互相垂直的两组电极，一组电极激发电子使其以较大半径产生回旋运动，另一组则接收由周期性运动于两极之间的带电离子产生的感应电流。各离子在高强磁场中以各自的回旋频率运动，根据不同 *m/z* 离子的回旋频率与离子的 *m/z* 成正比，就可通过检测电流信号的频率来计算离子的 *m/z*，同时信号的强度反映离子的丰度。将运动影像电流的时域信号进行傅里叶变换，就可得到频率信号，再从频率换算成 *m/z*，最终获得各离子的 *m/z* 及丰度。

傅里叶变换离子回旋共振质量分析器无需将离子分离而同时检测不同离子的 *m/z* 及丰度，扫描速率快，具有超高的灵敏度、分辨率和质量精确度，能获得较大相对分子质量的信号，非常适合蛋白质组学、气相离子化学、石油组学等领域的研究。

5. 检测器

离子检测器由收集器和放大器组成。打在收集器上的正离子流产生与离子流丰度成正比的信号。利用现代的电子技术，能够非常灵敏、精确地测量这种离子流。例如，可将离子流打在一个固体打拿极上（或闪烁器）上，产生电子（或光子），再分别用电子倍增管（或光电倍增管）接收，得到电信号，放大并记录下来，就可以得到质谱图。

6. 电气系统

为了保证设备运行的可靠与安全，需要有许多辅助电气设备为之服务，采用某项控制功能的若干个电器组件的组合来实现自动控制、保护、监视、测量等功能。

7. 数据处理系统

现代质谱仪一般采用较高性能的计算机对产生的信号进行快速接收、存储与处理，同时通过计算机对仪器进行控制条件等的严格监控，从而使精密度和灵敏度都有一定程度的提高。计算机内还可以存有标准图谱，用于样品数据自动检索，并给出合适的结构式。

8.3 实验技术

8.3.1 质谱仪性能指标

（1）质量范围。质量范围即仪器所能测量的离子 *m/z* 的范围。质量单位为 amu*(u)或 Dalton（Da 或 D）。例如，质量范围为 1～1000，即该质谱仪能测定 *m/z* 为 1～1000 的离子。

（2）分辨率。分辨率表示仪器分开两个相邻质量离子的能力，通常用 *R* 表示。在实际测量时，若两相邻峰的峰谷低于峰高的 10%，则认为是分开的。一般低分辨仪器的分辨率在 2000 左右，10 000 以上为高分辨仪器。

---

* 1 amu=1.66×10^{-24} g。

（3）灵敏度。不同用途的质谱仪，灵敏度的表示方法不同，有绝对灵敏度、相对灵敏度和分析灵敏度等。绝对灵敏度是仪器可以检测到的最小样品量，相对灵敏度指仪器可以同时检测到的大组分与小组分的最大含量比值，而分析灵敏度指输入仪器的样品量与输出仪器的信号转换的检测量的比值。有机质谱仪常采用绝对灵敏度。它表示对于一定的样品，在一定分辨率的情况下，产生具有一定信噪比的分子离子峰所需要的样品量。目前，有机质谱仪的灵敏度可优于 10^{-10} g。

（4）准确度。准确度指仪器测得的离子的 m/z 的准确程度。低分辨质谱通常用绝对偏差来表示，单位为 amu 或 Da。高分辨质谱通常用测定值与计算值之间的相对偏差来表示，单位为 ppm。例如，四极杆质谱质量准确度范围为±0.15 amu，飞行时间质谱质量准确度范围为 5 ppm。

8.3.2　质谱仪的联用技术

质谱仪可以与其他仪器联用，如气相色谱-质谱联用（GC-MS）、高效液相色谱-质谱联用（HPLC-MS），也可以质谱-质谱联用（MS-MS）。

1. GC-MS 与 HPLC-MS

色谱是很好的分离装置，质谱用于对化合物进行定性分析，二者结合，就可以分离与鉴定同时进行，将分离效果好的色谱作为质谱的进样器，而速度快、灵敏度高的质谱仪作为色谱的检测器。色谱-质谱联用成为目前唯一的可用于分析微量有机混合物的仪器，大大扩展了质谱的应用领域。

2. MS-MS

质谱-质谱联用也称为质谱-质谱法、串联质谱、二维质谱以及序贯质谱等。MS-MS 是指用质谱作质量分离的质谱技术（mass separation-mass spectra characterization）。它可以研究母离子和子离子的关系，有选择性地让母离子进一步裂解，获得裂解过程及离子组成的信息，实现高灵敏度和高专一性的分析。实现 MS-MS 有空间串联和时间串联两种方法。

（1）空间串联。质谱仪的质量分析器头尾串联起来，组成 MS-MS 联用仪，在两个质量分析器中间安置一个碰撞室。用第一个质量分析器作为分离手段，选出要研究的离子作为母离子，送入碰撞室使其裂解，用第二个质量分析器分析碰撞后的“子离子”。

（2）时间串联。只用一个质量分析器，将母离子隔离出来，使其活化裂解，然后再进行质量分析。三维四极离子阱和傅里叶变换离子回旋共振等质谱仪都是可以实现时间串联的质谱仪。

实验十四　GC-MS 对食品塑料包装材料中邻苯二甲酸酯的测定

一、实验目的

（1）了解 GC-MS 仪器的结构和基本原理。

（2）掌握样品配制、仪器基本操作和注意事项，学习操作及数据处理软件的使用。

二、实验原理

塑化剂是一种高分子材料助剂，其种类繁多，最常见的品种是 DEHP。DEHP 化学名为邻苯二甲酸二（2-乙基）己酯（图 8-6）。DEHP 的作用类似于人工荷尔蒙，会危害男性生殖能力并促使女性性早熟，长期大量摄取会导致肝癌。DEHP 对幼儿带来的潜在危害会更大。按照相关法规，食品中不允许添加塑化剂。但不法厂商为牟取利益违法使用，造成巨大危害。

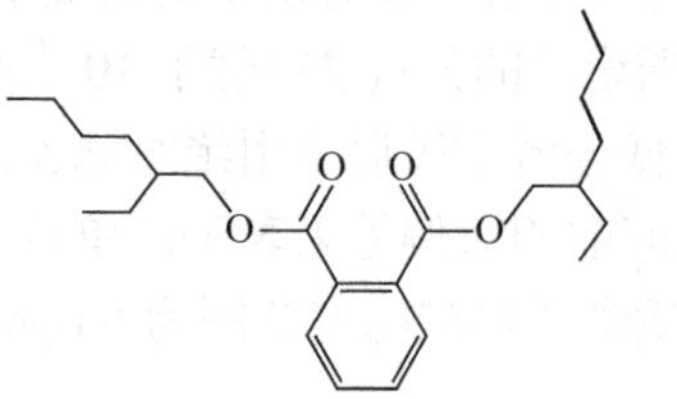

图 8-6　一种塑化剂的分子结构

混合物在气相色谱中分离，依次进入质谱，在离子源中电离成分子离子，分子离子进一步裂解，产生各种碎片，将带正电荷的分子离子和碎片离子引入质量分析器按 *m/z* 大小分离检测，得到质谱。根据谱图中谱峰的 *m/z* 和丰度等可以推断化合物的分子式和结构。

本实验通过对食品塑料包装材料进行提取、净化后经 GC-MS 进行测定，采用特征选择离子检测扫描模式（SIM），以碎片的丰度比定性，以标准样品和离子外标法定量。

三、仪器与试剂

1. 仪器

气相色谱-质谱联用仪；超声波发生器；分析天平。

玻璃器皿：所用玻璃器皿洗净后，用重蒸水淋洗三次，丙酮浸泡 1 h，在 200℃下烘烤 2 h，冷却至室温使用。

2. 试剂

正己烷；丙酮；16 种邻苯二甲酸酯标准品（表 8-1）。所用水均为三次重蒸水，试剂均为色谱纯（或重蒸馏分析纯），储存于玻璃瓶中。

标准储备液：称取上述各种标准品（精确至 0.1 mg），用正己烷配制成 1000 mg/L 的储备液，于 4℃冰箱中避光保存。

标准使用液：将标准储备液用正己烷稀释为 0.5 mg/L、1.0 mg/L、2.0 mg/L、4.0 mg/L、9.0 mg/L 的标准系列溶液待用。

表 8-1　邻苯二甲酸酯类化合物信息

序号	中文名称	英文名称	英文缩写	CAS 号	分子式
1	邻苯二甲酸二甲酯	dimethyl phthalate	DMP	131-11-3	$C_{10}H_{10}O_4$
2	邻苯二甲酸二乙酯	diethyl phthalate	DEP	84-66-2	$C_{12}H_{14}O_4$
3	邻苯二甲酸二异丁酯	diisobutyl phthalate	DIBP	84-69-5	$C_{16}H_{22}O_4$
4	邻苯二甲酸二丁酯	dibutyl phthalate	DBP	84-74-2	$C_{16}H_{22}O_4$
5	邻苯二甲酸二（2-甲氧基）乙酯	bis(2-methoxyethyl)phthalate	BMEP	117-82-8	$C_{14}H_{18}O_6$
6	邻苯二甲酸二（4-甲基-2-戊基）酯	bis(4-methyl-2-pentyl)phthalate	BMPP	146-50-9	$C_{20}H_{30}O_4$
7	邻苯二甲酸二（2-乙氧基）乙酯	bis(2-ethoxyethyl)phthalate	BEEP	605-54-9	$C_{12}H_{22}O_6$
8	邻苯二甲酸二戊酯	dipentyl phthalate	DPP	131-18-0	$C_{18}H_{26}O_4$
9	邻苯二甲酸二己酯	dihexyl phthalate	DHP	84-75-3	$C_{20}H_{30}O_4$
10	邻苯二甲酸丁苄酯	benzyl butyl phthalate	BBP	85-68-7	$C_{19}H_{20}O_4$
11	邻苯二甲酸二（2-丁氧基）乙酯	bis(2-*n*-butoxyethyl)phthalate	BBEP	117-83-9	$C_{20}H_{30}O_6$
12	邻苯二甲酸二环己酯	dicyclohexyl phthatale	DCHP	84-61-7	$C_{20}H_{26}O_4$

续表

序号	中文名称	英文名称	英文缩写	CAS 号	分子式
13	邻苯二甲酸二（2-乙基）己酯	di(2-ethylhexyl)phthalate	DEHP	117-81-7	$C_{24}H_{38}O_4$
14	邻苯二甲酸二苯酯	diphenyl phthalate	—	84-62-8	$C_{20}H_{14}O_4$
15	邻苯二甲酸二正辛酯	di-*n*-octyl phthalate	DNOP	117-84-0	$C_{24}H_{38}O_4$
16	邻苯二甲酸二壬酯	dinonyl phthalate	DNP	84-76-4	$C_{26}H_{42}O_4$

四、实验内容与步骤

1. 试样处理

将试样粉碎至单个颗粒的质量≤0.02 g 的细小颗粒，混合均匀。准确称取 0.2 g 试样（精确至 0.1 mg）于具塞锥形瓶中，加入 20 mL 正己烷，超声提取 30 min，滤纸过滤，再用正己烷重复上述提取三次，每次 10 mL，合并提取液并用正己烷定容至 50.0 mL，再对使用中邻苯二甲酸酯作相应稀释后，进行 GC-MS 分析。

2. 空白实验

实验中使用的试剂按步骤 1 中处理，进行 GC-MS 分析。

3. 测定

1）色谱条件

色谱柱：HP-5MS 石英毛细管柱[30 m（长度）×0.25 mm i.d.，0.25 μm]或相当型号色谱柱；进样口温度：250℃；升温程序：初始柱温为 60℃，保持 1 min，以 20℃/min 升温至 220℃，保持 1 min，再以 5℃/min 升温至 280℃，保持 4 min；载气：氦气（纯度≥99.999%），流速为 1 mL/min；进样方式：不分流进样；进样量：1 μL。

2）质谱条件

色谱与质谱接口温度：280℃；电离方式：电子电离源（EI）；监测方式：选择离子扫描模式（SIM），监测离子见表 8-2；电离能量：70 eV；溶剂延迟时间：5 min。

表 8-2 邻苯二甲酸酯类化合物定量和定性选择离子表

序号	中文名称	保留时间/min	定性离子及其丰度比	定量离子	辅助定量离子
1	邻苯二甲酸二甲酯	7.79	163∶77∶135∶194（100∶18∶7∶6）	163	77
2	邻苯二甲酸二乙酯	8.66	149∶177∶121∶222（100∶28∶6∶3）	149	177
3	邻苯二甲酸二异丁酯	10.41	149∶223∶205∶167（100∶10∶5∶2）	149	223
4	邻苯二甲酸二丁酯	11.17	149∶223∶205∶121（100∶5∶4∶2）	149	223
5	邻苯二甲酸二（2-甲氧基）乙酯	11.51	59∶149∶193∶251（100∶33∶28∶14）	59	149、193
6	邻苯二甲酸二（4-甲基-2-戊基）酯	12.26	149∶251∶167∶121 （100∶5∶4∶2）	149	251
7	邻苯二甲酸二（2-乙氧基）乙酯	12.59	45∶72∶149∶221（100∶85∶46∶2）	45	72
8	邻苯二甲酸二戊酯	12.95	149∶237∶219∶167（100∶22∶5∶3）	149	237
9	邻苯二甲酸二己酯	15.12	104∶149∶76∶251（100∶96∶91∶8）	104	149、76
10	邻苯二甲酸丁苄酯	15.28	149∶91∶206∶238（100∶72∶23∶4）	149	91

续表

序号	中文名称	保留时间/min	定性离子及其丰度比	定量离子	辅助定量离子
11	邻苯二甲酸二（2-丁氧基）乙酯	16.74	149∶223∶205∶278（100∶14∶9∶3）	149	223
12	邻苯二甲酸二环己酯	17.40	149∶167∶83∶249（100∶31∶7∶4）	149	167
13	邻苯二甲酸二（2-乙基）己酯	17.65	149∶167∶279∶113（100∶29∶10∶9）	149	167
14	邻苯二甲酸二苯酯	17.78	225∶77∶153∶197（100∶22∶4∶1）	225	77
15	邻苯二甲酸二正辛酯	20.06	149∶279∶167∶261（100∶7∶2∶1）	149	279
16	邻苯二甲酸二壬酯	22.60	57∶149∶71∶167（100∶94∶48∶13）	57	149、71

4. 定性分析

在步骤 3 的仪器条件下，试样待测液和标准品的选择离子色谱峰在相同保留时间处（±0.5%）出现，并且对应质谱碎片离子的 *m/z* 与标准品一致，其丰度比与标准品相比应符合：相对丰度＞50%时，允许±10%偏差；相对丰度为 20%～50%时，允许±15%偏差；相对丰度为 10%～20%时，允许±20%偏差；相对丰度≤10%时，允许±50%偏差，此时可定性确证目标分析物。各邻苯二甲酸酯类化合物的保留时间、定性离子和定量离子见表 8-2。各邻苯二甲酸酯类化合物标准物质的气相色谱-质谱选择离子色谱图如图 8-7 所示。

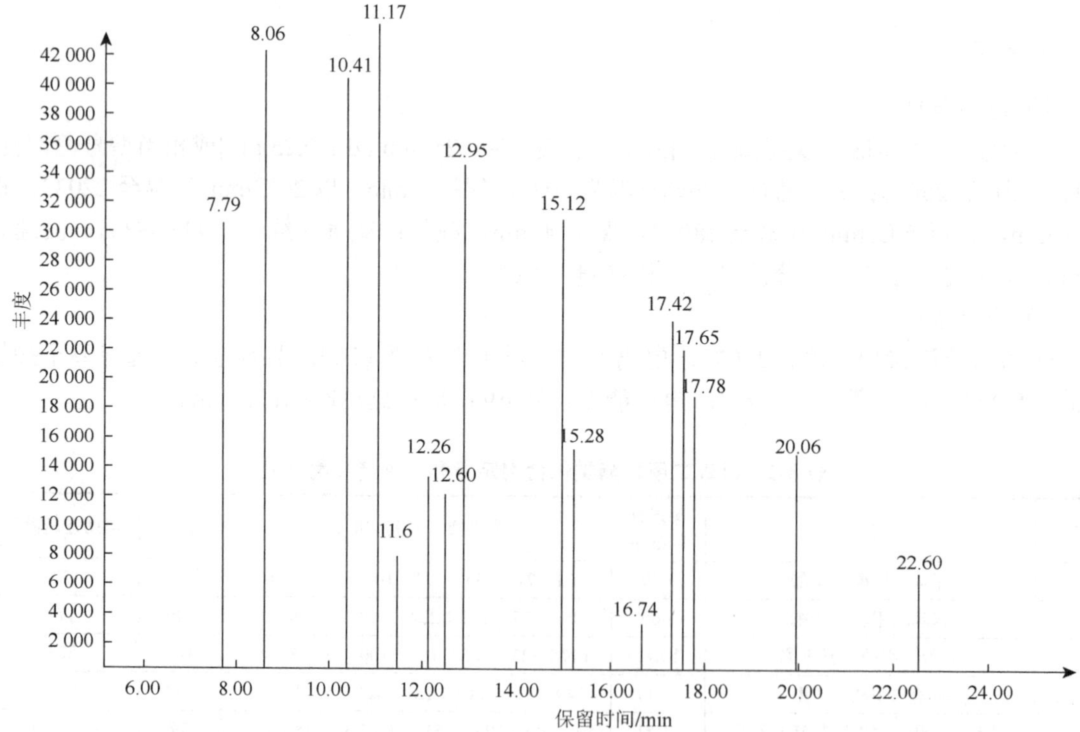

图 8-7　邻苯二甲酸酯类化合物标准物质的气相色谱-质谱选择离子色谱图

16 种邻苯二甲酸酯类出峰顺序依次为：DMP、DEP、DIBP、DBP、BMEP、BMPP、BEEP、DPP、DHP、BBP、BBEP、DCHP、DEHP、邻苯二甲酸二苯酯、DNOP、DNP

5. 定量分析

本实验采用离子外标法进行定量测定。以各邻苯二甲酸酯化合物的标准溶液浓度为横坐标、各自的定量离子的峰面积为纵坐标，作标准曲线并得线性回归方程，以试样的峰面积与标准曲线比较定量。

五、实验结果与数据处理

邻苯二甲酸酯的含量（mg/kg）按下式进行计算：

$$X = \frac{(c_i - c_0) \times V \times K}{m}$$

式中，X 是试样中某种邻苯二甲酸酯的含量（mg/kg）；c_i 是试样中某种邻苯二甲酸酯峰面积对应的浓度（mg/L）；c_0 是空白试样中某种邻苯二甲酸酯的浓度（mg/L）；V 是试样定容体积（mL）；K 是稀释倍数；m 是试样质量（g）。计算结果保留三位有效数字。

六、精密度

当食品塑料包装材料中邻苯二甲酸酯的含量在 0.05 mg/kg～0.2 mg/kg 范围时，本实验在重复条件下获得的两次独立测定结果的绝对差值不得超过算术平均值的 30%；在 0.2 mg/kg～20 mg/kg 范围时，本实验在重复条件下获得的两次独立测定结果的绝对差值不得超过算术平均值的 15%。

七、思考题

（1）分子离子峰的强弱与化合物的结构有什么关系？

（2）m/z 最大者是否就是分子离子峰？

（3）简述 GC-MS 仪的构造及工作原理。

实验十五　高效液相色谱-电喷雾串联质谱联用测定奶和奶制品中三聚氰胺残留

一、实验目的

（1）理解电喷雾-三重四极-飞行时间高分辨质谱的基本原理、基本结构。

（2）掌握样品配制、仪器基本操作和注意事项，学习操作及数据处理软件的使用。

二、实验原理

三聚氰胺（melamine）简称三胺，又称蜜胺、三聚氰酰胺、氰脲三酰胺，是一种三嗪类含氮杂环有机化合物，结构式如图 8-8 所示。

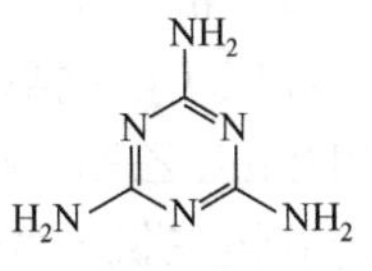

图 8-8　三聚氰胺结构式

三聚氰胺是一种重要的氮杂环有机化工原料，属非食品用化学物质，食品中严禁添加。为提高奶和奶制品中蛋白质的含量而加入大量三聚氰胺，食用后可导致泌尿系统疾病。食品工业历来通用的蛋白质测试方法为凯氏定氮法，通过测定总氮来估算蛋白质含量。

由于三聚氰胺含氮量为 66.6%，每 100 g 牛奶中添加 0.1 g 三聚氰胺，就能提高 0.4% 蛋白质含量。因此，三聚氰胺也被称为“蛋白精”。它是一种白色结晶粉末，没有气味和味道，掺杂后不易被发现。不法商人将三聚氰胺作为食品添加剂添加到婴幼儿配方奶粉和乳制品中，以冒充食品中的蛋白质，制造了骇人听闻的“三鹿奶粉”重大食品安全事件。

本实验介绍了利用高效液相色谱-电喷雾串联质谱联用（HPLC-MS/MS）测定奶和奶制品中三聚氰胺含量的方法。利用三氯乙酸溶液沉淀蛋白，用阳离子交换固相萃取柱净化后，用液相色谱-质谱/质谱法测定和确证，用外标法定量。

三、仪器与试剂

1. 仪器

液相色谱-质谱/质谱（LC-MS/MS）仪，配有电喷雾离子源（ESI）；离心机：转速不低于 4000 r/min；超声波水浴；固相萃取装置；氮气吹干仪；涡旋混合器；具塞塑料离心管（50 mL）；分析天平；研钵；定性滤纸；微孔滤膜：0.2 μm，有机相。

阳离子交换固相萃取柱：混合型阳离子交换固相萃取柱，基质为苯磺酸化的聚苯乙烯-二乙烯基苯高聚物，60 mg，3 mL，或相当者。使用前依次用 3 mL 甲醇、5 mL 水活化。

2. 试剂

甲醇（色谱纯）；乙腈（色谱纯）；氨水（含量约为 28%）；三氯乙酸；柠檬酸；辛烷磺酸钠（色谱纯）；三聚氰胺标准品（纯度大于 99.0%）；氮气：纯度≥99.999%；海砂：化学纯，粒度为 0.65～0.85 mm，二氧化硅（SiO_2）含量为 99%。

50% 甲醇水溶液：准确量取 50 mL 甲醇和 50 mL 水，混匀后备用。

1% 三氯乙酸溶液：准确称取 10 g 三氯乙酸于 1 L 容量瓶中，用水溶解并定容至刻度，混匀后备用。

5% 氨化甲醇溶液：准确量取 5 mL 氨水和 95 mL 甲醇，混匀后备用。

离子对试剂缓冲液：准确称取 2.10 g 柠檬酸和 2.16 g 辛烷磺酸钠，加入约 980 mL 水溶解，调节 pH 至 3.0 后，定容至 1 L 备用。

三聚氰胺标准储备液：准确称取 100 mg（精确到 0.1 mg）三聚氰胺标准品于 100 mL 容量瓶中，用 50% 甲醇水溶液溶解并定容至刻度，配制成浓度为 1 mg/mL 的标准储备液，于 4℃避光保存。

四、实验内容与步骤

1. 样品处理

1）提取

（1）液态奶、奶粉、酸奶、冰淇淋和奶糖等。

称取 1 g（精确至 0.01 g）试样于 50 mL 具塞塑料离心管中，加入 8 mL 1% 三氯乙酸溶液和 2 mL 乙腈，超声提取 10 min，再振荡提取 10 min 后，以不低于 4000 r/min 离心 10 min。上清液经三氯乙酸溶液润湿的滤纸过滤后，作为待净化液。

（2）奶酪、奶油和巧克力等。

称取 1 g（精确至 0.01 g）试样于研钵中，加入适量海砂（试样质量的 4～6 倍）研磨成干粉状，转移至 50 mL 具塞塑料离心管中，加入 8 mL 1% 三氯乙酸溶液分数次清洗研钵，清洗液转入离心管中，再加入 2 mL 乙腈，超声提取 10 min，再振荡提取 10 min 后，以不低于 4000 r/min 离心 10 min。上清液经三氯乙酸溶液润湿的滤纸过滤后，作为待净化液。

2）净化

将上述过程中的待净化液转移至固相萃取柱中。依次用 3 mL 水和 3 mL 甲醇洗涤，抽至近干后，用 6 mL 氨化甲醇溶液洗脱。整个固相萃取过程的流速不超过 1 mL/min。洗脱液于 50℃下用氮气吹干，残留物（相当于 1 g 试样）用 1 mL 流动相定容，涡旋混合 1 min，过微孔滤膜后，供 LC-MS/MS 测定。

注：若样品中脂肪含量较高，可以用三氯乙酸溶液饱和的正己烷液-液萃取除脂后再用固相萃取柱（SPE 柱）净化。

2. 液相色谱-质谱/质谱测定

1）LC 实验条件

色谱柱：强阳离子交换与反相 C18 混合填料，混合比例（1∶4），150 mm×2.0 mm i.d.，5 μm。

流动相：等体积的乙酸铵溶液和乙腈充分混合，用乙酸调节至 pH=3.0 后备用。

进样量：10 μL；柱温：40℃；流速：0.2 mL/min。

2）MS/MS 实验条件

电离方式：电喷雾电离，正离子；离子喷雾电压：4 kV；雾化气：氮气，40 psi*；干燥气：氮气，流速为 10 L/min，温度为 350℃；碰撞气：氮气；分辨率：Q1（单位）Q3（单位）；扫描模式：多反应监测（MRM），母离子 *m/z* 127，定量子离子 *m/z* 85，定性子离子 *m/z* 68；停留时间：0.3 s；裂解电压：100 V；碰撞能量：*m/z* 127＞85 为 20 V，*m/z* 127＞68 为 35 V。

3）标准曲线的绘制

取空白样品按照样品处理方法处理。用所得的样品溶液将三聚氰胺标准储备液逐级稀释，得到浓度为 0.01 μg/mL、0.05 μg/mL、0.1 μg/mL、0.2 μg/mL、0.5 μg/mL 的标准工作溶液，浓度由低到高进样检测，以定量子离子峰面积-浓度作图，得到标准曲线回归方程。基质匹配加标三聚氰胺的样品 LC-MS/MS 多反应监测质量色谱图如图 8-9 所示。

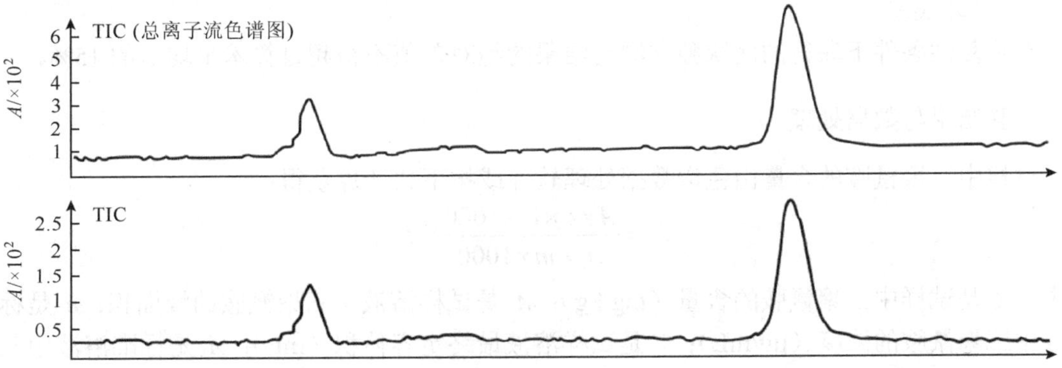

图 8-9 基质匹配加标三聚氰胺的样品 LC-MS/MS 多反应监测质量色谱图

三聚氰胺保留时间 4.2 min，定性离子 *m/z* 127＞85 和 *m/z* 127＞68

* 1 psi=6.894 76×10³ Pa。

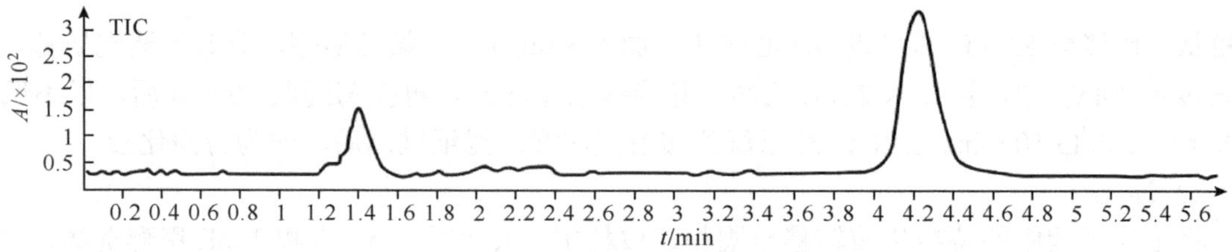

图 8-9（续）

4）定量测定

待测样液中三聚氰胺的响应值应在标准曲线线性范围内，超过线性范围则应稀释后再进样分析。

5）定性判定

按照上述条件测定试样和标准工作溶液，如果试样中的质量色谱峰保留时间与标准工作溶液一致（变化范围在±2.5%之内）；样品中目标化合物的两个子离子的相对丰度与浓度相当标准溶液的相对丰度一致，相对丰度偏差不超过表 8-3 的规定，则可判断样品中存在三聚氰胺。

表 8-3　定性离子相对丰度的最大允许偏差

相对离子丰度	>50%	>20%～50%	>10%～20%	≤10%
允许的相对偏差	±20%	±25%	±30%	±50%

6）空白实验

除不称取样品外，均按上述测定条件和步骤进行。

7）方法定量限

本方法的定量限为 0.01 mg/kg。

8）回收率

在添加浓度为 0.01～0.5 mg/kg 浓度范围内，回收率为 80%～110%，相对标准偏差小于 10%。

9）允许误差

在重复性条件下获得的两次独立测定结果的绝对差值不得超过算术平均值的 15%。

五、实验结果与数据处理

试样中三聚氰胺的含量由色谱数据处理软件或按下式计算获得：

$$X = \frac{A \times c \times V \times 1000}{A_s \times m \times 1000} \times f$$

式中，X 是试样中三聚氰胺的含量（mg/kg）；A 是试样溶液中三聚氰胺的峰面积；c 是标准溶液中三聚氰胺的浓度（μg/mL）；V 是试样溶液最终定容体积（mL）；A_s 是标准溶液中三聚氰胺的峰面积；m 是试样的质量（g）；f 是稀释倍数。

六、思考题

（1）为什么三聚氰胺被称为“蛋白精”？

（2）样品前处理时应注意哪些事项？

（3）调试仪器参数时应该注意哪些事项？

实验十六 基质辅助激光解吸电离飞行时间质谱仪测定胰岛素相对分子质量

一、实验目的

（1）理解基质辅助激光解吸电离飞行时间质谱仪的基本原理、基本结构。

（2）掌握样品配制、仪器基本操作和注意事项，学习操作及数据处理软件的使用。

二、实验原理

基质辅助激光解吸电离飞行时间质谱（matrix assisted laser desorption ionization time of flight mass spectrometry，MALDI-TOF MS）是一种软电离生物质谱，其基本原理是将样品分散在基质分子中并形成晶体，当用激光照射晶体时，由于基质分子从激光中吸收能量传递给样品分子，能量蓄积并迅速产热，从而使基质晶体升华，致使基质和生物样品分子膨胀并进入气相，基质将质子转移到生物分子或从生物分子得到质子，使生物分子电离，产生单电荷或者多电荷离子，离子在一定的电场作用下加速飞过飞行管被检测器所检测。

根据牛顿定律和能量守恒的原理，在真空状态下，飞行路径相同、具有相同动能的离子，因其加速度差异，到达检测器的时间不同，各种离子的飞行时间与 m/z 的平方根成正比，根据这一飞行时间可以换算为离子对应的 m/z。通常在正离子模式下，样品都会失去一个电子带一个正电荷，因此，使用标准样品的相对分子质量进行仪器校正后，可以测定样品的相对分子质量。

三、仪器与试剂

1. 仪器

基质辅助激光解吸电离飞行时间质谱仪（日本岛津公司）；移液枪（5 μL、200 μL、1 mL）。

2. 试剂

细胞色素 c；胰岛素 B 链（均为相对分子质量标准，美国 Sigma 公司）；超纯水；α-氰基-4-羟基肉桂酸（CHCA，质谱纯，美国 Sigma 公司）；牛胰岛素样品；0.1% 三氟乙酸（TFA）；乙腈。

四、实验内容与步骤

（1）基质溶液配制。将 CHCA 用 0.1% 的三氟乙酸和乙腈以 50∶50（体积比）混合，溶解后配成饱和溶液，浓度约为 10 mg/mL。

（2）样品制备。分别取 0.5 μL 细胞色素 c 和胰岛素 B 链溶液，一同点于金属靶体圈内，同时取上述基质溶液 0.5 μL 与蛋白溶液进行混合；将脱盐后的胰岛素样品用超纯水溶解后，与基质 1∶1（体积比）混合点样 1 μL 于靶体上，记录好位置后，将金属靶板在室温下自然缓慢晾干，形成样品基质的混晶后方可测试。

（3）按操作规程打开飞行时间质谱仪，小心放入靶板后关闭舱门，等待抽真空。

（4）真空度达到 2.0×10^{-5} Pa 以下时，加速电压为 20 kV，样品采集选择 50 次数据累加平均，最佳质量范围选择 5700 Da，在线性正离子模式下选择合适的能量并开始采集标准蛋白的谱图。

（5）采用标准蛋白细胞色素 c 和胰岛素 B 链的相对分子质量数据对仪器质量轴进行外标校正。校正好后，选择需要测试的样品位置点，按照同样的条件选择适当的能量采集谱图。

（6）测试完毕后按操作规程检查和关闭仪器。

五、实验结果与数据处理

根据所采集的样品质谱图，对谱图进行解析，其中强度最高的一般是分子离子峰，根据所带电荷情况，可以计算出样品的相对分子质量。

六、思考题

（1）简述 MALDI-TOF MS 仪的工作原理。

（2）TOF 质量分析器的工作原理是什么？

（3）在利用 MALDI-TOF MS 分析不同的样品时，应如何选择基质？

第 9 章　核磁共振波谱法

1946 年，以美国哈佛大学的 Purcell 教授和斯坦福大学的 Bloch 教授为首的两个研究小组同时用不同的方法在各自的实验室里独立地发现了自旋量子数不为零的核能够产生核磁共振现象。他们二人由于这项重大发现，共同分享了 1952 年诺贝尔物理学奖。自此，核磁共振（nuclear magnetic resonance，NMR）作为一种重要的研究物质特性的现代化分析技术，在物理化学、分子生物学、医学、分析化学和地质学等学科得到了迅速的应用和发展。核磁共振从最原始的想法到普遍使用的过程中，先后有八位科学家因为做出了杰出的贡献而获得了诺贝尔奖。瑞士科学家 Wüthrich 因为发明了利用核磁共振技术测定溶液中生物大分子三维结构的方法获得了 2002 年度诺贝尔化学奖；美国的 Lauterbur 和英国的 Mansfield 因发明了把核磁共振回波信号转换成医学影像的方法而获得了 2003 年度的诺贝尔医学奖。

脉冲傅里叶变换核磁共振技术（PFT-NMR）的兴起是 NMR 技术的一次质的飞跃，它不仅大大提高了 NMR 的灵敏度和分辨率，而且实现了天然丰度极其稀少的 ^{13}C 核的测定。NMR 和计算机的理论技术不断发展使得 NMR 在广度和深度上有了飞跃性的发展。高磁场的发展极大地方便了科学家们的科学研究，使得蛋白质这样的大分子能够得到有用的信息，同时高频核磁共振还将复杂谱图简单化，更有利于谱图的解析。各种新的脉冲序列的应用，发展、丰富了 NMR 的理论、技术和实验方法，使其进一步在应用方面有了重要的发展，出现了二维、三维核磁共振谱和多量子跃迁测定技术。引入这些技术后，减少了谱线的拥挤和重叠，提供了核之间的相互关系信息，对于分析复杂的大分子特别有用，尤其在研究蛋白质及核酸方面提供了非常丰富的信息。随着研究面的不断扩大、技术的相应提高，现在 ^{15}N、^{31}P、^{29}Si 等非金属原子核和 ^{27}Al、^{59}Co、^{63}Cu 等金属原子核都是常被研究的对象，对于它们的研究也大大促进了 NMR 的发展。一般样品的测试都是在液体状态下进行测试及分析的，交叉极化魔角旋转（CP-MAS）等固体高分辨 NMR 技术及谱仪的出现，使材料科学方面的研究开展起来，可以在固体状态下获知物质的结构及相关信息。

NMR 技术广泛应用于有机化合物、金属有机化合物、金属配合物、生物大分子结构分析、构型和构象分析、结构与物性的研究、定量分析、反应监测、反应机理研究、产品质量检测、产品鉴定分析、药物在人体中的作用机理研究等。NMR 技术测试样品有不破坏样品的优势，并能够提供大量有用的信息，包括化学位移、耦合常数、基团之间的耦合关系、原子个数、弛豫时间、扩散系数等。

9.1　方 法 原 理

9.1.1　原子核的磁矩

核磁共振的研究对象是具有磁矩的原子核，自旋量子数不为零的原子核都有磁矩，其数值用 μ 表示：

$$\mu=\gamma P \tag{9-1}$$

式中，γ 是旋磁比；P 是角动量。

$$P = h[I(I+1)]^{\frac{1}{2}}/2\pi \tag{9-2}$$

式中，h 是普朗克常量；I 是自旋量子数。

原子核（自旋量子数 $I\neq0$）在外部静磁场中，存在着不同能级。此时，运用某一特定频率的电磁波照射样品，该电磁波满足：

$$\Delta E=\gamma\hbar B_0 \tag{9-3}$$

式中，ΔE 是原子核不同能级之间的能量差；$\hbar=h/2\pi$；B_0 是静磁感应强度。当满足相邻能级之间的能量差时，原子核之间发生共振跃迁。

当把有磁矩的核（$I\neq0$）置于某磁场中时，具有磁矩的原子核存在不同的能级，此时运用某一特定频率的电磁波照射样品，并使该电磁波满足式（9-3），原子核即可进行能级之间的跃迁，这就是核磁共振。产生核磁共振的条件是

$$h\nu = \gamma\hbar B_0 \tag{9-4}$$

$$\nu = \gamma B_0/2\pi \tag{9-5}$$

式中，ν 是电磁波频率。

在天然同位素中，氢原子核检测灵敏度最高，这也是质子首先被选择为 NMR 研究对象的重要原因之一。I=1/2 的原子核是 NMR 中研究得最多的核，如 ^{1}H、^{13}C、^{19}F、^{15}N、^{29}Si 等。

9.1.2 化学位移

同位素原子核处于不同的化学环境，其共振频率会稍有变化，这是因为核外电子对原子核有一定的屏蔽作用，实际作用于原子核的磁感应强度不是 B_0，而是 B_0（$1-\sigma$），σ 称为屏蔽常数，它反映核外电子对核的屏蔽作用的大小。核所处的化学环境不同，出峰位置也就不同。实验中采取用某一标准物质作为基准，以基准物质的谱峰位置作为核磁谱图的坐标原点。不同官能团的原子核谱峰位置相对于原点的距离，反映了它们所处的化学环境，称为化学位移 δ，按下式计算：

$$\delta = \frac{\nu_{样品} - \nu_{标样}}{\nu_{标样}} \times 10^6 \tag{9-6}$$

式中，$\nu_{样品}$是被测样品的共振频率；$\nu_{标样}$是标准物质的共振频率。$\nu_{标样}$与仪器的公称频率 ν_0 十分接近，所以式（9-6）可写为

$$\delta = \frac{\nu_{样品} - \nu_{标样}}{\nu_0} \times 10^6 \tag{9-7}$$

四甲基硅烷$(CH_3)_4Si$（TMS）是目前公认用于测量化学位移的基准物质，TMS 只出一个峰，甲基氢核的核外电子及甲基碳核的核外电子的屏蔽作用很强。一般化合物的峰出在 TMS 的左边，在 ^{1}H 谱、^{13}C 谱中，都定 $\delta_{TMS}=0$。TMS 沸点低，易除去，与样品之间不会缔合发生反应。

9.1.3 自旋-自旋耦合与耦合常数

核自旋量子数 $I\neq0$ 的核在静磁场中有 $2I+1$ 个取向，它们磁矩的方向与大小各不相同，所

形成的附加磁场通过化学键中的成键电子作用于其他原子核，这种相互作用称为自旋-自旋耦合。假设与该核相耦合的核有 n 个（其耦合作用都相同），这些核的磁矩均有 $2I+1$ 个取向，则这 n 个核共有 $2nI+1$ 种分布情况，因此使所研究的核的谱线裂分为 $2nI+1$ 条。I=1/2 的核，自旋-自旋耦合产生的谱线裂分数为 $2nI+1=n+1$，称为 $n+1$ 规律。

当自旋体系存在自旋-自旋耦合时，核磁共振谱线发生分裂。由分裂所产生的裂距反映了相互耦合作用强弱，称为耦合常数 J，以赫兹（Hz）为单位。耦合常数 J 反映的是两个核之间的作用的强弱，其数值与仪器的工作频率无关。自旋耦合是通过成键电子传递的，耦合常数随化学键数目的增加而迅速下降，其大小和两个核在分子中相隔化学键的数目密切相关，两个氢核相距四个键以上即难以存在耦合作用，如果此时 $J\neq0$，则称为远程耦合或长程耦合。J 的左上方显示的数字是两核相距的化学键数目，如 H—C—C—H 中两个 H 之间的耦合常数标为 ^3J。碳谱中 ^2J 以上称为长程耦合。

9.1.4　弛豫过程

1. 弛豫与饱和

当电磁波量子的能量 $h\nu$ 等于样品分子的某种能级差ΔE 时，样品可以吸收电磁波量子，从低能级跃迁到高能级，同样在此频率的电磁波作用下，样品分子也能从高能级回到低能级，放出该频率的电磁波量子，以上两个过程是方向相反的，而发生两种过程的概率是相同的，因此能观察到净的吸收。但是要保持电磁波量子的吸收，必须低能级粒子数始终多于高能级粒子数。高能级粒子数可以通过自发辐射回到低能级，自发辐射的概率和两个能级能量之差ΔE 成正比。在核磁共振波波谱中，ΔE 非常小，自发辐射的概率实际为零，因此，若要能在一定的时间间隔内持续监测到核磁共振信号，必须要有某种过程存在，它能使高能级的原子核回到低能级，以保持低能级布局数始终略大于高能级布局数，这个过程就是弛豫过程。若无有效的弛豫过程，高低能级的布局数很快达到相等，此时不能再有核磁共振吸收信号，这种现象称为饱和。

2. 纵向弛豫与横向弛豫

纵向弛豫反映体系和环境之间的能量交换，因此也称为自旋-晶格弛豫。横向弛豫反映核磁矩之间的相互作用，因此又称为自旋-自旋弛豫。纵向弛豫、横向弛豫过程的快慢分别用 $1/T_1$、$1/T_2$ 来表示，T_1 称纵向弛豫时间，T_2 称横向弛豫时间。

9.2　核磁共振波谱仪

核磁共振波谱仪主要由磁铁、探头、谱仪箱和工作站四大部分组成，如图 9-1 所示。近代核磁共振波谱仪是由超导磁体产生强磁场，磁体的功用是产生一个恒定的磁场。探头通常从磁体的底部导入，置于磁极之间，用于探测核磁共振信号。谱仪箱至少提供三个射频通道，这些频率通常由数字频率合成器产生，经控制、放大、脉冲调制后传输给探头，各种不同的 NMR 信号经过预放大，与振荡器频率混合产生信号，信号经过进一步放大处理并记录在工作站中。

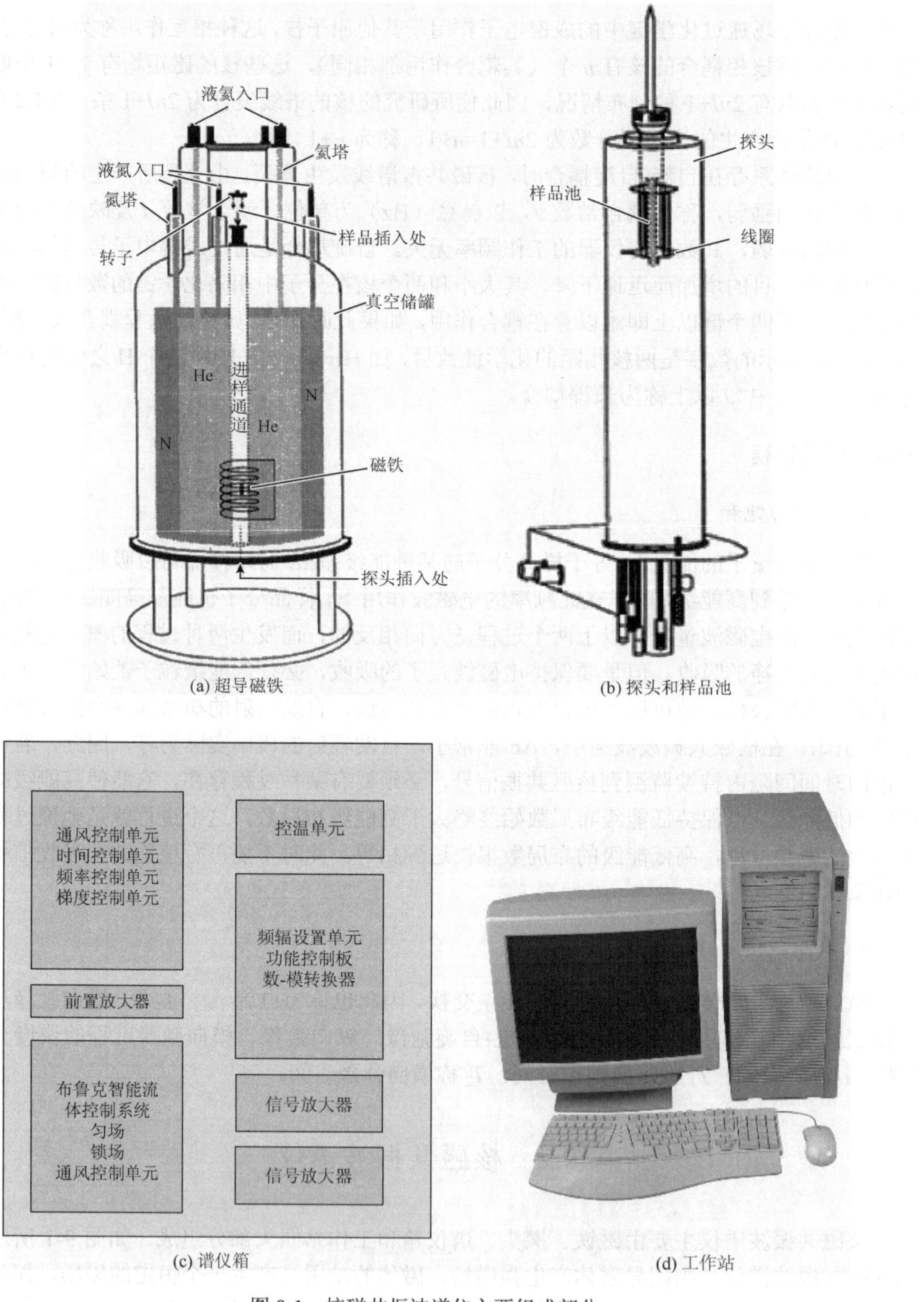

图 9-1　核磁共振波谱仪主要组成部分

脉冲傅里叶变换核磁共振波谱仪是用一个强射频以脉冲方式将样品中所有的核激发，经过傅里叶变换将自由感应衰减信号转换为频率域信号，得到核磁共振谱图。脉冲傅里叶变换核磁共振波谱仪可以使所有原子同时共振，从而能在很短的时间内完成一张核磁谱图的记录。其优点主要有以下几方面：

（1）在脉冲作用下，该同位素所有核同时共振。

（2）脉冲作用时间短，为微秒量级，在样品进行累加测量时，节约时间。

（3）可以有各种脉冲系列。

1. 磁铁

脉冲傅里叶变换核磁共振波谱仪要求磁场有较高的磁场强度并且所产生的静电场高度均匀和稳定。现在一般采用超导磁铁，超导磁铁可以达到 200～900 MHz。频率越高，磁场强度越大，仪器越灵敏，做出来的图谱越简单、越易解析。

2. 射频发射接收系统

射频振荡器、射频接收器在样品管外面，两者互相垂直并且与扫描线圈垂直。射频振荡器用于产生射频。一般情况下，射频频率是固定的。不同的核所需要的射频频率不同。采用发射脉冲使各种不同的核同时被激发。为了恢复平衡，各个核通过各种方式弛豫，在接收器中可以得到一个随时间逐步衰减的信号，称自由感应衰减（FID）信号。产生核磁共振时，射频接收器能检出被吸收的电磁波能量。此信号被放大后，用仪器记录下来就是 NMR 谱图。

3. 探头和样品管座

射频线圈和射频接收线圈都在探头里。样品管座能够旋转，使样品受到均匀的磁场。

4. 工作站

工作站（计算机）用于控制测试过程及数据处理等。

9.3 实验技术

9.3.1 样品制备

高频核磁共振波谱仪使用的是氘锁场技术，样品应溶解于合适的氘代溶剂中。氘代溶剂的选择应遵循以下几个要求：

（1）对样品有较好的溶解性。

（2）不能与样品有强烈相互作用。

（3）不干扰样品峰。

（4）流动性好。

（5）毒性低。

（6）易除去。

（7）价格便宜。

常用的氘代溶剂有质子型氘代溶剂：D_2O、CD_3OD、CF_3DO_2D 等，非质子型氘代溶剂：$CDCl_3$、CD_3CN、CH_3SOCH_3、CH_3COCH_3、C_6D_6 等。氘代溶剂价格较贵，氘代的原子数量越多，氘代度越大，则价格越贵。一般氘代试剂的纯度可达 99.5% 以上，有些可达到 99.8%，甚至更高。

样品溶解配制的时候应注意尽量避免有固体悬浮物存在，不要混入顺磁性杂质，必要的时候，需将配制好的溶液过滤后装入核磁试管中。样品配制好后，应具有较好的流动性，溶液澄清透明，溶液在核磁试管内的高度应达到至少 4 cm。做低温试验时，应采用凝固点低的溶剂，如氘代甲醇；做高温试验时，应采用沸点高的溶剂，如氘代二甲基亚砜。

9.3.2 定标参考物质

一般使用四甲基硅烷（TMS）作为定标物质，氘代溶剂中一般加有 0.03% 的 TMS。对氢谱而言，四个甲基十二个氢原子只出一个单峰，并且处在高场区，一般物质的出峰位置都在它的左边，所以以该单峰作为零点。对碳谱而言，由于定标物质本身含量很低，^{13}C 的天然丰度约是 ^{1}H 的 1%，所以使用 TMS 中的碳原子作为定标物质不易观察。在碳谱中，可选用所加入的氘代溶剂的残留溶剂峰进行定标。TMS 一般不溶于水，所以在使用重水作溶剂时，相应的定标物质应为 4, 4′-二甲基-4-硅代戊磺酸钠 $CH_3Si(CH_3)_2(CH_2)_3\ SO_3Na$（DSS）。应注意的是，它的三个 CH_2 会在 0.5～3.0 ppm 出峰，可能会对样品的测试有干扰。3-(三甲基硅基)氘代丙酸钠$(CH_3)_3SiCD_2CD_2CO_2Na$（TMSP）在重水中作为定标物质，只有三个 CH_3 的九个氢原子出一个单峰，0.5～3.0 ppm 不会有 CH_2 的干扰，所以对于在 0.5～3.0 ppm 出峰的样品，可选用 TMSP 作为定标物质。表 9-1 是常用氘代溶剂的质子残留峰的化学位移。

表 9-1 常用氘代溶剂质子残留峰的化学位移

溶剂	分子式	^{1}H 位移/ppm	^{13}C 位移/ppm	熔点/℃	沸点/℃
丙酮	CD_3COCD_3	2.09	29.9，206.7	−94.7	56.1
乙腈	CD_3CN	1.94	1.4，118.7	−43.8	81.6
苯	C_6D_6	7.16	128.4	5.5	80.1
氯仿	$CDCl_3$	7.27	77.23	−63.5	61.3
二氯甲烷	CD_2Cl_2	5.32	54.0	−95.1	40.8
二甲基甲酰胺	Me_2NCDO	2.75，2.95，8.03	29.8，34.9，163.2	61.0	153.0
二甲基亚砜	CD_3SOCD_3	2.50	39.5	18.6	189.0
乙醇	CD_3CD_2OD	1.11，3.56，5.19	17.3，57.0	−117.0	78.3
甲醇	CD_3OD	3.31，4.78	49.2	−97.8	64.6
吡啶	C_5D_5N	7.22，7.58，8.74	123.9，135.9，150.2	−41.6	115.3
甲苯	$C_6D_5CD_3$	2.09，6.98，7.00，7.09	20.4，125.5，128.3，129.4，137.9	−94.9	110.6
三氟乙酸	CF_3COOD	11.5	116.6，164.2	−15.3	72.4
水	D_2O	4.8	—	0.0	100.0

9.3.3 实验项目与作用

脉冲傅里叶变换核磁共振波谱仪的出现，大大提高了测试灵敏度。各种特殊的脉冲序列设计出来并被应用，这些特殊的脉冲序列不仅包括常规的一维、二维，甚至包括三维、四维，不同脉冲序列的使用可以帮助我们直接认识谱峰所属的特定化学基团，同核、异核之间的耦合关系，了解分子之间的连接关系、分子之间的相互作用关系等。NMR 谱图的作用见表 9-2。

表 9-2　NMR 谱图的作用

项目	作用
^{1}H	根据峰化学位移、耦合常数和积分值，确定分子中氢的种类和个数及相互关系
^{13}C（宽带去耦）	根据峰化学位移，确定分子中碳的种类
^{13}C（反门控去耦）	根据峰化学位移、积分值，确定分子中碳的种类和个数
DEPT	与 ^{13}C 谱结合分析，可区分 CH_3、CH_2、CH、C
^{1}H-^{1}H COSY	确定氢原子之间通过化学键相连接的关系
NOESY	确定核之间的空间关系
HMBC	确定氢原子和碳原子之间的远程耦合关系
HMQC	确定氢原子和碳原子之间的一键连接关系
^{19}F	根据峰化学位移、强度和裂分，确定分子中氟的个数和化学环境
^{31}P	根据峰化学位移、强度和裂分，确定分子中磷的个数和化学环境
^{15}N	根据峰化学位移、强度和裂分，确定分子中氮的个数和化学环境

9.4　图 谱 解 析

一张合格的 NMR 谱图应当具有好的分辨率，峰形尖锐对称，峰的底部较窄，基线平整光滑。

（1）拿到 NMR 谱图，首先应当考虑去除图中的干扰因素，排除内标物质、溶剂残留峰、残留水峰、旋转边带等。

（2）根据峰的化学位移判断其属于何种基团，根据峰的积分比例关系，确定各个基团所含氢原子的个数。

（3）根据峰的裂分形状，大致判断与其相耦合的基团类型。

（4）解析时，应先简后难，先找特征的单峰，一般这类峰没有耦合，如 CH_3O—、CH_3CO—。活泼氢有时也会出现，但单峰往往在较低场出现，做重水交换可确定该位置是否是活泼氢。

（5）对较复杂的谱峰，可从它们的裂分耦合关系入手，确定它们之间的连接关系。对更复杂的谱峰，可能还需要借助二维实验解决，如 ^{1}H-^{1}H COSY、NOESY 等。

通过化学位移、耦合常数、积分比例关系，对各个组分进行归属，确定它们之间的连接关系，结构简单的，可直接推出结构式。对推出来的可能结构式，还要对照谱图再进行验证，对不合理的地方进行推敲，去掉不合理的结构式，找出正确的结构式。

实验十七　单一化合物 ^{1}H 谱的结构鉴定

一、实验目的

（1）熟悉一维 ^{1}H 谱的测试流程，作出合格 ^{1}H 核磁共振谱图。

（2）能够从谱图中给出的信息，对化合物结构进行推导、验证，得出正确的化学结构式。

二、实验原理

氢核的 I=1/2，天然丰度高，氢谱能给出化学位移、耦合常数、氢原子相对个数比例等信息。化学位移是很重要的一项参数，同一种同位素在谱图上表现出来的化学位移并不相同，这是由原子核外电子云密度不同，即所受屏蔽大小不同造成的。影响化学位移的因素还包括成键方式、溶剂效应、分子内（间）氢键、邻近基团所产生的电场效应等。由于受到邻近核的自旋耦合影响，氢核的峰会裂分，裂分的大小反映在耦合常数上，耦合常数的大小与裂分的峰形反映出化学键之间的连接关系和邻近基团可能的结构信息。由氢原子个数的比例关系可以得到相应基团的氢原子个数。通过化学位移、耦合常数、积分值可推断出相应的官能团并得到结构式。

三、仪器与试剂

1. 仪器

超导核磁共振波谱仪（INOVA-400MHz）；核磁试管（Φ=5 mm）。

2. 试剂

戊醇；异戊醇；乙醇；乙酸乙酯；甲酸乙酯；甲苯；苯酚；$CDCl_3$（内有 0.03% 的 TMS）。

四、实验条件

（1）测试核种：^1H。
（2）观测频率：399.526 MHz。
（3）延迟时间：2 s。
（4）采样累加次数：16 次。
（5）谱宽：7000 Hz。
（6）脉冲宽度：8.7 μs。
（7）测试温度：(300.0±0.1)K。

五、实验内容与步骤

（1）量取 0.04 mL 样品放入核磁试管中，加入 0.5 mL $CDCl_3$ 溶剂，摇匀后，将核磁试管的外壁用干净的眼镜布擦净。
（2）刷卡上机，输入用户名及密码，打开操作界面。
（3）锁场并匀场。
（4）建立标准 ^1H 谱实验。设置参数，^1H 谱的谱宽 SW=7000 Hz，延迟时间 d1=2 s，采样累加次数 nt=16。
（5）测试样品，得到 ^1H 谱谱图。
（6）对谱图进行相位校正和基线校正。内标物质定零，对谱峰化学位移进行标注，对谱峰积分，保存谱图，打印谱图。

六、注意事项

（1）严格按照实验步骤操作，非规定步骤的操作一律不许进行。

（2）严格遵守实验室的规章制度，注意警示标志，铁磁性物质一律不准靠近磁铁。

（3）核磁试管在使用前必须仔细检查，不得有裂痕，防止发生碎管事故。核磁试管装入转子前，需将外表擦拭干净，检查核磁试管在转子上的高度，确保样品的位置在有效测试区间内。

七、实验结果与数据处理

（1）记录实验数据。

^{1}H 谱实验数据记录见表 9-3。

表 9-3　^{1}H 谱实验数据记录表

峰编号	δ/ppm	J/Hz	积分面积相对值

（2）对乙醇、乙酸乙酯、甲酸乙酯、甲苯、苯酚的核磁共振谱图进行解析，利用谱图中所给出的信息，归属谱图中出现的各个峰属于何种基团，化学位移为多少，并利用峰的裂分与耦合常数值指认基团之间的连接关系。

（3）对推测出的可能结构式进行解析，排除不存在的结构式，得出正确的结构式。

八、思考题

（1）NMR 波谱法与紫外、红外相比较，优势在哪里？

（2）NMR 波谱仪的主要构成及相关作用是什么？

（3）某化合物如下结构式所示，其 ^{1}H 谱如图 9-2 所示，对照 ^{1}H 谱，归属各个峰的位置，并说明 H9 与 H10 的化学位移为何不一样。对图中存在的杂质峰进行指认，并写出杂质可能的结构式。

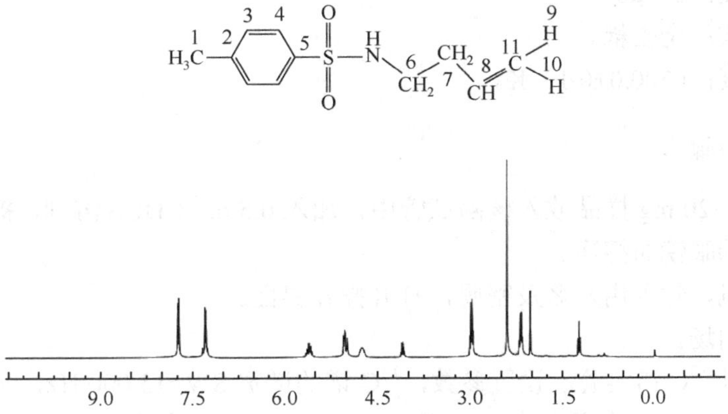

图 9-2　化合物的结构式与 ^{1}H 谱

实验十八 单一化合物 ^{13}C 谱的鉴定

一、实验目的

（1）熟悉一维 ^{13}C 谱的测试流程，作出合格 ^{13}C 核磁共振谱图。
（2）能够从谱图中给出的信息对化合物谱峰进行归属。

二、实验原理

对 ^{13}C 核进行照射使其发生共振，同时对 ^{1}H 核进行照射使其达到饱和，这时 ^{1}H 不再对 ^{13}C 产生耦合现象，所得到的碳谱是奥弗豪塞尔核效应（nuclear Overhauser effect，NOE）的去耦 ^{13}C 谱。由于 NOE 效应，^{13}C 的积分面积不能反映出碳原子的正确个数。如果对去耦过程加以控制，便可以得到能够对 ^{13}C 去耦、又不产生 NOE 效应的碳谱，这种 ^{13}C 实验称为反门控去耦，所得到的碳谱是定量碳谱。

三、仪器与试剂

1. 仪器

超导核磁共振波谱仪（INOVA-400MHz）；核磁试管（Φ=5 mm）。

2. 试剂

戊醇；异戊醇；乙醇；丙酮；甲苯；苯酚；$CDCl_3$（内有 0.03% 的 TMS）。

四、实验条件

（1）测试核种：^{13}C 核。
（2）观测频率：100.126 MHz。
（3）延迟时间：2 s。
（4）采样累加次数：128 次。
（5）谱宽：15 000 Hz。
（6）脉冲宽度：8.7 μs。
（7）去耦方式：全去耦。
（8）测试温度：（300.0±0.1）K。

五、实验内容与步骤

（1）称取 10～20 mg 样品放入核磁试管中，加入 0.5 mL $CDCl_3$ 溶剂，摇匀后，将核磁试管的外壁用干净的眼镜布擦净。
（2）刷卡上机，输入用户名及密码，打开操作界面。
（3）锁场并匀场。
（4）建立标准 ^{13}C 谱实验。设置参数，^{13}C 谱的谱宽 SW=15 000 Hz，延迟时间 d1=2 s，采样累加次数 nt=128，全去耦实验 dm=“yyy”，反门控去耦实验 dm=“nny”。

（5）测试样品，得到 ^{13}C 谱图。

（6）对谱图进行相位校正和基线校正。内标物质定零，对谱峰化学位移进行标注，保存谱图，打印谱图。

六、注意事项

（1）参见实验十七。

（2）^{13}C 天然丰度很低，在配制样品时，应尽可能将浓度配制得大一些。

七、实验结果与数据处理

（1）记录实验数据。

^{13}C 谱数据记录见表 9-4。

表 9-4 ^{13}C 谱数据记录表

峰编号	δ_{CH_3}/ppm	δ_{CH_2}/ppm	δ_{CH}/ppm	δ_{C}/ppm

（2）对已知结构物质的核磁共振谱图进行解析，利用谱图中所给出的信息，归属谱图中出现的各个峰属于何种基团，化学位移为多少，并指出它们可能是哪种碳原子。

八、思考题

（1）样品配制的时候，应注意什么问题？

（2）^{13}C 的全去耦实验和反门控去耦实验有什么区别？

（3）判断伯、仲、叔、季碳原子时，应注意什么问题？

第 10 章　电位分析法

10.1　基 本 原 理

电化学分析是仪器分析的一个重要组成部分。它是根据物质在溶液中的电化学性质及其变化来进行分析的方法。它把测量对象构成一个化学电池的组成部分，通过测量电池的某些物理量，如电导、电位、电流或电量等电化学参数及其变化求得被测物质的含量或测定某些电化学性质。根据所测量的电化学参数的不同，电化学分析法可分为：电导分析法、电位分析法、电解分析法、库仑分析法、极谱和伏安分析法、电化学阻抗法和计时分析法等。电化学分析法一般有分析速度快、灵敏度高、选择性好和易于自动控制等优点。此外，电化学分析法可用于化学反应机理的研究。

10.1.1　电极

电化学分析法必然要使用电极。根据电极反应的性质可将电极分为阳极（发生氧化反应的电极）和阴极（发生还原反应的电极）。根据电极电位的正负程度可将电极分为正极和负极。根据电极的用途可将电极分为指示电极（工作电极）、参比电极、辅助电极（对电极）。在分析测试中，按照需要有时使用双电极系统，有时使用三电极系统。下面将指示电极、参比电极和辅助电极作简单介绍。

（1）指示电极（工作电极）。指示电极是在电化学池中借以反映待测物浓度，发生所需电化学反应或响应激发讯号的电极。一般对于平衡体系或在测量期间主体浓度不发生任何可觉察变化的体系，相应的电极称为指示电极；如果有较大的电流通过，主体浓度发生显著变化的体系，相应的电极称为工作电极。常用的指示电极（工作电极）有各种离子选择性电极、惰性金属电极、各种碳材料电极和汞电极等。

（2）参比电极。在测量过程中，温度恒定时，电位基本不发生变化的电极为参比电极。其主要作用是提供一个恒定的电极电位标准，因此应具备好的可逆性、重现性和稳定性。标准氢电极是理想的可用作测量标准电极电位的参比电极，但制作麻烦、使用过程中要使用氢气。实验中常用的参比电极有饱和甘汞电极（saturated calomel electrode，SCE）和银-氯化银（Ag/AgCl）电极。

对于甘汞电极，$Hg|Hg_2Cl_2$，Cl^-（c=x），电极反应为

$$Hg_2Cl_2+2e^- \xlongequal{} 2Hg+2Cl^-$$

其电极电位（25℃）为

$$\varphi = \varphi^{\ominus}_{Hg_2^{2+},Hg} + \frac{0.0592}{2}\lg K_{sp}(Hg_2Cl_2) - 0.0592\lg[Cl^-] \tag{10-1}$$

对于银-氯化银电极，$Ag|AgCl$，Cl^-（c=x），电极反应为

$$AgCl+e^- \xlongequal{} Ag+Cl^- \tag{10-2}$$

其电极电位（25℃）为

$$\varphi = \varphi^{\ominus}_{Ag^+,Ag} + 0.0592\lg K_{sp}(AgCl) - 0.0592\lg[Cl^-] \quad (10\text{-}3)$$

甘汞电极属于金属-金属难溶盐-阴离子电极，作为商品出售的有单液接与双液接两种，如图 10-1（a）所示。玻璃内管的上部为 Hg，连接电极引线的中部为 Hg 和 Hg_2Cl_2 的糊状物，底部用棉球塞紧。玻璃外管内装不同浓度的 KCl 溶液。玻璃外管下部支管的端口塞有多孔陶瓷。在测定中，盛有 KCl 溶液的外管还起到盐桥的作用。

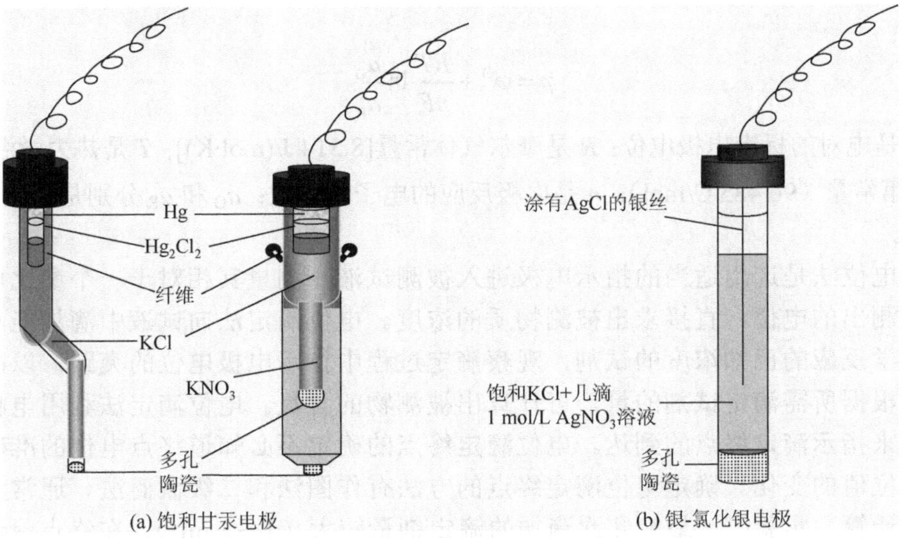

图 10-1　常用参比电极结构示意图

由能斯特（Nernst）方程可知，甘汞电极的电极电位与内部的氯离子（Cl^-）的活度或浓度有关。当 Cl^-浓度不同时，可得到具有不同电极电位的参比电极（表 10-1）。KCl 溶液浓度为 0.1 mol/L 的甘汞电极的电动势温度系数小，但饱和氯化钾的甘汞电极容易制备，而且使用时可以起盐桥的作用，所以平时用得较多，也就是上面提到的饱和甘汞电极。甘汞电极制作简单、应用广泛；Hg_2Cl_2 在高温时不稳定，所以甘汞电极一般适用于 70℃以下的体系。

Ag/AgCl 电极也属于金属-金属难溶盐-阴离子电极，其制作简单，但价格较高。电极是在 Ag 丝上镀上一层纯 Ag 后，再镀上一薄层 AgCl 制作而成。Ag/AgCl 电极插入一定浓度（3.5 mol/L 或饱和）的 KCl 溶液中。Ag/AgCl 电极结构如图 10-1（b）所示。此电极对温度变化不敏感，可以在 80℃以上使用。另外，此电极对溶液内的 Br^-十分敏感。

表 10-1　参比电极的电极电位与 Cl^-浓度间的关系（25℃）

甘汞 $Hg\|Hg_2Cl_2$，$Cl^-(c)$	电极电位/V(vs. NHE)	氯化银 $Ag\|AgCl$，$Cl^-(c)$	电极电位/V(vs. NHE)
c=0.1 mol/L KCl	0.334	c=0.1 mol/L NaCl	0.288
c=1.0 mol/L KCl	0.280	c=1.0 mol/L NaCl	0.222
c=饱和 KCl	0.244	c=饱和 NaCl	0.194

（3）辅助电极（对电极）。提供电子传导的场所，与工作电极组成电池并形成通路的电极为辅助电极。一般由惰性金属材料构成。

10.1.2 方法原理

电位分析法是通过测定在零电流条件下的电极电位和浓度间的关系进行分析测定的一种电化学分析法，包括直接电位法和电位滴定法。电位分析法一般使用一支指示电极和一支参比电极。其中，指示电极的电极电位 φ 与待测离子的活度（或浓度）符合 Nernst 方程：

$$\varphi = \varphi^{\ominus} + \frac{RT}{nF}\ln\frac{a_{\mathrm{O}}}{a_{\mathrm{R}}} \tag{10-4}$$

式中，$\varphi^{\ominus}$是电对的标准电极电位；R 是摩尔气体常量[8.314 J/(mol·K)]；T 是热力学温度（K）；F 是法拉第常量（96 485 C/mol）；n 是电极反应的电子转移数；a_{O} 和 a_{R} 分别是氧化态和还原态的活度。

直接电位法是选用适当的指示电极进入被测试液，测量其相对于一个参比电极的电位，根据测出的电位，直接求出被测物质的浓度。电位滴定法向试液中滴加能与被测物质发生化学反应的已知浓度的试剂，观察滴定过程中指示电极电位的突跃，以确定滴定的终点。根据所需滴定试剂的量，可计算出被测物的含量。电位滴定法利用电极电位的“突跃”来指示滴定终点的到达。电位滴定终点的确定不必知道终点电位的准确值，只需确定电位值的变化。确定电位滴定终点的方法有作图法和二级微商法。通常为了便于微商法的计算，实验时，最初几次滴加的滴定剂量较大（1～5 mL），在终点附近每次滴加的量应小于 0.1 mL。

10.1.3 离子选择性电极

电位分析中最常使用的指示电极是离子选择性电极。离子选择性电极分为原电极和敏化离子选择性电极两大类。原电极包括均相膜电极，如由 LaF_3 单晶组成的氟离子选择性电极、AgCl 和 Ag_2S 组成的氯离子选择性电极；非均相膜电极，如硅橡胶膜电极；刚性基质电极，如玻璃电极；流动载体电极，如硝酸根离子选择性电极等。敏化离子选择性电极包括气敏电极和酶电极。离子选择性电极的结构示意图如图 10-2 所示。它由金属屏蔽线、电极腔体、内参比电极、内参比溶液和选择性敏感膜组成。其中选择性敏感膜是离子选择性电极的重要组成部分，由于敏感膜的性质、材料和形式不同，离子选择性有各种类型，其响应机理也各有特点，但其能对特定离子有选择性响应的主要原因都是膜电位的产生。膜电位是由于在两相界面上的带电粒子在两相中分布不均匀，出现正负电荷的分离，在两相界面上产生电位差。若敏感膜对 M 离子有选择性响应，膜电位与溶液中 M 离子活度之间的关系符合 Nernst 方程。

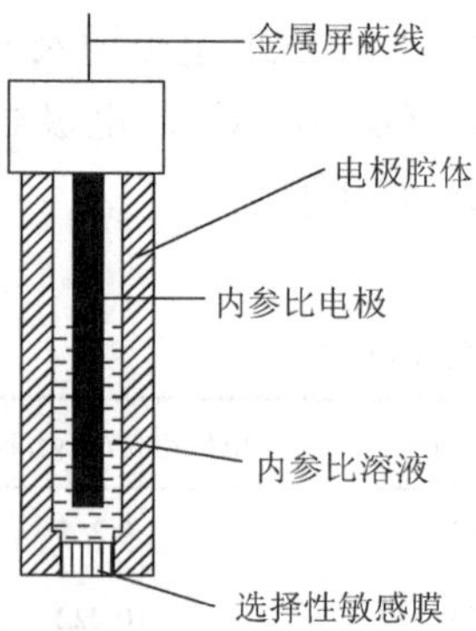

图 10-2　离子选择性电极结构示意图

离子选择性电极的电极电位（25℃）与响应离

子活度的关系为

$$\varphi = 常数 \pm \frac{0.0592}{n_A} \lg a_A \tag{10-5}$$

式中，n_A 是离子的电荷数；$\frac{0.0592}{n_A}$ 是电极的斜率；a_A 是离子的活度，阳离子取“+”，阴离子取“−”。

离子选择性电极必须具有 Nernst 响应、实际响应时间短、内阻小等特点。一些常见离子选择性电极的性能见表 10-2。

表 10-2　一些常见离子选择性电极的性能

离子选择性电极	浓度范围/(mol/L)	pH 范围	干扰离子
氟	10^{-1}～10^{-6}	3～6	OH^-
氰	10^{-2}～10^{-6}	11～12	S^{2-}、I^-
氯	10^{-2}～5×10^{-6}	2～12	S^{2-}、Br^-、CN^-
硝酸银	10^{-1}～10^{-5}	2～10	Cl^-、Br^-、I^-
pH	pH 1～13	1～13	Na^+
pNa	10^{-3}～10^{-7}	10	H^+
氨（铵）	10^{-2}～10^{-6}	3～13	挥发性胺

10.2　仪器结构

电位分析所用仪器非常简单，只需一台离子计（活度计）和搅拌器即可。pXS-202 型离子计是十进制数字显示的智能型离子计，它可以与各种离子选择性电极配用，精确地测量电极在水溶液中产生的电池电动势。离子计一般有溶液温度补偿器、斜率校正器、定位调节器和等电位调节器等部件，可以对各种不同的溶液温度和各种电极不同的斜率进行补偿。配上各种类型的离子选择性电极，可以测量各种离子浓度。pXS-202 型离子计实际上是高输入阻抗直流电位测量仪器，或者根据测定的电位值用计算或作图的方法求出溶液的离子量；或者利用标准溶液调节仪器中功能调节器（斜率校正器、温度补偿器、定位调节器和等电位调节器等）校正仪器，直接读出被测溶液的离子活度或浓度。

如果测量溶液的 H^+ 活度，可换用更方便的酸度计（pH 计）。pHS-3B 型精密酸度计是一种带有自动温度补偿，以 LED 数字显示的 pH 计。它具有 pH 自动温度补偿及手动温度补偿功能，采用数字显示温度，从而在测量中减少误差。仪器具有测温功能，可显示温度、pH、电位值。如果配上适当的离子选择性电极，则可作为电位滴定分析电位变化显示器。仪器由电子单元、复合电极、测温传感器组成。pH 计在测量被测溶液之前要先标定，在连续使用时，每天标定一次已能达到要求。根据测量要求可选择一点标定法和两点标定法，常规测量采用一点标定法，精确测量则采用两点标定法。

10.3　实验技术

1. 离子计的使用

离子计实际上是高输入阻抗直流电位测量仪器，或者根据测定的电位值用计算或作图的方法求出溶液的离子量；或者利用标准溶液调节仪器中功能调节器（斜率校正器、温度补偿器、定位调节器和等电位调节器等）校正仪器，直接读出被测溶液的离子活度或浓度。

利用离子计的功能调节器可以对各种不同的溶液温度和各种电极不同的斜率进行补偿。在实际测量时，可配用一价或二价阳离子或阴离子选择性电极，用另一支不随溶液中被测离子量的变化而改变自身电位的电极作为参比电极，通常用甘汞电极或银-氯化银电极，在溶液中构成一个测量电池。

2. 参比电极的使用

在使用饱和甘汞电极和银-氯化银电极时要注意检查电极内是否充满溶液，小管内应无气泡。必须保证电极下端毛细管的畅通，所以在使用前应将电极下端的胶帽及电极上部的小胶皮塞拔下，让极少量的溶液从毛细管中渗出，使测定结果稳定可靠。使用双液接甘汞电极时，外套管内盛饱和硝酸钾溶液（用优级纯试剂配制），外套管内溶液每次使用前应更换新液。

3. pH 计的校准与使用

pH 计在使用前必须用标准缓冲溶液校准。常用的 pH 标准缓冲溶液有三种，分别是：pH 4.01 标准缓冲溶液（邻苯二甲酸氢钾）、pH 6.86 标准缓冲溶液（混合磷酸盐）、pH 9.18 标准缓冲溶液（硼砂）。校准方法一般采用两点标定法，即选择两种标准缓冲溶液：一种是 pH 6.86 标准缓冲溶液，第二种是 pH 9.18 标准缓冲溶液或 pH 4.01 标准缓冲溶液。先用 pH 6.86 标准缓冲溶液对 pH 计进行定位，再根据待测溶液的酸碱性选择第二种标准缓冲溶液。如果待测溶液呈酸性，则选用 pH 4.01 标准缓冲溶液；如果待测溶液呈碱性，则选用 pH 9.18 标准缓冲溶液。若是手动调节的 pH 计，应在两种标准缓冲溶液之间反复操作几次，直至不需再调节其零点和定位（斜率）旋钮，pH 计即可准确显示两种标准缓冲溶液的 pH，则校准过程结束。此后，在测量过程中，零点和定位旋钮就不应再动。若是智能式 pH 计，则不需反复调节，因为其内部已储存几种可供选择 pH 的标准缓冲溶液，而且可以自动识别并自动校准，但要注意标准缓冲溶液选择及其配制的准确性。另外，不管哪种 pH 计，在校准前应特别注意待测溶液的温度，以便正确选择标准缓冲溶液，并调节面板上的温度补偿旋钮，使其与待测溶液的温度一致。不同的温度下，标准缓冲溶液的 pH 是不一样的。

4. 电位滴定曲线的绘制与滴定终点的确定

电位滴定法利用电极电位的“突跃”来指示滴定终点的到达。电位滴定终点的确定不必知道终点电位的准确值，只需确定电位值的变化。确定电位滴定终点的方法有作图法和二级微商法。通常为了便于微商法的计算，实验时最初几次滴加的滴定剂量较大（1～5 mL），在终点附近每次滴加的量应小于 0.1 mL。

1）作图法

以电位值 φ（或 pH）为纵坐标，加入滴定剂体积 V 为横坐标，绘制 φ-V 电位滴定曲线[图 10-3（a）]，曲线斜率最大处为滴定终点。

2）微商法

以 $\dfrac{\Delta\varphi}{\Delta V}$ 对 $\Delta\varphi$ 相对应的滴定剂平均体积作图，构成一级微商曲线[图 10-3（b）]，曲线最

高点所对应的体积为滴定终点体积。以 $\frac{\Delta^2\varphi}{\Delta V^2}$ 对 V 作图得二级微商曲线[图 10-3（c）]，二级微商 $\frac{\Delta^2\varphi}{\Delta V^2}=0$ 时所对应的体积为滴定终点体积。

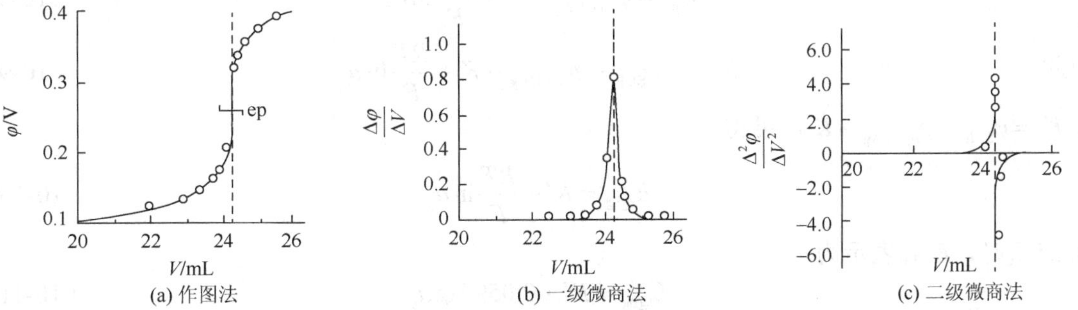

图 10-3　电位滴定终点确定方法

在二级微商值出现相反符号时所对应的两个体积 V_1、V_2 之间，必然存在 $\frac{\Delta^2\varphi}{\Delta V^2}=0$ 的一点，对应于这一点的体积即为滴定的终点体积，即

$$V_{终}=V_1+(V_2-V_1)\frac{\Delta^2\varphi_1/\Delta V_1^2}{\Delta^2\varphi_1/\Delta V_1^2+|\Delta^2\varphi_2/\Delta V_2^2|} \tag{10-6}$$

$$\varphi_{终}=\varphi_1+(\varphi_2-\varphi_1)\frac{\Delta^2\varphi_1/\Delta V_1^2}{\Delta^2\varphi_1/\Delta V_1^2+|\Delta^2\varphi_2/\Delta V_2^2|} \tag{10-7}$$

实验十九　牙膏中氟含量的测定——氟离子选择性电极法

一、实验目的

（1）掌握离子选择性电极的相应机理。

（2）学会使用离子计。

（3）了解氟离子选择性电极测定 F^-的条件。

二、实验原理

氟化物在自然界广泛存在，又是人体正常组织成分之一。人每日从食物及饮水中摄取一定量的氟，少量摄入有益于坚固牙齿，过量则出现“氟中毒”——氟斑牙、氟骨病，甚至导致其他神经、心脏疾病等。

本实验采用离子选择性电极法测定牙膏中的氟离子（F^-）。离子选择性电极是一种电化学敏感器，它利用膜电位将溶液离子活度转化为电位的变化。因此可以借助于直流电位的测量，对离子选择性电极和参比电极组成的电化学电池测量电池电动势，利用计算方法、作图方法或直接读出的方法，测出被测溶液中的离子含量。

测定溶液中的 F^-，一般由氟离子选择性电极作为指示电极，饱和甘汞电极作为参比电极。

它们与待测液组成电池，可表示为

Ag，AgCl || NaF(0.1 mol/L)，NaCl(0.1 mol/L) | LaF_3 电极膜 || KCl(饱和) | Hg_2Cl_2，Hg

其电池电动势为

$$E_{电池} = \varphi_{SCE} - \varphi_{F^-}$$

$$\varphi_{F^-} = \varphi_{AgCl/Ag} + K - \frac{RT}{F}\ln a_{F^-} \tag{10-8}$$

因此

$$E_{电池} = \varphi_{SCE} - \varphi_{AgCl/Ag} - K + \frac{RT}{F}\ln a_{F^-} \tag{10-9}$$

令 $K' = \varphi_{SCE} - \varphi_{AgCl/Ag} - K$，可得

$$E_{电池} = K' + \frac{RT}{F}\ln a_{F^-} \tag{10-10}$$

在 25℃时，$E_{电池}$表示为

$$E_{电池} = K' + 0.0592\lg a_{F^-} \tag{10-11}$$

式中，K'为含有内外参比电极电位及不对称电位的常数。

本实验采用工作曲线法：配制一系列已知浓度的含 F^-标准溶液，加入总离子强度调节剂，得相应的 E 值，作 E-pF 工作曲线。未知样品测得 E 值后，代入工作曲线计算对应的 pF，即得分析结果。

三、仪器与试剂

1. 仪器

离子计；磁力搅拌器；电极：氟离子选择性电极和饱和甘汞电极；50 mL 容量瓶 6 个；100 mL 烧杯；5 mL 吸量管 1 支；25 mL 移液管 1 支。

2. 试剂

0.1000 mol/L F^-标准储备液：准确称取 4.199 g NaF（120℃烘 1 h）溶于 1000 mL 容量瓶中，用蒸馏水稀释至刻度，摇匀，储存于聚乙烯瓶中待用。1.000×10^{-2}～1.000×10^{-6} mol/L F^-标准溶液用上述储备液配制。

总离子强度调节剂（TISAB）：称取氯化钠 58 g，柠檬酸钠 10 g，溶于 800 mL 蒸馏水中，再加入冰醋酸 57 mL，用 40% NaOH 溶液调节到 pH 为 5.0，然后稀释至 1 L。

四、实验内容与步骤

（1）氟离子选择性电极的准备。将氟离子选择性电极用蒸馏水清洗数次直至测得的电位值约为−300 mV（此值各支电极不同）。若氟离子选择性电极暂不使用，宜于干放。

（2）F^-标准系列溶液的配制。吸取 0 mL、1.0 mL、2.0 mL、5.0 mL、7.0 mL、11.0 mL F^-标准溶液，分别置于 5 个 50 mL 容量瓶中，并于各容量瓶中加入 15 mL TISAB、10 mL 1 mol/L 盐酸，加水稀释至刻度，摇匀备用。

（3）操作。将上述标准溶液依次倒入小聚乙烯塑料烧杯中（浸没电极即可），插入氟离子选择性电极和饱和甘汞电极，连接线路，放入搅拌子，开动搅拌器，由稀至浓分别测量标准溶液的电位值，待电位值（或 pX 值）稳定后读取读数。测定过程中更换溶液时，“测量”

键必须处于断开位置，以免损坏离子计。每次测定前用被测试液清洗电极、烧杯以及搅拌子。标准溶液测量完毕后将电极用蒸馏水清洗直至测得电位值为–300 mV 左右待用。

（4）试样中氟的测定。用小烧杯准确称取约 0.5 g 牙膏，然后加水溶解，加入 10 mL TISAB。煮沸 2 min，冷却并转移至 50 mL 容量瓶中，用蒸馏水稀释至刻度，待用。

五、注意事项

确保饱和甘汞电极内充液饱和且达到要求的液面高度，使用时脱去电极帽，否则会影响氟离子选择性电极的相应空白值。

六、实验结果与数据处理

制作工作曲线：以电极电位为纵坐标，F^-浓度的对数值为横坐标，在 Excel 等绘图软件中绘制工作曲线，将牙膏溶液实测电位值代入工作曲线计算其中氟含量，并推算出牙膏中的氟含量（mg/g）。

七、思考题

（1）氟离子选择性电极为什么能反映溶液中 F^-的活度？

（2）实验中加入 TISAB 的作用是什么？TISAB 的一般组成是什么？

（3）通过查阅文献，给出一个离子选择性电极在其他方面的应用实例。

实验二十　电位滴定法测定食用醋总酸度

一、实验目的

（1）掌握电位滴定法的基本原理和确定滴定终点的方法。

（2）掌握 pH 计的使用方法。

二、实验原理

食用醋的主要酸性物质是乙酸，此外还含有少量其他弱酸，如乳酸等。乙酸的解离常数 $K_a=1.8\times10^{-5}$，用 NaOH 标准溶液滴定乙酸，化学计量点的 pH 约为 8.7。滴定时，不仅乙酸与 NaOH 反应，食用醋中可能存在的其他酸也与 NaOH 反应，所以滴定所得为总酸度，以ρ_{HAc}（g/L）表示。

滴定法测定食用醋总酸度，可采用酸碱指示剂指示滴定终点，也可采用电位法指示终点。通常，电位滴定法的灵敏度高于指示剂法。同时食用醋通常颜色较深，且有一定浑浊，因此更宜采用电位滴定法。

三、仪器与试剂

1. 仪器

酸度计；常量滴定用仪器（50.00 mL 碱式滴定管，25.00 mL 移液管，100 mL 容量瓶，

250 mL 锥形瓶）。

2. 试剂

NaOH 溶液（0.1 mol/L）；邻苯二甲酸氢钾基准试剂：在 100～120℃下干燥后备用；商品食用醋。

四、实验步骤

1. NaOH 溶液的配制

称取约 1.6 g NaOH，溶解于 400 mL 蒸馏水中，摇匀，盛放在试剂瓶中。

2. pH 计的校准

采用 pH 6.86 的标准缓冲溶液，按照 pH 计使用方法校准 pH 计。

3. NaOH 溶液的标定

用差减法称取 0.4～0.6 g 邻苯二甲酸氢钾基准物质于 250 mL 锥形瓶中，加入 40～50 mL 蒸馏水溶解，用待标定的 NaOH 滴定，用 pH 计确定突跃点，从而确定滴定终点。

首先进行粗测（初步判断发生 pH 突跃时所需 NaOH 体积范围），即测量在滴入 NaOH 溶液体积分别为 0 mL、5 mL、10 mL、15 mL、20 mL、22 mL、24 mL、26 mL、28 mL、30 mL、35 mL、40 mL 时各点的 pH。然后进行细测，即在 pH 变化较快的区间（化学计量点附近）取较小的等体积增量（0.1 mL），以增加测量点的密度，记录各点的 pH。根据所得数据，用 $\Delta pH/\Delta V$ 对 V 作图，图像最高点为化学计量点。平行测定三份，计算 NaOH 溶液的浓度和各次标定结果的相对偏差。

4. 食用醋中乙酸含量的测定

准确移取食用醋 10 mL 于 100 mL 容量瓶中，用新煮沸并冷却的蒸馏水稀释至刻度，摇匀。用移液管移取 25 mL 上述稀释后的试液于 100 mL 锥形瓶中，用校准后的酸度计确定滴定终点，用上述标定好的 NaOH 标准溶液滴定。首先进行粗测，即测量在滴入 NaOH 溶液体积分别为 0 mL、5 mL、10 mL、15 mL、18 mL、20 mL、22 mL、24 mL、26 mL、28 mL、30 mL、35 mL、40 mL 时各点的 pH。然后进行细测，即在化学计量点附近取较小的等体积增量（0.1 mL），以增加测量点的密度，记录各个点的 pH。根据所得数据，用 $\Delta pH/\Delta V$ 对 V 作图，最高点为化学计量点。平行滴定三份，根据所消耗 NaOH 标准溶液的量，计算食用醋的总酸度。

五、注意事项

（1）玻璃电极使用时必须小心，以防止损坏。

（2）新的或长期未使用的玻璃电极使用前应在蒸馏水或稀盐酸中浸泡 24 h。

六、实验结果与数据处理

根据实验数据，计算 $\Delta pH/\Delta V$ 和 $\Delta pH^2/\Delta V^2$。用 Excel 作图，求出 $\Delta pH/\Delta V$ 最大点，或者

$\Delta pH^2/\Delta V^2=0$ 处 NaOH 的体积 V_{ep}，从而计算出食用醋总酸度ρ_{HAc}，以 g/L 表示。

七、思考题

（1）以 NaOH 溶液滴定 HAc 溶液，属于哪类滴定？怎样确定突跃点？

（2）查阅文献或国家标准，找出两三个应用电位滴定法进行实际样品测定的实例。

第 11 章 库仑分析法

在电解池的两个电极上，加上合适大小的直流电压，使溶液中有电流通过，在两极上便发生电极反应，引起物质的分解，同时电解池中有电流通过，这个过程称为电解。建立在电解基础上，通过称量沉积于电极表面的沉积物质量以测定溶液中被测离子含量的电化学分析法称为电重量分析法。将电解方法用于物质的分离，称为电解分离法。根据测量的电解过程中被测物质在电极上发生电化学反应所消耗的电量求得被测物质含量的方法称为库仑分析法。1938 年，Szebelledy 和 Somogyi 首次利用铂阳极上产生的 H^+滴定氢氧化钠。目前，库仑分析法由于其良好的重复性、灵敏度和准确度，成为石油化工生产过程中硫含量、氯含量等测定的一种常用方法，在环境监测领域也有成熟的应用。

11.1 基 本 原 理

与重量分析不同的是，库仑分析中被测物质不一定在电极上沉积，但必须保证电解时电流效率为 100%，即通过电解池的电量全部用于析出待测物质，而无其他副反应。库仑分析的定量依据是法拉第电解定律：

$$m=\frac{Q}{F}\cdot\frac{M}{n} \tag{11-1}$$

式中，m 是电解时析出物质的质量；M 是其摩尔质量；n 是电极反应中的电子数；F 是法拉第常量，96 485 C/mol；Q 是通过电解池的电量。在已知被分析物质浓度的情况下，库仑分析还可用于电极反应电子转移数的确定。

库仑分析法要得到准确的分析结果，需保证电极反应有 100% 电流效率，需选择合适的电解方式，通过电解池的电量要有准确的测定方法，电解的终点要有合适方法作准确指示。库仑分析法根据电解方式的不同分为控制电位库仑滴定法和恒电流库仑法。

恒电流库仑法是在恒定电流条件下电解，使电解池中产生一种物质，该物质作为滴定剂与被测物质进行定量的化学反应，反应的终点可用电化学方法（如电位法、示波电位法、电流法）或指示剂来确定。电量的测定可由电子积分或数字积分完成，根据法拉第电解定律求得被测物质的含量。此法与化学分析中的滴定分析有相似之处，只是滴定剂是电解产生，滴定剂的量是根据电量计算的，所以又称为库仑滴定法。

11.2 仪 器 结 构

恒电流库仑滴定装置一般由电解系统、电解池和终点指示系统三部分组成。电解系统由恒流源和计时器构成，由电子积分或数字积分完成对电量的测定。电流法（永停终点法）是一种常用的库仑滴定终点指示方法。它是在库仑滴定装置中插入两支铂电极，在两电极上加低电压，在反应体系中，终点前有不可逆电对存在。到达终点时，微过量的滴定剂使体系中存在可逆电对，电路中串联的电流计显示有电流通过，据此可指示终点的到达。因此，采用电流法指示终点的库仑滴定装置通常由四支电极构成，两支构成电解系统，两支构成终点指示系统，如图 11-1 所示。

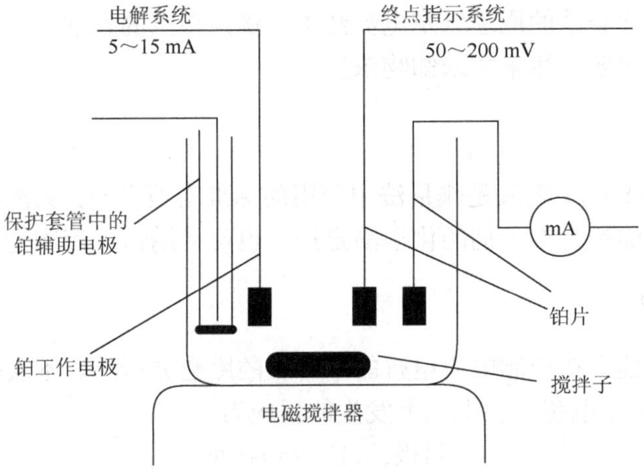

图 11-1　采用电流法指示终点的库仑滴定装置

11.3　实 验 技 术

库仑分析的先决条件是电流效率为 100%，但实际应用中由于副反应的存在，100% 电流效率难以实现，其主要原因有以下几方面。

1. 溶剂参与电极反应

库仑分析多数在水溶液中进行，水在一定 pH 及一定电极电位下，可能参加电极反应而被电解。阴极上可能发生还原反应析出氢气，阳极上可能发生氧化反应析出氧气。电极如果发生这些副反应，电量就要被消耗。所以实验中应控制适当的电位和溶液的 pH 范围，以防止水的电解。

2. 共存杂质的电解

试剂及溶剂中微量易氧化或易还原的杂质，可能在电极上参加反应而影响电流效率。可以用纯试剂做空白试验加以校正，也可以通过预电解除去杂质。

3. 溶解氧的还原

溶液中溶解的氧气可以在阴极上还原为 H_2O_2 或 H_2O，因而造成电流效率降低。消除溶解氧影响的方法是：在电解前通入惰性气体（如氮气）数分钟。必要时在惰性气氛下电解。

4. 电极本身参与反应

库仑分析中一般用铂电极作阳极，而铂电极在有 Cl^- 或其他配位剂存在时可能发生氧化溶解，因而造成电流效率降低。此时可选用其他材料制成的电极。

实验二十一　恒电流库仑法测定 $Na_2S_2O_3$ 浓度

一、实验目的

（1）掌握恒电流库仑法的原理以及电流法指示滴定终点的方法。

（2）应用法拉第电解定律求算未知物浓度。

二、实验原理

硫代硫酸钠（$Na_2S_2O_3$）溶液是碘量法中使用的标准溶液之一，其浓度的标定可使用以重铬酸钾为基准物质，淀粉为指示剂的化学滴定法，也可使用恒电流库仑法。

1. 库仑滴定原理

恒电流库仑法是建立在控制电流电解的基础上的库仑分析法。本实验是以一定强度的恒电流通过电解池，使 KI 电解，在电极上发生的反应为

$$\text{阳极：}2I^- = I_2 + 2e^- \tag{11-2}$$

$$\text{阴极：}2H_2O + 2e^- = H_2\uparrow + 2OH^- \tag{11-3}$$

以阳极产生的 I_2 为滴定剂来滴定 $Na_2S_2O_3$ 溶液

$$I_2 + 2S_2O_3^{2-} = S_4O_6^{2-} + 2I^- \tag{11-4}$$

在分析过程中电流始终保持恒定，其消耗的电量（Q）等于电解电流（i）和电解时间（t）的乘积，即 $Q=it$。根据法拉第电解定律求得 $Na_2S_2O_3$ 的浓度

$$c_{Na_2S_2O_3}(\text{mol/L}) = \frac{it}{96\,485\,V_{Na_2S_2O_3}} \tag{11-5}$$

式中，$V_{Na_2S_2O_3}$ 是被测溶液所取体积（mL）；i 是电解电流（mA）；t 是电解时间（s）。

2. 终点指示原理

用两个铂电极作为指示电极插入待测溶液中，并加低的恒电压（如 100 mV 左右），在上述 I_2 滴定 $Na_2S_2O_3$ 时

$$I_2 + 2Na_2S_2O_3 = 2NaI + Na_2S_4O_6 \tag{11-6}$$

在化学计量点之前，溶液中没有过量的碘存在，由于 $S_2O_3^{2-}/S_4O_6^{2-}$ 电对的不可逆性，它们不会在这两个电极上反应，阴极处于理想极化状态，所以通过的电流极小，但过了化学计量点之后，过量的 I_2 与溶液中的 I^- 构成可逆电对 $2I^-/I_2$，则在指示电极上便发生下列反应：

$$\text{阳极：}2I^- = I_2 + 2e^- \tag{11-7}$$

$$\text{阴极：}I_2 + 2e^- = 2I^- \tag{11-8}$$

此时，指示电极的电流明显增大，使电解池有电流通过。这种使电流由极小到明显增大的指示终点的方法，可通过检流计光点位置变化来表示终点的到达。

三、仪器与试剂

1. 仪器

KLT-1 型通用库仑仪；电磁搅拌器；电解池装置（双铂工作电极、双铂指示电极）。

2. 试剂

碘化钾固体（A. R.）；待标定的 $Na_2S_2O_3$ 溶液。

四、实验内容与步骤

（1）开启仪器电源预热 10 min。调节测量状态，包括以下几方面：①极化电位：弹起；②电流/电位：电流；③上升/下降：上升；④补偿极化电位：约 0.3 V；⑤量程：10 mA。

（2）配制 80 mL 0.1 mol/L KI 溶液，并将其倒入电解池中。

（3）按下“电流”、“上升”、“补偿极化电位”按键，调节电流表为 20 mA，然后弹起“补偿极化电位”按键。表头回零。

（4）准确移取 1.00 mL 样品溶液，从电解瓶嘴入口处倒入电解瓶；打开磁力搅拌器，调节合适的搅速。按下“启动”按钮，把拨动开关打到“工作”。此时电解开始并记录消耗的电量。当加入的 $Na_2S_2O_3$ 电解完成时，指示电极感应电流变化，终止电解。

（5）如此重复三四次。

五、注意事项

（1）实验前应仔细检查电极的连接是否正确。

（2）液体的高度需淹没电极，不足时可加蒸馏水。

（3）重复实验时不需再加 KI，只加 $Na_2S_2O_3$ 溶液。

（4）每次测定前后必须清洗电解瓶和电极。

六、实验结果与数据处理

根据显示电量，利用法拉第电解定律计算 $Na_2S_2O_3$ 溶液的浓度。

七、思考题

（1）试说明本实验中终点指示的原理。

（2）实验中 KI 不断再生，是否可以用极少量的 KI？

（3）本实验中是将 Pt 阳极还是 Pt 阴极隔开？为什么？

（4）通过查文献，设计出煤中硫含量和水质化学需氧量的库仑分析方法。

实验二十二　恒电流库仑法测量果汁中的抗坏血酸含量

一、实验目的

（1）进一步熟悉恒电流库仑法的实验技术。

（2）学习和掌握恒电流库仑法测定抗坏血酸的基本原理。

二、实验原理

维生素 C 又名抗坏血酸，是生命中不可缺少的物质。维生素 C 的缺乏可导致坏血病和免疫力低下等多种疾病，其含量高低常作为某些疾病诊断及营养分析的重要指标，因此，维生素 C 的定量分析在食品、医药等领域具有重要意义。

恒电流库仑法是由电解产生的滴定剂来滴定待测物质的一种电化学分析法。本实验是以电解产生的 Br_2 来测定抗坏血酸的含量。抗坏血酸与溴能发生氧化还原反应：

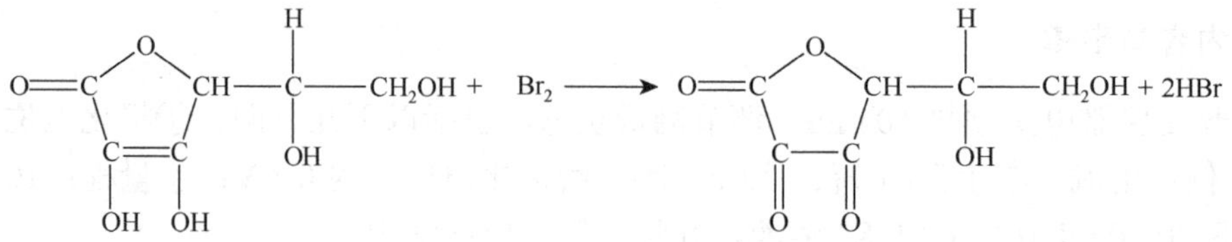

上述反应能快速而又定量地进行，因此可通过电解产生的 Br_2 “滴定”抗坏血酸。

在终点指示回路中，电流的流过与电极反应是同时发生并同时消失。库仑滴定终点到达之前，电解产生的 Br_2 滴定液立即与试液反应，试液中无可逆电对 Br_2/Br^- 存在，两铂微电极上无电极反应，所以终点指示回路中无电流流过，灵敏电流计指针不动或偏转后又回复至原点；当滴定反应完全时，过量的 Br_2 与 Br^- 形成可逆电对 Br_2/Br^-，在两铂微电极之间所施加的 200 mV 电压作用下，该电对分别在两铂微电极上发生氧化还原反应，所以终点指示回路中立即有微电流流过，灵敏电流计指针突然偏转，指示电流增大，表示滴定达到终点。这样从电解反应所消耗的电量，按法拉第电解定律关系计算维生素 C 的含量。

由于维生素 C 的还原性较强，在空气中极易被氧化，在碱性溶液中更甚，而在酸性条件下较为稳定，所以在测定时使溶液呈弱酸性，以减少维生素 C 的副反应。化学试剂中如果存在其他微量的还原性物质，会造成对测定的干扰。为此，在正式测定前应先将少量试样加到电解质中进行预电解，以消除杂质的影响。

三、仪器与试剂

1. 仪器

KLT-1 型通用库仑仪；库仑电解池装置一套（双铂工作电极、双铂指示电极）；电磁搅拌器；吸量管；容量瓶。

2. 试剂

KBr；H_3PO_4；果汁样品。

四、实验内容与步骤

（1）连接好电解装置，清洗电极和电解池，然后接通电源，预热仪器。

（2）设定库仑仪的测定参数，选定工作电流为 5 mA，指示电压为 200 mV，采用电流法指示终点。

（3）先取少量果汁样液于电解池中进行预电解，后准确移取一定体积果汁进行电解反应。反应完成后记录电解消耗的电量。重复测定三四次。

（4）测量完成后，清洗电解池和电极。

五、注意事项

（1）实验前可进行预电解以清除溶液中存在的还原性干扰物质，提高分析结果的精密度和准确度。

（2）滴定前要调整好电极位置，使两极板平行，除去极板上附着的气泡和两电极间溶液中的气泡，以保证测定结果的可靠性。

六、实验结果与数据处理

根据电解所消耗的电量，依据滴定有关反应关系式，计算出果汁中维生素 C 的含量（以 g/L 表示）。

七、思考题

（1）电解液中加入 KBr 和冰醋酸的作用是什么？

（2）如何确定本实验库仑滴定的电流效率达到 100%？

（3）试分析库仑滴定与化学滴定的优缺点。

（4）阅读一篇有关恒电流库仑法的文献，写出其中工作电极和指示电极上的反应。

第 12 章　伏安和极谱分析法

1922 年，海罗夫斯基（Heyrovsky）发明了极谱法，他因此获得了 1959 年的诺贝尔化学奖。1934 年，伊尔科维奇（Ilkovič）提出扩散电流理论，奠定了经典极谱分析的理论基础。此后的 70 年，极谱分析法在理论研究和实际应用上都得到很大的发展。在普通极谱法的基础上，出现了单扫描极谱、交流极谱、方波极谱、脉冲极谱、溶出伏安法和极谱催化波等快速灵敏的现代极谱新方法和技术，并在化学化工、生物化学、医药卫生等各方面得到了广泛应用。目前，极谱法仍然在矿石中铅含量、合金中碲含量测定等方面发挥着不可替代的作用。伏安法是由极谱法发展而来。

12.1　基 本 原 理

伏安和极谱分析是一种特殊形式的电解分析方法，是指在一定条件下，用小面积工作电极电解被分析物质的稀溶液，根据所得到的电流-电压（电位）曲线来进行分析的方法。如果工作电极使用滴汞电极等表面能周期性更新的液态电极，就称此法为极谱法；如果工作电极用玻碳、铂、金等固态电极或悬汞、汞膜等固定面积的液态电极，就称此法为伏安法。

电极表面发生电化学反应时，电极和溶液界面将发生电荷转移，电极表面的反应物被消耗，同时产生生成物。若要化学反应继续进行，反应物要从溶液本体向电极表面传递，生成物则从电极表面向溶液方向传递。这种传递一般有电迁移、扩散和对流三种方式。电迁移指带电粒子或极性分子在电场作用下发生的迁移。由于这种迁移没有专属性，因此，实验中必须消除迁移电流。通常向溶液中加入较高浓度的钾盐等惰性电解质（又称为支持电解质）来消除电迁移。惰性电解质的加入还可降低溶液的电阻和 iR 降。搅拌溶液可引起对流，测量时保持溶液静止可消除对流的影响。扩散是指在浓差的作用下，分子或离子从高浓度向低浓度发生的移动。由扩散产生的电流称为扩散电流。平面电极的扩散电流与电活性物质浓度之间的关系可用科特雷尔（Cottrell）方程表示：

$$i_d = nFAD\frac{c}{\delta} = nFAD\frac{c}{\sqrt{\pi Dt}} \tag{12-1}$$

式中，i_d 是平面电极上的扩散电流；n 是电极反应的电子转移数；D 是扩散系数（cm^2/s）；F 是法拉第常量；A 是电极面积（cm^2）；t 是电解时间（s）；c 是本体溶液的物质的量浓度（mol/L）；δ 是扩散层的有效厚度。

滴汞电极的扩散电流与电活性物质浓度之间的关系可用 Ilkovič 方程表示：

$$\overline{i_d} = 607nD^{1/2}m^{2/3}t^{1/6}c \tag{12-2}$$

式中，$\overline{i_d}$ 是滴汞电极上的平均扩散电流；n 是电极反应的电子转移数；D 是扩散系数（cm^2/s）；m 是汞的流速（mg/s）；t 是汞滴寿命（s）；c 是本体溶液的物质的量浓度（mmol/L）。

当实验条件一定时，扩散电流大小与溶液中电活性物质的浓度呈正比，因此，Cottrell 方程和 Ilkovič 方程是伏安法和极谱法定量分析的基础。伏安法根据所施加电解电压的不同，又可分为线性扫描伏安法、循环伏安法、方波伏安法、脉冲伏安法和溶出伏安法等多种方法。

12.2 仪器结构

伏安和极谱分析实验仪器一般分为电压装置、电流装置、电解池以及显示装置四个部分。电压装置提供可变的电压信号，电流装置测定电解电流，一般为微安量级。电解池中放入惰性电解质、被测物质以及插入电极，有时还需加入除氧剂等。显示装置为普通微型计算机。由计算机控制的电化学测试仪通常称为电化学工作站，其主要优点是实验的智能化，可以存储大量的数据，以复杂的常常是自动化的方式操作数据，以及将数据以更加方便的方式进行展示。更为重要的是，几乎所有商品化的电化学工作站都具有一系列数据分析功能，如数字滤波、重叠峰分辨、卷积、背景电流的扣除、为补偿电阻而进行的数字校正等，对于一些特定的分析方法，不少仪器制造公司都设计了专门的软件对数据进行复杂的分析和拟合。表 12-1 中列出了几种常见的商品化电化学工作站的信息。

表 12-1　几种商品化的电化学工作站

公司简称	上海辰华	天津兰力科	美国 EG&G	荷兰 Eco Chemie	美国 BAS
主要仪器型号	CHI660D，CHI604D	LK2006A，LK2005A	M283	μAutolab Ⅲ	Epsilon

12.3 实验技术

12.3.1 固态电极的打磨

与汞电极相比，物质在固态电极上伏安行为的重现性差，这与固态电极的表面状态直接有关，因而了解固态电极表面处理的方法和衡量电极表面被净化的程度，以及了解测算电极有效表面积的方法是十分重要的。对于碳电极，一般以 $Fe(CN)_6^{3-/4-}$ 的氧化还原行为作电化学探针。固态电极表面的第一步处理是进行机械研磨、抛光至镜面程度。最常用于抛光电极的材料是粒度在微米级的 Al_2O_3 粉。抛光后先洗去表面污物，再移入超声水浴中清洗，每次 2～3 min，直至清洗干净。最后用乙醇、稀酸和水彻底洗涤，得到平滑光洁、新鲜的电极表面。将处理好的碳电极放入含一定浓度的 $K_3Fe(CN)_6$ 和惰性电解质的水溶液中，观察其伏安曲线。如果得到的循环伏安曲线阴、阳极峰对称，两峰的电流值相等（$i_{pc}/i_{pa}=1$），峰电位差接近 59 mV，即说明电极表面已处理好，否则需重新抛光，直到达到要求。

12.3.2 碳糊电极的制备

将石墨粉与液体石蜡按 1.0 g∶0.6 mL 比例混合成性质均一的碳糊，装入自制的电极套中并压实，插入铜丝作导线即制得碳糊电极，电极表面可在硫酸纸上抛光更新。

12.3.3 汞膜电极的制备

（1）将常规的玻碳、银或铂等基体电极处理后浸入稀汞盐溶液中作为阴极，用电解法使汞均匀地沉积在电极上，形成汞膜的厚度可以由调节溶液中汞盐的浓度和电解时间来控制。

也可以在试液中加入一定量汞盐（常用硝酸汞），在预电解富集过程中和被测物同时在电极上析出，形成汞膜，这种方法称为原位镀汞。

（2）将一定直径的铂丝、金丝或银丝封在适当直径的玻璃管的一端，露出少许金属丝，另一端引出导线。将金属丝在金相砂纸上磨平，电解镀上一层汞膜。

（3）在直径较小的银电极底部沾 13～15 mg 汞，自然形成汞膜。涂好后把电极悬放在水中，备用。

实验二十三　单扫描极谱法同时测定水样中镉和锌

一、实验目的

（1）了解单扫描极谱法的原理及其特点。

（2）掌握 JP-303 型示波极谱仪或其他型号极谱仪的使用方法。

二、实验原理

单扫描极谱法与经典直流极谱法的主要不同是，前者所加电压的扫描速率比后者要快得多。单扫描极谱的扫描速率一般为 250 mV/s，而且是在汞滴生长后期（滴落前 2 s）开始施加扫描电压，此时汞滴大小基本不变。与直流极谱（图 12-1）不同，单扫描极谱出现峰形曲线（一般不会出现对称峰形），因而分辨率比直流极谱高，如图 12-2 所示。对于可逆电极过程，峰电流与可还原物质浓度的关系可用兰德尔斯-舍夫契克（Randles-Sevcik）方程式表示：

$$i_p=kn^{3/2}D^{1/2}v^{1/2}m^{2/3}t_p^{2/3}c \qquad (12\text{-}3)$$

式中，n 是电极反应的电子转移数；m 是汞流速（mg/s）；t_p 是出现波峰的时间（s）；v 是扫描速率（V/s）；i_p 是峰电流（μA）；k 是常数；D 是扩散系数（cm^2/s）。

当底液及其他条件相同时

$$i_p=Kc \qquad (12\text{-}4)$$

即峰电流与被测物质的浓度成正比，这是定量分析的依据。

峰电位为

$$E_p=E_{1/2}\pm1.1\frac{RT}{n} \qquad (12\text{-}5)$$

所以可根据峰电位值进行定性分析。

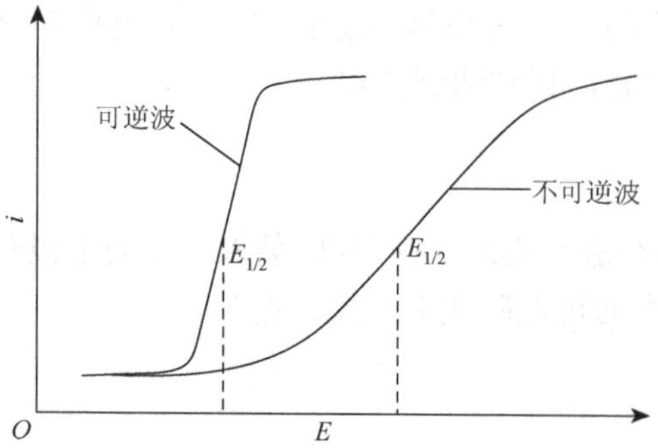

图 12-1　直流极谱波一般形状

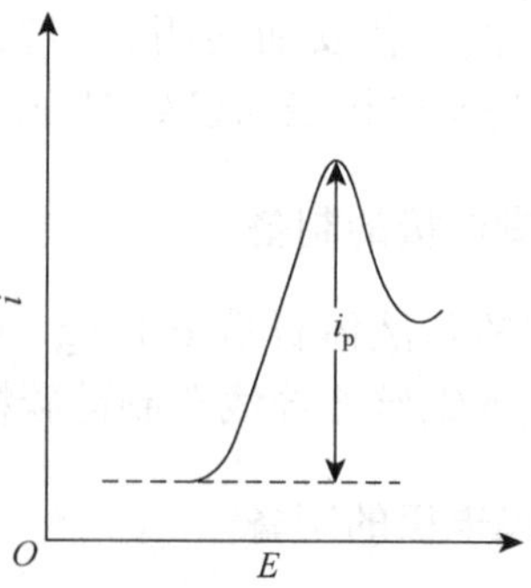

图 12-2　单扫描极谱波一般形状

由于试液中溶解的 O_2 也能在滴汞电极上还原，产生两个极谱波：

第一个波　$O_2+2H^++2e^- \longrightarrow H_2O_2$（中性或酸性溶液）

$O_2+2H_2O+2e^- \longrightarrow H_2O_2+2OH^-$（碱性溶液）

第二个波　$H_2O_2+2H^++2e^- \longrightarrow 2H_2O$（中性或酸性溶液）

$H_2O_2+2e^- \longrightarrow 2OH^-$（碱性溶液）

第一个波的半波电位约为–0.2 V（vs. SCE），第二个波的半波电位约为–0.9 V（vs. SCE）。氧波在相当大的范围内与待测物的极谱波叠加，影响扩散电流的测定，因此，通常试液中用通 N_2 的方法除 O_2。碱性溶液也可用 Na_2SO_3 来除 O_2。

Cd^{2+}和 Zn^{2+}在 NH_4Cl-$NH_3·H_2O$ 底液中产生可逆波，还原电位分别约为–0.7 V 和–1.2 V（vs. SCE）。实验中用 Na_2SO_3 除 O_2。

三、仪器与试剂

1. 仪器

JP-303 型示波极谱仪；滴汞电极；饱和甘汞电极；铂丝。

2. 试剂

2 mol/L NH_4Cl-2 mol/L $NH_3·H_2O$ 溶液；浓度为 1.000×10^{-2} mol/L 的 Cd^{2+}和 Zn^{2+}标准溶液；固体 Na_2SO_3。

四、实验内容与步骤

（1）定性分析实验。用移液管分别准确吸取 Cd^{2+}及 Zn^{2+}溶液各 2.00 mL，移入 25 mL 容量瓶中。加入 10.00 mL 2 mol/L NH_4Cl-2 mol/L $NH_3·H_2O$ 溶液，数十粒 Na_2SO_3，用水稀释至刻度，摇匀，然后倒出部分溶液于电解池中。在极谱仪上自–0.6～–1.6 V 作极谱图。

（2）标准系列溶液的配制。分别准确移取 1.000×10^{-2} mol/L 的 Cd^{2+}和 Zn^{2+}标准溶液 0.00 mL、1.00 mL、2.00 mL、3.00 mL、4.00 mL、5.00 mL 于 25 mL 容量瓶中，加入 10.00 mL 2 mol/L NH_4Cl-2 mol/L $NH_3·H_2O$ 溶液，0.5 mL 明胶溶液及数十粒 Na_2SO_3，用水稀释至刻度，摇匀，然后倒出部分溶液于电解池中。在极谱仪上自–0.6～–1.6 V 作极谱图。记下峰电流高度，分别作 Zn^{2+} 浓度-峰电流高度工作曲线及 Cd^{2+}浓度-峰电流高度工作曲线。在测定不同样品时，注意更换样品中间要清洗电极。

（3）水样中 Zn^{2+} 和 Cd^{2+}的定量测定。准确移取水样 3.00 mL 置于 25 mL 容量瓶中。与上述步骤相同，分别加入底液和 Na_2SO_3 等，并稀释至刻度，摇匀，倒入电解池中，在–0.6～–1.6 V 记录极谱图。

（4）测试完成后清理测定后产生的废汞（回收）。

五、注意事项

（1）若使用 JP-303 等储汞瓶高度不固定的仪器，实验时需提高储汞瓶至合适的高度并保持不变。实验结束后应立即降下储汞瓶。

（2）可使用仪器上的二阶导数等功能，提高测定的灵敏度。

六、实验结果与数据处理

（1）根据实验数据绘制峰电流-浓度曲线。

（2）根据样品含量-峰电流高度工作曲线计算得浓度，并计算原水样中 Zn^{2+} 和 Cd^{2+} 的浓度（μg/mL）。

七、思考题

（1）单扫描极谱法的主要特点是什么？它与经典极谱法相比，为什么能提高灵敏度和分辨能力？

（2）本实验使用三电极系统，各电极的作用是什么？

实验二十四　$K_3Fe(CN)_6$ 电极反应研究——循环伏安法

一、实验目的

（1）学习和掌握循环伏安法的原理和实验技术。

（2）掌握用循环伏安法判断电极过程的可逆性的方法。

（3）了解固态电极的处理方法和测算固态电极有效面积的方法。

二、实验原理

循环伏安法是在固定面积的工作电极和参比电极之间加上对称的三角波扫描电压（图 12-3），记录工作电极上得到的电流与施加电位的关系曲线，即循环伏安图（图 12-4）。在三角波的前半部，若溶液中存在氧化态物质（O），电极上将发生还原反应，记录到一个峰形的还原波；而在三角波的后半部，电极上生成的还原态物质（R）将发生氧化反应，记录到一个峰形的氧化波。一次三角波电压扫描，电极上完成了一个氧化还原循环。

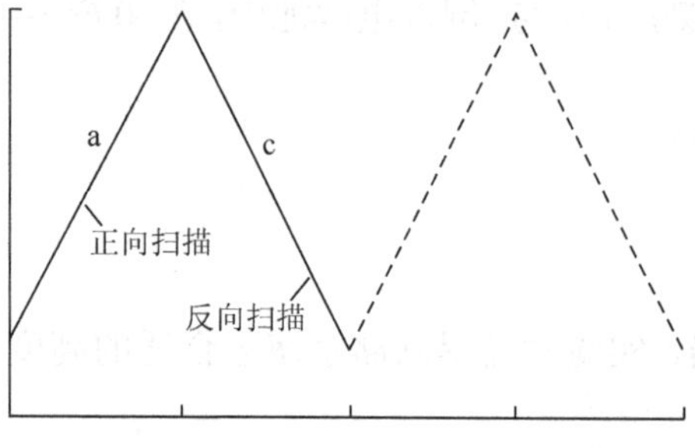

图 12-3　循环伏安施加电压形状

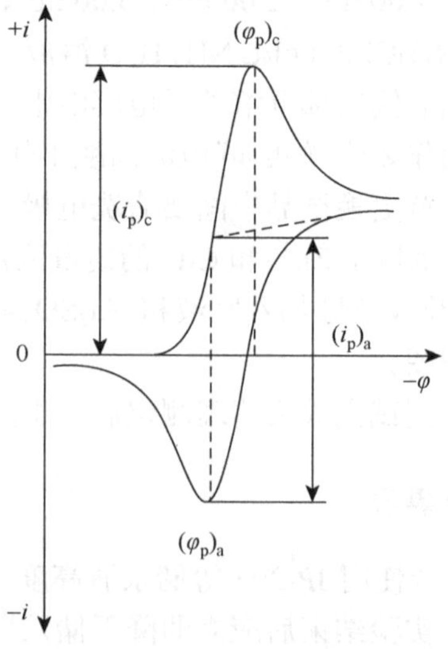

图 12-4　典型循环伏安图

循环伏安法是最重要的电分析化学研究方法之一。对于一个新的电化学体系，首选的研究方法往往就是循环伏安法，可称之为“电化学的谱图”。它主要用于电极反应机理的研究而非定量分析。根据循环伏安图可以判断电极反应的可逆程度、中间体形成的可能性、相界吸附以及偶联化学反应的性质等，可用来测量电极反应参数，判断其控制步骤和反应机理。1938 年 Matheson 和 Nichols 首先采用循环伏安法，1958 年 Kemula 和 Kubli 发展了这种方法，并将其应用于有机化合物电极过程的研究。目前，电分析的各热点研究领域，如电化学传感器的研究中，循环伏安法也是最基本的研究方法。

循环伏安图电极反应的可逆性主要取决于电极反应速率常数的大小，还与电压扫描速率有关。对于可逆扩散波，峰电流（i_p）为

$$i_p=Kn^{3/2}AD^{1/2}v^{1/2}c \tag{12-6}$$

式中，K 是常数；A 是电极的有效面积（cm^2）；D 是反应物的扩散系数（cm^2/s）；n 是电极反应的电子转移数；v 是扫描速率（V/s）；c 是反应物的浓度（mol/L）。为了使液相传质过程只受扩散控制，应在加入电解质和溶液处于静止状态时进行电解。

对于一个电活性物质，要判断其电极反应是否可逆，首先需要根据峰电流和扫描速率的关系判断所得到的伏安图是扩散波还是吸附波，然后再根据相应的判据进行判断。如为扩散波，则按照方程，i_p 与 $v^{1/2}$ 成正比；如为吸附波，i_p 与 v 成正比。若电极反应是可逆的，则循环伏安图上阴阳极电流之比为

$$\frac{i_{pa}}{i_{pc}}\approx 1 \tag{12-7}$$

阴阳极峰电位之差应为

$$\Delta\varphi_p=\varphi_{pa}-\varphi_{pc}=2.2\frac{RT}{nF}=\frac{59}{n}\text{mV} \tag{12-8}$$

若电极反应不可逆，两峰电流比值偏离 1，峰电位之差大于理论值。

本实验拟通过研究 $K_3Fe(CN)_6$ 在不同扫速下在玻碳电极上的电化学响应，了解可逆扩散波的性质，学会简单的处理碳电极的方法，并学会估计固态电极有效面积的方法。在一定扫描速率下，从起始电位（约−0.1 V）正向扫描到转折电位（约+0.8 V）期间，扩散至电极表面的$[Fe(CN)_6]^{4-}$被氧化生成$[Fe(CN)_6]^{3-}$，产生氧化电流；当负向扫描从转折电位（约+0.8 V）变到原起始电位（约−0.1 V）期间，在工作电极表面生成的$[Fe(CN)_6]^{3-}$被还原生成$[Fe(CN)_6]^{4-}$，产生还原电流，形成一个可逆的循环伏安响应。

三、仪器与试剂

1. 仪器

电化学系统：玻碳电极（d=3 mm）为工作电极，饱和甘汞电极为参比电极，铂电极为辅助电极；100 mL 容量瓶；50 mL 烧杯；玻璃棒。

2. 试剂

$K_3Fe(CN)_6$；KCl。

四、实验内容与步骤

1. 溶液准备

配制 0.1 mol/L KCl 溶液和 0.05 mol/L $K_3Fe(CN)_6$+0.1 mol/L KCl 溶液。

2. 指示电极的预处理

用 Al_2O_3 粉末（粒度为 0.05 μm）将玻碳电极表面抛光，然后用蒸馏水清洗。

3. 惰性电解质的循环伏安图

依次接上工作电极、参比电极和辅助电极，开启电化学系统及计算机电源开关，启动电化学程序，在电解池中放入 0.1 mol/L KCl 溶液，插入电极，进行循环伏安仪设定，扫描速率为 100 mV/s，起始电位为−0.2 V，终止电位为+0.8 V。开始循环伏安扫描，记录循环伏安图。

4. 不同扫描速率下 $K_3Fe(CN)_6$ 溶液的循环伏安图

倒适量 0.05 mol/L $K_3Fe(CN)_6$+0.1 mol/L KCl 溶液至电解池中，分别以 10 mV/s、20 mV/s、50 mV/s、100 mV/s、150 mV/s、200 mV/s、250 mV/s、300 mV/s 为扫描速率，在−0.2～+0.8 V 电位范围内扫描，记录循环伏安图。记下每次所得循环伏安图上氧化还原峰电位 E_{pc}、E_{pa} 及峰电流 i_{pc}、i_{pa}，将六个循环伏安图叠加，打印。

五、注意事项

实验中要避免对流电流和电迁移电流的产生。这也是除溶出伏安法之外所有伏安法的注意事项。

六、实验结果与数据处理

（1）比较不同扫描速率、不同浓度的循环伏安图，说明其变化趋势。

（2）从以上所作的循环伏安图上分别求出 ΔE_p、i_{pc}/i_{pa} 等参数，判断 $K_3Fe(CN)_6$ 电极反应的可逆性。

（3）从以上所作的循环伏安图上分别求出阴阳极峰电位的平均值，判断扫描速率和浓度是否影响该平均值，并与 $K_3Fe(CN)_6$ 的条件电极电势进行比较。

（4）分别绘制 $K_3Fe(CN)_6$ 的氧化还原峰电流 i_{pc}、i_{pa} 与 $v^{1/2}$ 的关系曲线，并指出该关系说明什么问题。

（5）计算所使用的玻碳电极的有效面积。所用参数：电子转移数 n=1，$K_3Fe(CN)_6$ 的扩散系数 $D=7.6\times10^{-6}$ cm²/s。

七、思考题

（1）从循环伏安图可以测定哪些电极反应的参数？从这些参数如何判断电极反应的可逆性？

（2）循环伏安法的理论基础是什么？

（3）$K_4[Fe(CN)_6]$和 $K_3[Fe(CN)_6]$的循环伏安图是否相同？为什么？

（4）本实验使用三电极系统，各电极的作用是什么？

（5）查阅一篇有关循环伏安法的文献，并指出该文献使用了循环伏安图上的哪些信息，得到了什么结论。

实验二十五　阳极溶出伏安法测定氯化锌试剂中微量铅

一、实验目的

（1）掌握阳极溶出伏安法分析原理。

（2）学习溶出伏安法仪器使用。

（3）掌握汞膜电极的制作与使用方法。

二、实验原理

溶出伏安法是一种灵敏度很高的电化学分析方法。它将电化学富集与测定有机地结合在一起，操作上要分两步：预电解和溶出。预电解是在恒电位和搅拌的溶液中进行，将痕量组分富集到电极上。富集后，让溶液静止 0.5～1 min，再用各种伏安方法在极短的时间内溶出。其中，示差脉冲伏安法加上溶出技术构成了目前电化学分析中最灵敏的方法。工作电极发生氧化反应的称为阳极溶出伏安法；发生还原反应的称为阴极溶出伏安法。溶出峰电流大小与被测物质的浓度成正比。测定金属离子时，一般采用阳极溶出伏安法。待测金属离子在一定的还原电位下，被还原富集在工作电极上，之后工作电极电位从负向正快速扫描，当电极电位达到电极上金属的氧化电位时，金属被氧化而产生氧化电流，在一定的实验条件下，氧化电流峰与待测组分的浓度成正比，依此原理可进行待测组分的定量分析。通过控制还原电位和扫描电位范围，溶出伏安法可一次测多个金属；通过控制富集时间、扫描速率、电解质等实验条件，可改变测量的灵敏度，该方法可测得某些金属离子低至 10^{-8}～10^{-9} g/mL 的浓度。

化学试剂中所含杂质锌、镉、铅、铜等杂质可以在适当的惰性电解质溶液中，以汞膜电极作为工作电极，加以适当的预电解电位，经过一定时间的预电解富集，还原到汞膜电极上。然后在较短的时间内作反向溶出扫描，记录其溶出伏安曲线。根据溶出峰电位和峰高，用标准加入法定量地测定每一种杂质的含量。

在酸性介质中，当电极电位控制为−0.8 V 时，Pb^{2+}在汞膜电极上富集形成汞齐膜，然后当阳极极化线性扫描至 0 V 时，可得到清晰的溶出电流峰，铅的峰电位约为−0.4 V。

必须指出的是，由于试液中溶解的 O_2 也能在电极上还原，产生两个还原波，其第二个波的半波电位约为−0.9 V（vs. SCE），有可能与待测物的还原峰叠加，影响电流的测定，因此，实验中用通 N_2 的方法除 O_2。偏碱性溶液也可用 Na_2SO_3 来除 O_2。

三、仪器与试剂

1. 仪器

电化学分析仪：银基汞膜电极为工作电极，银-氯化银电极为参比电极，铂电极为辅助电极，三者组成三电极系统。

2. 试剂

1.0×10^{-2} mol/L Pb^{2+}标准溶液；1 mol/L KCl 溶液；饱和 Na_2SO_3 溶液；氯化锌固体。

四、实验内容与步骤

1. 汞膜电极的准备

在直径为 2 mm 的银电极底部沾 13～15 mg 汞，自然形成汞膜。涂好后把电极悬放在水中，备用。

2. 实验参数的优化

用移液管准确移取 1.00×10^{-5} mol/L Pb^{2+}标准溶液 1.20 mL 于 50 mL 容量瓶中，再加入 0.25 mol/L KCl 溶液 10 mL，5 滴饱和 Na_2SO_3 溶液，用蒸馏水稀释至刻度，摇匀，转移部分溶液于电解池中。固定富集时间为 2 min，设置富集电位分别为−1.0 V、−0.8 V 和−0.6 V，观察溶出伏安曲线的变化；固定富集电位为−0.8 V，设置富集时间分别为 1 min、2 min 和 4 min，观察溶出伏安曲线的变化。

3. 氯化锌中 Pb 含量的测定

称取化学纯氯化锌 5 g，溶于含有 5 滴饱和 Na_2SO_3 溶液的 50 mL 0.05 mol/L KCl 溶液中，摇匀，转移部分溶液于电解池中。设置优化后的富集时间和富集电位，记录溶出伏安曲线上的峰电流。然后，以适当的恒速搅拌和在适当的电位条件下进行残存金属杂质的解脱。再成比例地加入一定量的杂质标准溶液，重复富集溶出过程，记录溶出伏安曲线上的峰电流。

4. 除去电极上的汞膜

把银基汞膜电极放到硝酸溶液（1+1）中浸泡约 30 s，取出，水洗后待用。

五、注意事项

（1）为了获得重现性好的溶出峰，实验时应注意每次实验后进行残存金属杂质的解脱。

（2）如果方便进行通氮除氧，可不使用 Na_2SO_3 溶液。

六、实验结果与数据处理

（1）绘制溶出峰电流与富集时间、富集电位的关系曲线。

（2）根据标准加入法，计算试样中 Pb^{2+}浓度（mol/L）。

七、思考题

（1）阳极溶出伏安法的原理是什么？

（2）查阅一篇有关溶出伏安法的文献，指出如何提高溶出伏安法的灵敏度。

第 13 章　气相色谱法

气相色谱法（gas chromatography，GC）是以气体为流动相的柱色谱分离技术。固定相是涂渍在惰性载体（担体）或柱内壁上的高沸点有机化合物（称为固定液），或是表面活性吸附剂。由于气体的黏度小，组分在气相中的扩散速度高，因而传质快，而且可供选择的固定液种类多，加之高灵敏度检测器的使用，气相色谱法得到了极广泛的应用，成为最有效的分离和分析工具之一。

13.1　方 法 原 理

气相色谱法实际是一种物理分离的方法，分析的样品通常是气体或可被气化的组分。当样品加到色谱柱上后，样品在气体流动相的带动下通过填充或键合有固定相的色谱柱，被分析的组分与气体流动相之间没有作用力，但由于物化性质的差异，与固定相之间有不同的作用力，在随流动相迁移过程中，在两相间进行反复分配（吸附-脱附），组分性质不同，在固定相上的溶解或吸附能力不同，即它们的分配系数大小不同。分配系数大的组分在固定相上的溶解或吸附能力强，停留时间也长，移动速度慢，因而后流出色谱柱。反之，分配系数小的组分先流出色谱柱。因而性质不同的组分从色谱柱的出口端按一定的顺序流出，色谱柱出口端与之相连的检测器对流出的样品进行检测，从而实现样品组分的分离和分析。

根据使用色谱柱内径的大小，将气相色谱法分为填充柱气相色谱法和毛细管气相色谱法。在填充柱气相色谱法中，柱内的固定相有两类：一类是涂渍在担体上的有机化合物，它们的沸点较高，在柱温下可呈液态，或本身就是液体，采用这类固定相的方法称为气-液色谱法；另一类是活性吸附剂，如硅胶、分子筛等，采用这类固定相的方法称为气-固色谱法。气-固色谱法的应用远没有气-液色谱法广泛，只适用于气体及低沸点烃类的分析。在毛细管气相色谱法中，色谱柱内径小于 1 mm（0.53 mm、0.32 mm、0.25 mm），分为填充型和开管型两大类。填充型毛细管与一般填充柱相同，只是径细、柱长，使用的固定相颗粒在几十到几百微米之间。开管型固定相则通过化学键合或物理的方法直接固定在管壁上，因此这种色谱柱又称开管柱，它的应用日益广泛。原则上，在填充柱中能够使用的固定液在毛细管柱中也能使用，但毛细管柱比普通填充柱柱效能更高，分离能力更强。

气相色谱的特点是分离效率高、分析速度快、检测灵敏度高、样品用量少，适于分析气体、易挥发的液体及固体，不适合分析不易气化或不稳定物质。样品的衍生化使应用范围进一步扩大，在目前已知的有机化合物中，可用气相色谱分析的约占 20%。

13.2　仪 器 结 构

气相色谱仪主要由六大系统组成：载气系统、进样系统、色谱柱（分离系统）、温度控制系统、检测系统和色谱工作站。普通填充柱气相色谱仪和毛细管柱气相色谱仪流程如图 13-1

所示，两者十分相似，后者比前者多一个分流装置，柱后加一个尾吹气路。尾吹气路又称辅助气路。

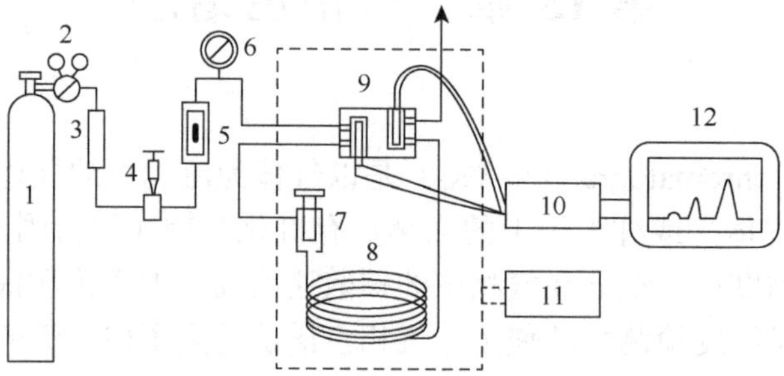

图 13-1　气相色谱仪流程示意图

1. 高压气瓶；2. 减压阀；3. 净化干燥管；4. 气流调节器；5. 热导池；6. 压力表；7. 进样口；8. 色谱柱；9. 恒温箱；10. 皂膜流量计；11. 测量电桥；12. 记录仪

13.2.1　载气系统

载气系统提供纯净、稳定流速的气体流动相和检测器所需的辅助气体。载气由高压气瓶供给，经减压阀减压和稳压，以稳定流量进入气化室、色谱柱、检测器后放空。惰性气体如 He、N_2、CO_2、H_2 均可用作气相色谱的载气。常用载气有 H_2、N_2，H_2 主要用热导检测器时使用，N_2 主要用火焰离子化检测器时使用。载气的选择应根据所选用的检测器而定。载气进仪器前应进行净化，载气中存在的痕量的水可通过分子筛除去。载气可用高压钢瓶或气体发生器供给，并同时调节压力。载气流速在分析过程中必须稳定。

气相色谱分析分为等温和程序升温两种操作方法。色谱柱流量在柱前要用转子流量计测量，柱后用皂膜流量计测量。对填充柱，流量范围为 25～150 mL/min，毛细管柱为 1～25 mL/min。

13.2.2　进样系统

进样系统包括样品导入系统、气化室、微量注射器三个部分。进样系统的作用是使液体或固体试样在进入色谱柱之前瞬间气化，然后将其快速、定量地转入到色谱柱中。同时，要使分析的样品瞬间气化时不被进样口吸附、分解或异构化。进样量的大小、进样时间的长短、试样的气化速度等都会影响色谱的分离效果和分析结果的准确性和重现性。

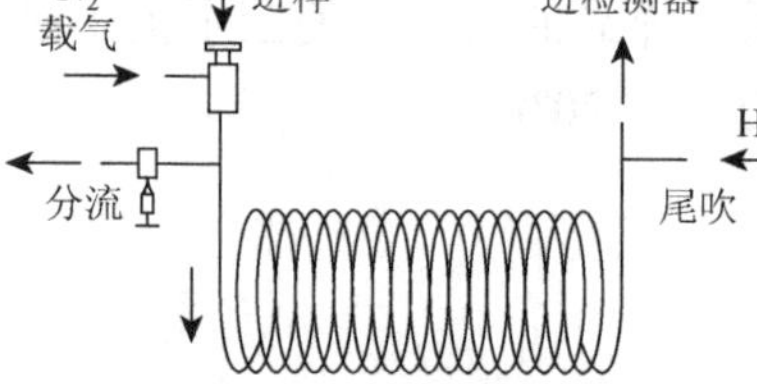

图 13-2　分流进样装置示意图

进样方式主要有注射器进样、气体进样阀进样、自动进样器进样、分流进样器进样。对于液体样品，一般采用注射器、自动进样器进样；对于气体样品，常用六通进样阀进样；对于固体样品，一般溶解于常见溶剂转变为溶液进样；对于高分子固体，可采用裂解法进样。

进样要求：进样量或体积适宜；“塞子”式进样，一般柱分离进样体积在 10^{-1}～20 μL，对毛细管柱分离，体积为 10^{-3}～10^{-2} μL，此时应采用分流进样装置（图 13-2）

来实现。体积过大或进样过慢，将导致分离变差（拖尾）。样品的进样气化温度一般高于混合物的最高沸点 40℃。

13.2.3　色谱柱

色谱柱是色谱仪的心脏。色谱柱由柱管及固定相组成。常用柱管材料为不锈钢、玻璃或石英玻璃。填充柱通常是将某一固定相溶于溶剂、涂渍于一定颗粒的担体上，加热除去溶剂后，将涂有固定相的担体过筛，选取颗粒均匀的部分，填充于一根内径 3～6 mm、长度为 0.5～5 m 的柱管内。将选定好的固定液涂布在担体上，然后装入色谱柱管，这种柱子称为填充柱。毛细管柱则是在玻璃或者石英毛细管的内壁，通过涂渍或利用玻璃和石英的硅醇键，键合上一定量的固定相，毛细管的内径一般为 0.2～0.53 mm，长度为 5～150 m。市售毛细管柱都用石英玻璃拉制而成，并在其外面包覆聚酰胺、硅橡胶等高分子材料以增加其柔性和强度。

1. 气-固色谱固定相

气-固色谱固定相通常是具有一定活性的吸附剂颗粒，经活化处理后直接填充到空色谱柱管中使用。其常用的种类主要有以下几种：

（1）活性炭。非极性，具有较大的比表面积，吸附性较强，分析乙烷、乙烯、乙炔时，按上述相反的顺序流出。

（2）活性氧化铝。弱极性，适用于 O_2、N_2、CO、CH_4、C_2H_6、C_2H_4 等气体的分离。

（3）硅胶。硅胶具有较强极性，与活性氧化铝具有大致相同的分离性能，除能分析上述物质（活性氧化铝适用的气体）外，还能分析 CO_2、N_2O、NO、NO_2 等。

（4）分子筛。分子筛为极性多孔固定相，按孔径大小分为多种类型，如 3A、4A、5A、10X 及 13X 等。在气相色谱中常用 5A 和 13X 分子筛。分子筛固定相除了用于 H_2、O_2、N_2、CH_4、CO 等的分离外，还能够测定 He、Ne、Ar、NO、N_2O 等。5A 分子筛特别适用于空气中 O_2、N_2 的分离，13X 分子筛适合 CH_4、CO 等的分离。高分子多孔微球（GDX 系列）有多种型号，如 GDX-01、GDX-02、GDX-03 等，适用于气相和液相中水的分析、气体及低级脂肪醇混合物的分析。

2. 气-液色谱固定相

气-液色谱固定相由于具有较大的可选择性和良好的分离性能而受到普遍重视。气-液色谱固定相是由表面均匀涂渍一薄层固定液膜的细小固体颗粒组成，所以可分为担体（液膜支持体）和固定液两部分。

1）担体

担体的作用是为固定液提供一个涂渍附着表面，其通常为化学惰性的多孔性固体颗粒。担体主要有硅藻土型和非硅藻土型两大类。目前使用较多的担体主要是硅藻土型，分为红色担体和白色担体。

红色担体：孔径较小、表孔密集、比表面积较大、机械强度好，缺点是表面存在活性吸附中心点。红色担体适宜涂渍非极性固定液，分离非极性或弱极性组分的试样。白色担体：

原料在煅烧前加入了少量助熔剂（碳酸钠），颗粒松散、孔径较大、比表面积较小、机械强度较差，但吸附性显著减小，适宜分离极性组分的试样。

硅藻土型担体表面存在硅羟基及其他杂质，为改进担体孔隙结构、屏蔽活性吸附中心，使用前通常采取酸洗和碱洗、硅烷化、釉化等方法预处理。

2）固定液

固定液通常是高沸点、难挥发的有机化合物。有效的固定液除了对被分离试样中的各组分具有不同的分配系数外，还要有良好的热稳定性和化学稳定性。选择固定液应遵循“相似相溶”原则，即根据试样的性质来选择与其相近或相似的固定相。为了方便选择，可将固定液按分子结构、极性、应用等分类。常用气相色谱固定相见表 13-1。

表 13-1　气相色谱固定相

固定液名称	商品牌号	使用温度（最高）/℃	溶剂	相对极性（级别）	麦氏常数总和	分析对象（参考）
角鲨烷（异三十烷）	SQ	150	乙醚	0	0	烃类及非极性化合物
阿皮松 L	APL	300	苯	—	143	非极性和弱极性各类高沸点有机化合物
硅油	OV-101	350	丙酮	+1	229	各类高沸点弱极性有机化合物，如芳香烃
苯基（10%）甲基聚硅氧烷	OV-3	350	甲苯	+1	423	含氯农药、多核芳香烃
苯基（50%）甲基聚硅氧烷	OV-17	300	甲苯	+2	827	含氯农药、多核芳香烃
苯基（60%）甲基聚硅氧烷	OV-22	350	甲苯	+2	1075	含氯农药、多核芳香烃
邻苯二甲酸二壬酯	DNP	160	乙醚	+2	—	芳香烃族化合物、不饱和化合物及各种含氧化合物
三氟丙基甲基聚硅氧烷	OV-210	250	氯仿	+2	1500	含氯化合物、多核芳香烃、甾类化合物
氰丙基（255）苯基（25%）甲基聚硅氧烷	OV-225	250	氯仿	+3	1813	含氯化合物、多核芳香烃、甾类化合物
聚乙醇	PFG-20M	250	乙醇	氢键	2308	醇、醛、酮、脂肪酸、酯等极性化合物
丁二酸二乙二醇聚酯	DEGS	225	氯仿	氢键	3430	脂肪酸、氨基酸等

3）气相色谱的固定液选择

通常，大部分的分离问题通过选择合适的固定相即可获得解决。但是在选择固定相时，必须要充分考虑被分析物和固定相之间的各种相互作用力。

分离非极性物质，一般选用非极性固定液。此时，物质按沸点由低到高的顺序出峰。分离极性物质，一般选用极性固定液，极性小的组分先流出；分离非极性物质和极性物质的混合物，一般选用极性固定液，极性小的组分先流出；对于易形成氢键的试样，一般选用极性或氢键型固定液。试样中各组分按与固定相分子间形成氢键能力的大小依次流出，不易形成氢键的组分先流出，形成氢键的组分最后流出。

4）化学键合相

为了防止固定液流失，现在常用化学键合固定相。化学键合相是一类特殊的固定相。它是将固定液通过化学反应键合在担体表面或毛细管柱内壁上。它有较高的热稳定性，也不怕流失。

13.2.4 温度控制系统

在气相色谱测定中，温度是重要的指标，它直接影响色谱柱的选择分离、检测器的灵敏度和稳定性。温度控制系统用于控制和测量色谱柱、检测器、气化室温度，是气相色谱仪的重要组成部分。温度控制方式有恒温和程序升温两种。对于沸点范围很宽的混合物，往往采用程序升温法进行分析。

气化室温度选择不当会使柱效能下降。当气化室温度低于样品的沸点时，样品气化的时间长，使样品在柱内分布加宽，因而柱效能会下降。而当气化室温度足够高时，样品可以瞬间气化，其柱效能恒定。

在进行峰高定量时，气化室温度对分析结果有很大的影响，当气化室温度低于样品的沸点时，峰高就要降低，所以在用峰高定量时，气化室温度要尽可能高于样品各组成的沸点，当然，如果气化室温度太高会导致样品的分解。

检测室温度的波动影响检测器（火焰离子化检测器除外）的灵敏度或稳定性，为保证柱后流出组分不至于冷凝在检测器上，检测室温度必须比柱温高数十摄氏度，检测室的温度控制精度要求在±0.1℃以内。

柱室温度的变动引起柱温的变化，从而影响柱的选择性和柱效能，因此柱室的温度控制要求精确。温度控制方法根据需要可以恒温，也可以程序升温。

当被测样品复杂，其中的组分沸点范围过宽时，分离往往采用程序升温。程序升温是指在一个分析周期内柱温随时间由低温向高温作线性或非线性变化，使沸点不同的组分分别在其最佳柱温下出峰，以达到用最短时间获得最佳分离的目的。

13.2.5 检测系统

检测系统的作用是将载气中组分的含量变化转变成可测量的电信号，然后输入记录器记录下来或用色谱工作站进行记录处理。气相色谱仪常用的检测器有热导检测器、火焰离子化检测器、电子捕获检测器、火焰光度检测器、质谱检测器等。

1. 热导检测器

热导检测器（TCD）属于浓度型检测器，即检测器的响应值与组分在载气中的浓度成正比。它的基本原理是基于不同物质具有不同的热导系数，几乎对所有的物质都有响应，是目前应用最广泛的通用型检测器。由于在检测过程中样品不被破坏，因此可用于制备和其他联用鉴定技术。

2. 火焰离子化检测器

火焰离子化检测器（FID）利用有机化合物在氢火焰的作用下发生化学电离而形成离子流，借测定离子流强度进行检测。该检测器灵敏度高、线性范围宽、操作条件不苛刻、噪声小、死体积小，是有机化合物检测常用的检测器。但是检测时样品被破坏，一般只能检测在氢火焰中燃烧产生大量碳正离子的有机化合物。

3. 电子捕获检测器

电子捕获检测器（ECD）是利用电负性物质捕获电子的能力，通过测定电子流进行检测的。ECD 具有灵敏度高、选择性好的特点。它是一种专属型检测器，是目前分析痕量电负性有机化合物最有效的检测器，元素的电负性越强，检测器灵敏度越高，对含卤素、硫、氧、羰基、氨基等的化合物有很高的响应。电子捕获检测器已广泛应用于有机氯和有机磷农药残留量、金属配合物、金属有机多卤或多硫化合物等的分析测定。它可用氮气或氩气作载气，最常用的是高纯氮。

4. 火焰光度检测器

火焰光度检测器（FPD）对含硫和含磷的化合物有比较高的灵敏度和选择性。其检测原理是，当含磷和含硫物质在富氢火焰中燃烧时，分别发射具有特征的光谱，透过干涉滤光片，用光电倍增管测量特征光的强度。

5. 质谱检测器

质谱检测器（MSD）是一种质量型、通用型检测器，其原理与质谱相同。它不仅能给出一般色谱检测器所能获得的色谱图（总离子流色谱图或重建离子流色谱图），而且能够给出每个色谱峰所对应的质谱图。通过计算机对标准谱库的自动检索，可提供化合物分析结构的信息，所以是色谱定性分析的有效工具。色谱-质谱联用分析是将色谱的高分离能力与质谱的结构鉴定能力结合在一起。

13.2.6 色谱工作站

近年来，气相色谱仪主要采用色谱数据处理机。色谱数据处理机可打印记录色谱图，并能在同一张记录纸上打印出处理后的结果，如保留时间、被测组分质量分数等。现在一般常用色谱工作站进行数据记录和处理。

13.3 实验技术

1. 担体处理

硅藻土担体表面不是完全惰性的，具有活性中心，如硅醇基，或含有矿物杂质（如氧化铝、铁等），使色谱峰产生拖尾。因此，使用前要进行化学处理，以改进孔隙结构，屏蔽活性中心。处理方法有酸洗、碱洗、硅烷化及釉化等。

（1）酸洗。用 3～6 mol/L 盐酸浸煮担体、过滤，水洗至中性。甲醇淋洗，脱水烘干。可除去无机盐，Fe、Al 等的金属氧化物。适用于分析酸性物质。

（2）碱洗。用 5% 或 10% NaOH 的甲醇溶液回流或浸泡，然后用水、甲醇洗至中性，除去氧化铝。适用于分析碱性物质。

（3）硅烷化。用硅烷化试剂与担体表面硅醇基反应，使生成硅烷醚，以除去表面氢键作用力。常用硅烷化试剂有二甲基二氯硅烷（DMCS）、六甲基二硅烷胺（HMDS）等。

（4）釉化。釉化的目的是堵塞载体表面的微空，改善表面性质。通常将预处理的担体置于 2.3% 的 Na_2CO_3-K_2CO_3（质量比为 1∶1）水溶液中浸泡两昼夜，烘干后在 870℃灼烧 3.5 h，再升温到 980℃灼烧约 40 min。经过此处理后，担体表面产生了一层玻璃状的釉质，从而屏蔽或惰化了担体表面的活性中心，增加了机械强度。釉化担体适于分析醇、酸类极性较强的物质，但分析甲醇、甲酸时有不可逆的化学吸附，分析非极性物质时柱效能较低。

2. 固定液涂渍

固定液选好后，依照分析任务的要求确定固定液的用量，固定液与担体的质量比（液担比）一般是 5∶100～30∶100。涂渍时，按确定的液担比称取一定量的固定液于烧杯中，加入适当的易挥发有机溶剂使其溶解，有时需要加热使其完全溶解，所加溶剂的体积约为担体体积的 75%～80%，这时溶液刚好浸没所有的担体。然后，将浸有固定液的担体倒入表面积较大的表面皿或搪瓷盘中，使担体颗粒散开，随着有机溶剂慢慢地挥发，固定液在担体表面形成一层薄而均匀的液膜，待有机溶剂挥发完毕后，移至红外线干燥箱内，烘 20～30 min，即可准备装柱。

3. 色谱柱的填充、老化与评价

固定相填充质量的好坏直接影响填充柱的柱效能。一根填充质量较好的色谱柱，通常其理论塔板数应该达到（2000～3000）/m。常用的装填方法如下：

（1）加压法。将填充柱的一端塞好硅烷化的玻璃棉，另一端与填料池连接。先将固定相倒入填料池，填料池另一端出口与氮气或空气钢瓶的减压阀连接。对于常见内径为 4.5 mm 的填充柱，可调节气流为 30 mL/min（气流应随内径大小作相应调整），将填料池内的固定相压入填充柱中，同时用一根木棒轻敲填充柱体使固定相填充均匀。固定相填充完毕后，在原来连接填料池的一端塞上玻璃棉，注意这一端应该与色谱仪的进样室相连接，另一端作为出口端与检测器相连，不能接反。

（2）减压法。填充长色谱柱时多采用此法。这种方法采用真空泵抽气，将填充柱的一端塞好玻璃棉后与真空泵的缓冲安全瓶相连接。为防止抽气时潮湿空气进入而使固定相性能受影响，可以在填料池加入固定相后，在入气口接氯化钙和硅胶干燥塔，其他操作过程与加压法相同。

色谱柱填充完毕后，必须进行老化处理。其目的是彻底除去填充物中的残余溶剂和某些挥发性物质；使固定液在担体表面有一个再分布的过程，从而使固定液更加均匀、牢固地分布在担体表面。可将色谱柱接入色谱仪，先断开检测器一端，检漏，然后将柱温调至固定液的最高使用温度以下 20～30℃，加热，同时通入低流速载气，老化 4～8 h。

柱效能常用理论塔板数 $n_{理论}$或理论塔板高度 $H_{理论}$来衡量。柱的性能、理论塔板数的大小很大程度上取决于操作条件，如载气性质、流速、柱温以及进样量等，通常可以用式（13-1）和式（13-2）表达：

$$n_{理论} = 16\left(\frac{t_R}{W_b}\right)^2 = 5.54\left(\frac{t_R}{Y_{1/2}}\right)^2 \tag{13-1}$$

$$n_{理论} = \frac{L}{H_{理论}} \tag{13-2}$$

式中，$n_{理论}$是理论塔板数；$H_{理论}$是理论塔板高度；L 是色谱柱柱长；t_R 是组分的保留时间；W_b 是色谱峰的峰宽；$Y_{1/2}$ 是半峰宽。

由于各组分在固定相与流动相中的分配系数不同，对同一色谱柱来说，不同组分的柱效能也不同，因此应指明是用何种物质测定的理论塔板数。

13.4 分析方法

13.4.1 定性分析

1. 利用纯物质定性

利用保留值定性：通过对比试样中具有与纯物质相同保留值的色谱峰，来确定试样中是否含有该物质。但当组分的保留值接近或分离不完全时，使用该方法不能作出正确判断。

利用加入法定性：将纯物质加入试样中，观察各色谱峰的变化，达到定性目的。

双柱定性：分离不完全时，不同物质可能在同一色谱柱上具有相同的保留值，在一支色谱柱上按上述方法确定的结果并不可靠，需要在两支不同性质的色谱柱上进行对比。

2. 利用保留指数定性

保留指数又称 Kovats 指数（I），是一种重现性较好的定性参数。将正构烷烃作为标准，规定其保留指数为分子中碳原子个数乘以 100，其他物质的保留指数（I_i）是通过选定两个相邻的正构烷烃，其分别具有 Z 和 $Z+1$ 个碳原子。被测物质 i 的调整保留时间应在相邻两个正构烷烃的调整保留值之间，并用均一标度（不用对数）来表示。某物质的保留指数 I 可由式（13-3）计算：

$$I = 100\left[Z + \frac{\lg X_i - \lg X_Z}{\lg X_{Z+1} - \lg X_Z}\right] \tag{13-3}$$

式中，X 是保留值，可以用调整保留时间 t'_R、调整保留体积 V'_R 来表示；I 是被测物质的保留指数；Z 和 Z+1 代表具有 Z 和 Z+1 个碳原子的正构烷烃。被测物质的 X 值应在这两个正构烷烃的 X 值之间：$X_Z < X_i < X_{Z+1}$。正构烷烃的保留指数被人为地定义为它的碳原子个数乘以 100。此方法测试较为复杂，现已不常用。

3. 利用经验规律和文献值定性

当没有待测组分的纯标准样时，可用文献值定性，或用气相色谱中的经验规律定性。

（1）碳数规律。大量实验证明，在一定温度下，同系物的调整保留时间的对数与分子中碳原子数呈线性关系，即

$$\lg t'_R = A_1 n + C_1 \tag{13-4}$$

式中，A_1 和 C_1 均是常数；n 是分子中的碳原子数（$n \geqslant 3$）。式（13-4）说明，如果知道某一同系物中两个或更多组分的调整保留值，则可推知同系物中其他组分的调整保留值。

（2）沸点规律。同族具有相同碳数碳链的异构体化合物，其调整保留时间的对数和它们

的沸点呈线性关系，即

$$\lg t'_R = A_2 T_b + C_2 \tag{13-5}$$

式中，A_2和C_2均是常数；T_b是组分的沸点（K）。式（13-5）说明，根据同族同碳数碳链异构体中几个已知组分的调整保留时间的对数值，可求得同族中具有相同碳数的其他异构体的调整保留时间。

4. 与其他方法结合

气相色谱与质谱、傅里叶变换红外光谱、发射光谱等仪器联用是目前解决复杂样品定性分析最有效的工具之一。

13.4.2　定量分析

在一定的色谱分离条件下，检测器的响应信号即色谱图上的峰面积与进入检测器的质量（或浓度）成正比，这是色谱定量分析的基础，因此需要正确测量峰面积和比例系数（定量校正因子）。

1. 色谱峰面积

组分的量正比于色谱峰面积，进行定量计算时，首先需要计算出色谱峰面积。新型仪器多配备计算机，可自动采集数据、自动获得峰面积后进行数据处理及计算。

2. 定量校正因子

试样中各组分质量（m_i）与其色谱峰面积（A_i）成正比，即

$$m_i = f_i A_i \tag{13-6}$$

式中，比例系数f_i称为绝对校正因子，表示单位面积对应的物质质量：

$$f_i = m_i/A_i \tag{13-7}$$

配制一系列标准溶液进行色谱分析，在严格一致的条件下，由所测定的峰面积与对应浓度作图，所绘直线的斜率即为绝对校正因子f_i。

在定量分析计算中，经常使用相对校正因子f_i'，即组分的绝对校正因子与标准物质的绝对校正因子之比。当m_i、m_s以摩尔为单位时，所得相对校正因子称为相对摩尔校正因子，用f'_M表示；当m_i、m_s用质量单位时，以f'_W表示。

3. 通常的几种定量方法

1）归一化法

当试样中有n个组分，各组分的质量分别为$m_1, m_2, \cdots, m_n$，则组分i的含量为

$$w = \frac{m_i}{m_1 + m_2 + \cdots + m_n} \times 100\% = \frac{f'_i A_i}{\sum_{i=1}^{n}(f'_i A_i)} \times 100\% \tag{13-8}$$

当$f'_i = a$时

$$w = \frac{A_i}{\sum_{i=1}^{n} A_i} \times 100\% \tag{13-9}$$

式中的校正因子可以是质量校正因子，也可以是摩尔校正因子，若试样中各组分的校正因子接近（如沸点接近的同系物），可以略去。若试样中各组分色谱峰的峰宽接近时，也可以用峰高代替峰面积进行近似计算。

归一化法简便、稳定。由于计算的是相对值，进样量的准确性和操作条件的变动对测定结果影响不大，但该方法适用于试样中所有组分全出峰的情况。如果试样中有不挥发组分或易分解物时，采用该方法将产生较大的误差。

2）外标法

外标法也称为标准曲线法。配制一系列标准溶液进行色谱分析，在严格一致的条件下，由测定的峰面积与对应浓度作图，得到标准曲线。测得样品峰面积，由曲线求得含量。

外标法不使用校正因子，但操作条件的变化对结果准确性的影响较大，对进样量的准确性控制要求较高，适用于大批量试样的快速分析。

3）内标法

内标法的关键是选择一种与待测组分性质接近的物质作为内标物。内标物要满足以下要求：①试样中不含有该物质；②与被测组分性质比较接近；③不与试样发生化学反应；④出峰位置应位于被测组分附近，且无组分影响。

选定内标物（m_s），则内标物与待测物的质量比为

$$\frac{m_i}{m_s}=\frac{f_i' A_i}{f_s' A_s}$$

$$m_i = m_s\frac{f_i' A_i}{f_s' A_s}$$

$$w=\frac{m_i}{m}\times 100\%=\frac{m_s\dfrac{f_i' A_i}{f_s' A_s}}{m}\times 100\%=\frac{m_s}{m}\cdot\frac{f_i' A_i}{f_s' A_s}\times 100\% \tag{13-10}$$

式中，f_i'、f_s' 分别是待测物和内标物的相对校正因子；A_i、A_s 分别是待测物和内标物的峰面积；m_i、m_s 分别是待测物和内标物的质量，可用质量（g）、物质的量（mol）、体积（mL）等单位表示。

内标法的准确性较高，操作条件和进样量的稍许变动对定量结果影响不大。但对于每个试样的分析，都要求先进行两次称量，不适合大批量试样的快速分析。若将内标法中的试样取样量和内标物加入量固定，则可以 A_i/A_s 对 c_i 作图，得内标标准曲线。

$$c_i=\frac{A_i}{A_s}\times 常数 \tag{13-11}$$

实验二十六　苯、甲苯、对二甲苯混合物分析

一、实验目的

（1）学会测定相对校正因子。

（2）学会和掌握色谱归一化定量分析方法。

二、实验原理

本实验是以邻苯二甲酸二壬酯（DNP）作为固定液，在一定的色谱条件下可对苯、甲

苯、乙苯、二甲苯混合物进行满意的分离，用火焰离子化检测器检测，用归一化法进行定量测定。

三、仪器与试剂

1. 仪器

1490 型气相色谱仪（带 FID 检测器）；氢气发生器；空气源；色谱工作站；色谱柱：柱长为 2 m，内径为 3 mm；微量进样器（10 μL）。

2. 试剂

固定液：邻苯二甲酸二壬酯；担体：6201 红色担体（80～100 目）；载气：H_2 或 N_2；苯（A. R.）；甲苯（A. R.）；对二甲苯（A. R.）。

四、实验内容与步骤

1. 色谱分析条件

柱温：100℃；检测温度：140℃；气化温度：150℃；衰减 1/2；载气流量：25 mL/min。

2. 色谱柱的制备

称取邻苯二甲酸二壬酯 1.80 g 于小烧杯中，以苯为溶剂，搅拌并温热，使之溶解。然后称取 12 g 已筛取的 80～100 目的 6201 红色担体，将其倒入溶液中，使担体刚好浸没在液面下。轻轻摇动或轻轻搅拌下，在通风橱中或在红外灯下加热，使溶剂挥发至干燥、无苯气味为止。再次用 80～100 目筛子过筛。抽真空法装柱，老化后使用。

3. 求校正因子 f'

$f'_{甲苯}$：3 mL 苯+3 mL 甲苯混合，进样。

$f'_{对二甲苯}$：3 mL 苯+3 mL 对二甲苯混合，进样。

进混合物样品 0.2～0.4 μL，在上述色谱条件下，苯、甲苯、对二甲苯依次出峰，峰形对称，线性关系更好。

五、实验结果与数据处理

各组分峰为尖峰，所以采用峰高定量。量取各组分的峰高 h，按下式计算各组分的含量（以苯为例）：

$$w_{苯}(\%)=\frac{h_{苯}f'_{苯}}{h_{苯}f'_{苯}+h_{甲苯}f'_{甲苯}+h_{对二甲苯}f'_{对二甲苯}}\times 100\% \tag{13-12}$$

六、思考题

（1）进样量大小是否对校正因子的测定有影响？

（2）试比较外标法、内标法、归一化法等各种定量方法的优缺点。

实验二十七　蔬菜、水果中农药残留量的测定

一、实验目的

（1）了解电子捕获检测器的检测原理和使用方法。

（2）掌握农药残留量的测定方法。

二、实验原理

六六六、DDT 是过去用量较大的有机农药，其化学性质稳定，施用后残留在大气、土壤、水体、植物中不易分解，造成环境污染，对人体健康不利。

本实验利用己烷提取样品，采用 0.23% OV-17+2.8% OV-210 混合固定液分离，采用 ECD 检测器，采用外标法定量。

三、仪器与试剂

1. 仪器

气相色谱仪（带 ECD 检测器）；色谱工作站；离心机；布氏漏斗；Φ3 mm×2 m 玻璃层析柱；1000 mL 分液漏斗 2 个。

2. 试剂

无水硫酸钠、硫酸、己烷、丙酮、浓硫酸（均为 A. R.）；硅藻土（80～100 目）、OV-17（G. R.）；OV-210（GR）、Chromosorb WAW-DMCS；*α*-666、*β*-666、*γ*-666、*δ*-666、*p*, *p*′-DDE、*o*, *p*′-DDT、*p*, *p*′-DDD、*p*, *p*′-DDT，纯度均为 95%～99%。

四、实验内容与步骤

1. 色谱条件

Φ3 mm×2m 玻璃层析柱，固定相：0.23% OV-17+2.8% OV-210，Chromosorb WAW-DMCS（80～100 目）。

柱温 T_c=200℃，检测器温度 T_D=210℃，气化室温度 T_i=230℃；载气：N_2（99.99%），60～70 mL/min；放大器高阻为 $10^8\Omega$，脉冲间隔为 50 μs。

2. 试样的提取和净化

将洗净后的蔬菜或水果切碎并充分混合，称取 100 g 样品放入捣碎缸中，加己烷 200 mL、丙酮 50 mL，快速捣碎 2 min。将浆液倒入 500 mL 离心杯中，用少许蒸馏水冲洗捣碎缸并倒入离心杯，离心机转速为 3000 r/min，离心 15 min，离心液用布氏漏斗过滤，用己烷冲洗离心杯，并经布氏漏斗过滤，滤液倒入 1000 mL 分液漏斗使其分层。将水层分到第二个 1000 mL 分液漏斗中。己烷层用 500 mL 2% 硫酸钠溶液振摇 1 min，使其静止分层。再将水层并入第二个分液漏斗中，加 50 mL 己烷轻轻振摇 2 min，静止，弃去水层。最后将两个分液漏斗中

的己烷提取液都通过装有无水硫酸钠的漏斗，滤入 250 mL 三角瓶中。提取液在水浴上浓缩到 20～30 mL 左右，用己烷定容到 50 mL。

从 50 mL 容量瓶中吸出 5 mL 提取液，在 N_2 气流中浓缩到 1 mL 后倒入层析柱中净化。层析柱为 Φ3 mm×2 m 玻璃管，内装硅藻土（1 g 硅藻土滴加 0.6 mL 浓硫酸混合），柱的底部放一段经己烷洗涤过的玻璃棉，硅藻土层的顶端放入少许无水硫酸钠。洗涤浓缩器的己烷也倒入层析柱中，然后用己烷冲洗层析柱，用 25 mL 容量瓶收集。从 25 mL 容量瓶中吸取一定体积的净化溶液，经浓缩即可进样分析。

3. 仪器调试

（1）将载气调至需要量，接通主机电源。

（2）先升检测器温度，再升气化室温度和柱温；打开微电流放大器电源开关和放大器开关，灵敏度高阻为 $10^8\,\Omega$，“衰减”调到适当位置，“基补-零调”开关放在“基补”上。

（3）打开脉冲电源开关，“μs 选择”调到 50 μs。

（4）各恒温器稳定后，就可进样分析。

4. 标准溶液配制

用己烷配制 α-666、β-666、γ-666、δ-666、p,p'-DDE、o,p'-DDT、p,p'-DDD、p,p'-DDT 各为 100 mg/kg（β-666 要先用少量重蒸苯溶解）的储备液。操作溶液的浓度与样品浓度相近。

5. 色谱测定

（1）将各种浓度的六六六、DDT 标准溶液注入色谱仪，以确定 ECD 检测器的线性范围。

（2）进样品溶液。根据样品的峰高，用标准储备液配制浓度相近的操作溶液。

（3）在相同色谱条件下，依次进样品和标样，记录调整保留时间 t_R 和色谱图。

五、注意事项

（1）使用 ECD 检测器时应采用高纯度载气，并经净化处理。

（2）新装填的色谱柱必须在高于使用温度的条件下充分老化，未老化好，绝对不得与 ECD 检测器相连。

（3）使用 ECD 检测器时，如短时间停机，不要关闭载气，只将载气流速降低。

（4）所用的注射器、玻璃仪器等，必须用烃类溶剂充分洗净，绝对不能用丙酮、氯仿等洗涤。

（5）萃取中出现乳化现象时，可采用冰冻、离心、吸滤等方法破乳化。有机相中水较多时可加少许无水硫酸钠脱水。

六、实验结果与数据处理

根据色谱图测量峰高，计算蔬菜和水果中的六六六、DDT 的含量。

$$c_i(\text{mg/kg})=\frac{h_i c_s W_s}{h_s W_i K} \tag{13-13}$$

式中，c_i 是样品中农药的浓度；h_i 是扣除试剂空白后的峰高；W_s 是标准溶液进样量；W_i 是样品溶液进样量；h_s 是标准溶液峰高；c_s 是标准溶液的浓度（mg/kg）；K 是浓缩系数。

七、思考题

（1）脉冲间隔对测定有何影响？如何选择？

（2）如何防止 ECD 检测器的污染？

（3）所用的注射器和玻璃器皿为什么不能用丙酮、氯仿等洗涤？

（4）测定时为什么要先确定 ECD 检测器的线性范围？

第 14 章　高效液相色谱法

液相色谱（liquid chromatography，LC）是以液体为流动相的柱色谱分离技术。从 1906 年液相色谱出现到现在，液相色谱经历了从经典液相色谱法、高效液相色谱法到目前出现的超效液相色谱法的发展变化。高效液相色谱（high performance liquid chromatography，HPLC）与经典液相色谱的主要区别是：流动相改为高压输送、采用颗粒极细的高效固定相、具有在线检测器及仪器化等，具有分离柱效能高、分析速度快等特点。与气相色谱法相比，高效液相色谱法对样品的适用性广，不受分析对象挥发性和热稳定性的限制，因而弥补了气相色谱法的不足。目前，高效液相色谱法是应用最为广泛的一类色谱分析技术。在目前已知的有机化合物中，可用气相色谱分析的约占 20%，而 80% 则需要用高效液相色谱来分析。这些样品不仅包括气相色谱能分离的样品，而且还包括挥发性低、热稳定性差、相对分子质量大的样品，特别是离子型化合物如氨基酸、多肽、蛋白质、生物碱、核糖核酸、糖类、甾体、类脂、维生素、抗生素以及无机盐等气相色谱很难甚至不能分析的样品。高效液相色谱法在石油化工产品、食品、医药、生物化工产品及环境污染测定等方面有广泛的应用。

14.1　方 法 原 理

高效液相色谱法的基本分离原理是：当流动相中携带的混合物流经固定相时，其与固定相发生相互作用。由于混合物中各组分在物理和化学性质上的差异，与固定相之间产生的作用力（吸附、分配、静电作用、排阻、亲和）的大小、强弱不同，随着流动相的移动，混合物在两相间经过反复的分配平衡，各组分被固定相保留的时间不同，从而按一定次序由固定相中流出。

按分离机制，高效液相色谱主要可分为正相液相色谱、反相液相色谱、离子交换色谱、疏水相互作用色谱、体积排阻色谱、亲和色谱。此外还有离子对色谱、胶束色谱、电色谱以及用于对映体化合物拆分的手性色谱等。在这些高效液相色谱中，以反相液相色谱应用最多，占高效液相色谱的 70%～80%。下面仅对常用于小分子化合物和生物大分子分离纯化的几种液相色谱的分离机理作一简介。

1. 正相液相色谱

正相液相色谱（normal phase liquid chromatography，NPLC）采用极性固定相（如聚乙二醇、氨基与氰基键合相），流动相为相对非极性的疏水性溶剂（烷烃类如正己烷、环己烷），常加入乙醇、异丙醇、四氢呋喃、氯仿等以调节组分的保留时间。NPLC 常用于分离中等极性和极性较强的化合物（如酚类、胺类、羰基类及氨基酸类等）。

2. 反相液相色谱

反相液相色谱（reversed-phase liquid chromatography，RPLC）是指采用强疏水性的填料

作为固定相（如将 C_1、C_4、C_8、C_{18} 等氯硅烷键合到硅胶表面），以可以与水混溶的极性有机溶剂作为流动相（如甲醇、异丙醇、四氢呋喃、乙腈等）的液相色谱。它是依据溶质对固定相非极性作用力大小的不同进行分离的。

RPLC 法是一种通用型的液相色谱分离技术。它不仅可用于分离小分子物质，还可用于分离生物大分子。现在用于 RPLC 的固定相有硅胶键合相填料、多孔碳固定相、高分子聚合物填料，氧化铝、氧化锆等作为基质的涂层填料。其中硅胶键合相填料最为常用。高分子聚合物填料主要优点在于耐受 pH 的范围较宽，在 pH 为 0～14 时都能使用。硅胶键合相填料的机械强度好、pH 适用范围较窄，为 2～8。分离小分子的反相填料所用的硅胶粒度为 5 μm，孔径为 6～10 nm，可承受 60～70 MPa 压力。而生物大分子分离用的则是孔径为 30 nm 的大孔硅胶。因此，不能用分离小分子溶质的小孔径填料来分离生物大分子。

常规制备反相填料的工艺目前已很成熟，如下式所示：

$$\geqslant Si-OH+Cl-\overset{|}{\underset{|}{Si}}-R \longrightarrow \geqslant Si-O-\overset{|}{\underset{|}{Si}}-R+HCl$$

可以采用不同烷基链长的硅烷化试剂作为配体键合到硅胶上，式中的 R 可以是不同碳链长度的烷基（C_4、C_8、C_{18}），也可以是芳香基团，如苯基。随着长链烷烃碳数的增多，疏水性增大，溶质的保留值增大。对不易保留的物质，采用长链；对易保留的物质，可用短链。长链由于空间位阻，键合密度小。链长可掩盖硅羟基。

RPLC 法采用有机溶剂作为流动相。常用的有机溶剂有甲醇、正丙醇、异丙醇、四氢呋喃、乙腈等。采用 RPLC 法分离生物大分子时，流动相中常常需要加入离子对试剂，如三氟乙酸、磷酸、甲酸等。它的作用是与蛋白质形成离子对使其在有机溶剂中溶解，同时抑制硅胶键合相留下的硅羟基对蛋白质的二次吸附。RPLC 法分离小分子溶质常采用等浓度洗脱方式，而且填料的颗粒越小、色谱柱越长，其分离效果越好。对于生物大分子的分离，只能采用梯度洗脱方式，而且其分离效果与柱长基本无关。

3. 离子交换色谱

离子交换色谱（ion-exchange chromatography，IEC）是利用不同离子与固定相（离子交换剂）上相反电荷间静电作用力大小的不同进行分离的。离子交换过程如下所示：

阴离子交换剂　　$\text{硅胶}-R-Y^-+X^- \Longleftrightarrow \text{硅胶}-R-X^-+Y^-$

阳离子交换剂　　$\text{硅胶}-R-Y^++X^+ \Longleftrightarrow \text{硅胶}-R-X^++Y^+$

在硅胶基质上合成离子交换键合相与合成 RPLC 键合相类似，在化学键合相的有机硅烷分子中带上离子交换基团，便成了离子交换固定相。和普通的离子交换树脂相同，若带上磺酸基（$-SO_3H$）、羧基（$-COOH$）就是阳离子交换剂；若带上季氨基（R_4N^+-）或氨基（$-NH_2$）就是阴离子交换剂。因此，离子交换剂又可分为强阳离子、强阴离子、弱阳离子和弱阴离子交换剂四种。凡是在溶剂中能够电离的物质通常都可以用 IEC 来进行分离。

IEC 一般采用含盐的水溶液作为流动相，盐浓度一般为 0.01～1.0 mol/L。因此，IEC 的分离条件比较温和，生物大分子在分离过程中可以保持其生物活性，此法常用于生物大分子的分离纯化。由于蛋白质是两性物质，对于 IEC 填料的选择，通常是根据流动相的 pH 和蛋白质的 pI 共同确定的。当溶液的 pH＞pI 时，蛋白质带负电荷，在阴离子交换剂上保留；

当 pH＜pI 时，蛋白质带正电荷，在阳离子交换剂上保留；当 pH=pI 时，蛋白质不带电荷，在 IEC 上不保留。因此，可以根据溶液的 pH 和蛋白质 pI 的情况来选择不同的离子交换填料，实现蛋白质的分离。IEC 在分离蛋白质时，既可以使用 pH 梯度，也可以使用盐浓度梯度或等浓度洗脱的方式进行分离。

4. 疏水相互作用色谱

疏水相互作用色谱（hydrophobic interaction chromatography，HIC）是专门为分离生物大分子而开发的一种色谱分离技术。它是依据生物大分子与固定相间的疏水作用不同而进行的。流动相采用的也是盐水体系。与 IEC 恰恰相反，生物大分子是在高盐浓度时被固定相吸附，随着盐浓度的降低，在低盐浓度时被洗脱。

HIC 填料的配体大多数是一些含 N 或 O 原子的中等疏水性的有机基团。在 HIC 中，填料对蛋白质的作用强弱主要取决于配体的性质和密度。在 HIC 中采用的流动相都是不同浓度的盐溶液。HIC 典型的洗脱方式是在保证蛋白质不失活的条件下逐渐减小流动相中盐的浓度，蛋白质与填料的疏水作用减弱而使蛋白质得到洗脱。在 HIC 中硫酸铵、乙酸铵、磷酸盐和氯化钠等都是常用的盐。由于硫酸铵溶解度大，对蛋白质活性影响较小，盐析能力强，在 HIC 中应用最为广泛。

5. 体积排阻色谱

体积排阻色谱（size exclusion chromatography，SEC）以凝胶为固定相，类似于分子筛的作用，是利用固定相孔径的不同，把预分离的组分按照分子体积的大小进行分离的方法。分离只与凝胶的孔径分布和溶质的流动力学体积或分子大小有关。试样进入色谱柱后，一些太大的分子不能进入填料孔内而受到排阻，直接流出色谱柱；一些很小的分子可以进入所有填料的孔内并渗透到颗粒中，这些组分在柱上的保留值最大，所以样品分子按分子体积从大到小的顺序依次流出色谱柱。SEC 常用于聚合物和生物大分子的分离。

6. 亲和色谱

亲和色谱（affinity chromatography，AFC）只适用于分离生物大分子。它是基于分离物与配体间特异的生物亲和作用来分离生物大分子的一种色谱技术。所选择的配体应与被分离的蛋白质间有一种特异性的生物亲和作用。只针对单一的物质进行特异的结合而与其他物质不作用的称为特异性配体，如抗体-抗原、抗生素蛋白-生物素、激素-受体、蛋白-受体等。这类配体具有很强的专一性和选择性。通用性配体在一定条件下可与一类或几种生物分子作用，这种配体一般为小分子。通用性配体目前共有三类：①组氨酸配体，主要是用于对组氨酸有识别作用的一类蛋白质的分离；②三嗪染料配体，对许多蛋白质有识别作用；③金属离子亲和配体，利用蛋白质与金属离子之间形成螯合物而进行分离。因此，AFC 对蛋白质分离具有非常好的效果，而且在许多蛋白质的分离中，AFC 技术已成为必不可少的分离手段。

14.2　仪 器 结 构

高效液相色谱仪分为分析型和制备型，虽然它们的用途和应用范围不同，但仪器的结构基本相同。高效液相色谱仪根据组成方式可分为紧凑的整体式和方便拆卸及组装的模块式，其装置如图 14-1 所示。它由输液系统、进样系统、色谱柱、检测系统、数据处理系统和样品收集系统组成。储液器中的载液（常需提前脱气或在线脱气）经过过滤后由高压泵输送到色谱柱入口。试样由进样器注入载液系统，而后送到色谱柱进行分离（有时为了保护色谱柱可能在分析柱前还有一根预柱）。分离后的组分由检测器检测，输出信号供给记录仪或数据处理装置。如需梯度洗脱，则需要增加梯度洗脱装置（双泵系统或比例阀）；如需馏分收集作进一步分析，则在色谱柱的出口将样品用馏分收集器收集馏分。

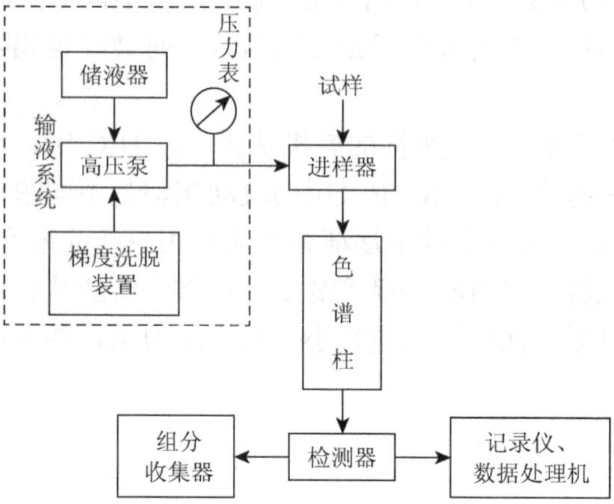

图 14-1　高效液相色谱仪示意图

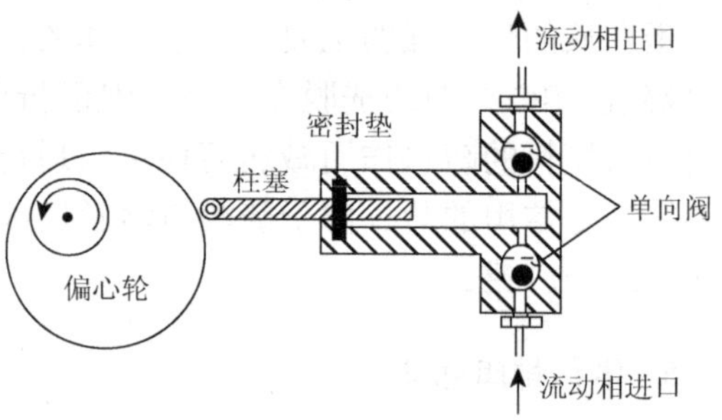

图 14-2　往复式柱塞泵结构示意图

14.2.1　输液系统

液相色谱的流动相是用高压泵来输送的。因为色谱柱细（内径为 4.6 mm）、固定相填料粒度小（5～10 μm），因此阻力大。要达到快速高效的分离，必须有很高的柱前压力，以获得适当流速的液流。对高压泵来说，一般要求压力为 150×10^5～350×10^5 Pa，要求流量稳定、压力平稳无脉动和流速有一定的可调范围。关键是流量稳定，因为它不仅影响柱效能，而且直接影响到峰面积和保留时间的重现性，进一步影响定量分析的精密度、保留值和分辨能力。对于分析柱，泵的流速为 0.1～10.0 mL/min。

高压泵常用不锈钢、聚四氟乙烯、陶瓷等作材料，用红宝石单向阀可获得高压。它有两种类型：往复式柱塞泵和置换泵。往复式柱塞泵是目前广泛使用的一种恒流泵，其结构如图 14-2 所示。通常它们使用两个活塞进行操作，两活塞的相位差为 180°以抑制脉冲。为了避免溶剂和泵阀直接接触，通常利用活塞隔膜泵。置换泵像一支注射器，它可以吸入 200 mL 流动相并压入高效液相色谱系统。为了避免损伤泵和污染色谱柱，流动相在用前应先用 0.45 μm 的过滤器过滤。

14.2.2　进样系统

在高效液相色谱法中，进样方式及试样体积对柱效能有较大的影响。要获得良好的分离效果和重现性，要将试样“浓缩”，瞬时地注入色谱柱上端柱填料的中心，使其成为一个样品带。目前常用的进样方式是高压定量进样阀进样。

系统应当能容纳 5～500 μL 的样品注入，还需要保持系统的压力。通常使用环状六通进样阀。用微升级的注射器将样品溶液注入六通进样阀的针形进样口。六通进样阀如图 14-3 所示。

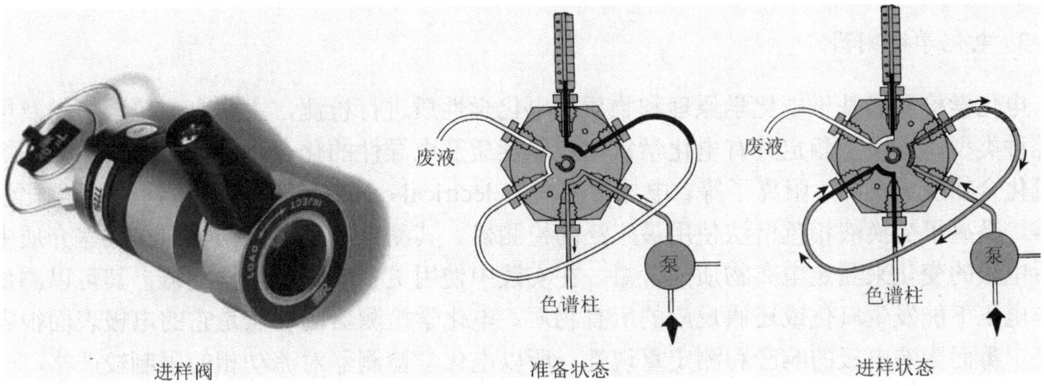

图 14-3 六通进样阀

14.2.3 色谱柱

色谱柱是色谱仪的核心。色谱柱内所装填色谱填料的性质决定了采用何种分离模式进行混合物的分离。目前，液相色谱柱常用的标准柱型是内径（Φ）为 4.6 mm 或 3.9 mm，长度为 10～30 cm 的直形不锈钢柱。常采用高压匀浆法在不锈钢色谱柱内充填料，粒度为 5～10 μm，也有 3 μm 或更小的填料。有时为了保护分离柱或进行预分离，经常要使用一根长为 30 mm，填充有和分析柱同样填料的预柱。

14.2.4 检测系统

液相色谱的检测器分为溶质型检测器和总体检测器。溶质型检测器对组分的物理或物理化学特性有响应，如紫外、荧光和电化学检测器；总体检测器对试样或洗脱液总的物理或物理化学特性有响应，如示差折光率、介电常数、激光散射检测器等。

1. 紫外检测器

紫外检测器是液相色谱广泛使用的检测器，它的作用原理是基于被分析试样组分对特定波长的紫外光的选择性吸收，组分浓度与吸光度的关系遵守朗伯-比尔定律。紫外检测器分为固定波长（单波长和多波长）和可变波长（紫外和紫外-可见分光）两类，新出现的还有二极管阵列紫外-可见光度检测器（DAD）。检测波长一般固定在 254 nm 和 280 nm。缺点是不适用于对紫外光不吸收的物质，溶剂的选用也有一定限制。光电二极管阵列检测器（photo-diode array detector）是紫外-可见光度检测器的一个重要进展。这类检测器采用光电二极管阵列作检测元件，每个二极管测量一窄段的光谱。

2. 荧光检测器

荧光检测器是一种灵敏度很高、选择性较好的检测器。对于许多有荧光的物质都可用荧光检测器检测。许多物质特别是具有刚性共轭结构的有机芳香环分子等都具有荧光特性。例如，多环芳香烃、维生素 B、氨基酸、蛋白质以及药物都可用荧光检测器检测。有些本身不具有荧光特性的物质，也可以通过化学衍生反应的方法使其转变成为能发出荧光的物质而得到检测。荧光检测器的结构和工作原理与荧光分光光度计相似，只不过要用专用荧光流通池。

3. 电化学检测器

电化学检测器基于电化学原理和物质的电化学性质进行检测，主要有安培、极谱及电导等几种类型，适用于测定具有电化学氧化还原性质及电导性的化合物，如含硝基、氨基等的有机化合物及无机阴、阳离子等。电导检测器（electrical conductivity detector）属于电化学检测器，是离子交换液相色谱法使用最广泛的检测器。其测定原理是根据物质在某些介质中电离后电导的变化来测定电离物质的含量。在实践中使用更多的是安培检测器，其可以测量在工作电压下能发生氧化或还原反应的所有物质。电化学检测器的缺点是它的电极表面很容易污染中毒而影响电极的响应和测定重现性。所以电化学检测器对流动相的限制较严格，一般只用于检测既没有紫外吸收又不产生荧光但有电活性的物质。

4. 示差折光率检测器

示差折光率检测器是通过连续测定流通池中折光率的方法来测定试样浓度的检测器。溶液的折光率是纯溶剂（流动相）和纯溶质（试样中组分）的折光率乘以各物质的浓度的加和。因此，溶有试样的流动相和纯流动相之间折光率之差，表示试样在流动相中的浓度。折光率对温度的变化非常敏感，因此难以用于梯度洗脱。

14.2.5 附属系统

1. 脱气装置

在溶剂内的气体会在柱内形成气泡并因此而影响检测，也会拖延洗脱，必须除去。最简单的清洗溶剂的方法是在真空条件下将它通过一个多孔过滤器，也可以通入惰性气体或进行超声处理进行脱气，现在的高档仪器具有在线脱气功能。

2. 梯度洗脱装置

在洗脱过程中，可以分为恒流洗脱和梯度洗脱。恒流洗脱中，洗脱剂在一种恒定的组成下工作，如 30% 体积的甲醇和 70% 体积的水。最好的分离通常是使用梯度洗脱完成的，梯度洗脱是洗脱剂的组成根据特定的程序改变，因此可以改变溶剂的极性。例如，在甲醇/水体系中甲醇的比例从 30%（体积分数）通过线性或其他方式增加到 70%（体积分数）。溶剂梯度的影响与气相色谱的温度梯度相似。它有更短的分析时间和更好的峰。

外梯度是指利用两台高压输液泵，将两种不同极性的溶剂按一定的比例送入梯度混合室，混合后进入色谱柱。内梯度是指采用一台高压泵，通过比例调节阀，将两种或多种不同极性的溶剂按一定的比例抽入高压泵中混合。

另外，必要时还有再循环装置、柱切换装置、恒温装置、自动进样装置、馏分收集装置、衍生化装置和数据处理装置等附属装置。

14.3 使用高效液相色谱仪的注意事项

（1）流动相更换。如果欲更换的流动相与前一种流动相混溶，则另取一个 500 mL 干净的烧杯，放入 200 mL 新的流动相，把砂芯过滤器从先前的流动相储液瓶中取出，放进烧杯中，轻轻摇动几下，打开排液阀，转至“open”位置，按“purge”键，使输液泵以 10 mL/min 流量工作 5～10 min，排出先前的流动相（50～100 mL）。关泵后再把过滤器放入新的流动相中，关闭排液阀，以 1.0 mL/min 流量清洗色谱柱，最后接上柱后检测器，清洗整个流路。如果新的流动相与原来的流动相不相溶，则用一个与两种流动相都混溶的流动相进行过渡清洗；如果使用缓冲溶液作为流动相，则更换流动相之前，必须用蒸馏水彻底清洗输液泵。因为缓冲液中溶质的沉淀会磨损输液泵活塞及活塞密封圈。清洗方法如下：将注射器吸满水，与输液泵清洗管道相连，然后把蒸馏水推入管道，先清洗输液泵，再清洗进样器。

（2）应避免输液泵长时间在高压（>30 MPa）下工作。输液泵工作压力过高的原因可能为：色谱柱、管道、过滤器和柱子上端接头等堵塞或输流流量太大。压力高时应立即停泵，查清原因后再开泵。

（3）实验开始前和实验结束后用纯甲醇冲洗管道和色谱柱若干时间，可以避免许多意想不到的麻烦。当用 pH 缓冲溶液作为流动相时，实验结束后先用蒸馏水冲洗半小时，再用纯甲醇冲洗 15 min。

实验二十八　可口可乐、咖啡、茶叶中咖啡因的高效液相色谱分析

一、实验目的

（1）理解反相液相色谱法的原理和应用。

（2）掌握标准曲线定量法。

二、实验原理

咖啡因又称咖啡碱，属黄嘌呤衍生物，化学名称为 1, 3, 7-三甲基黄嘌呤，是从茶叶或咖啡中提取而得的一种生物碱。它能兴奋大脑皮层，使人精神兴奋。咖啡中含咖啡因为 1.2%～1.8%，茶叶中含 2.0%～4.7%。可乐饮料、APC 药片（复方乙酰水杨酸）等中均含咖啡因。其分子式为 $C_8H_{10}O_2N_4$，结构式如图 14-4 所示。

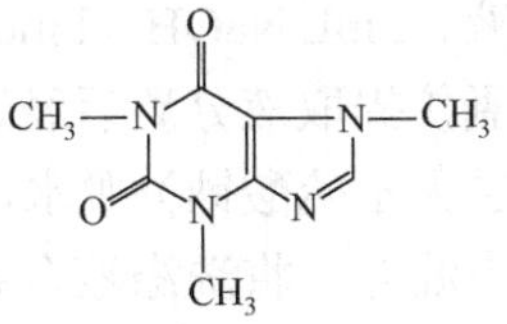

图 14-4　咖啡因的结构式

样品在碱性条件下，用氯仿定量提取，采用反相液相色谱柱进行分离，以紫外检测器进行检测，以咖啡因标准系列溶液的色谱峰面积对其浓度作工作曲线，再根据样品中的咖啡因峰面积，由工作曲线算出其浓度。

三、仪器与试剂

1. 仪器

LC-2010 高效液相色谱仪（日本岛津公司）；色谱柱：EconosphereC3s(3 μm)，10 cm×4.6 mm；平头微量注射器。

2. 试剂

甲醇（A.R.）；二次蒸馏水；氯仿（A.R.）；1 mol/L NaOH；NaCl（A.R.）；Na_2SO_4（A.R.）；

咖啡因（A.R.）；可口可乐（1.25 L 瓶装）；雀巢咖啡；茶叶。

1 g/L 咖啡因标准储备液：将咖啡因在 110 ℃下烘干 1 h。准确称取 0.1000 g 咖啡因，用氯仿溶解，定量转移至 100 mL 容量瓶中，用氯仿稀释至刻度。

四、实验内容与步骤

1. 色谱条件

注温：室温；流动相：$V_{甲醇}$∶$V_{水}$=60∶40；流动相流速：1.0 mL/min；检测波长：275 nm。

2. 咖啡因标准系列溶液的配制

分别用移液管移取 0.40 mL、0.60 mL、0.80 mL、1.00 mL、1.20 mL、1.40 mL 咖啡因标准储备液于六个 10 mL 容量瓶中，用氯仿定容至刻度，浓度分别为 40 mg/L、60 mg/L、80 mg/L、100 mg/L、120 mg/L、140 mg/L。

3. 样品前处理

（1）将约 100 mL 可口可乐置于 250 mL 洁净、干燥的烧杯中，剧烈搅拌 30 min 或用超声波脱气 5 min，以赶尽可口可乐中的二氧化碳。

（2）准确称取 0.25 g 咖啡，用蒸馏水溶解，定量转移至 100 mL 容量瓶中，定容至刻度，摇匀。

（3）准确称取 3.0 g 茶叶，用 30 mL 蒸馏水煮沸 10 min，冷却后，将清液转移至 100 mL 容量瓶中，并按此步骤重复两次，最后用蒸馏水定容至刻度。

将上述三份样品溶液分别进行干过滤（用干漏斗、干滤纸过滤），弃去前过滤液，取后面的过滤液。

分别吸取上述三份样品滤液 25.00 mL 于 125 mL 分液漏斗中，加入 1.0 mL 饱和氯化钠溶液、1 mL NaOH（1 mol/L）溶液，然后用 20 mL 氯仿分三次萃取（10 mL、5 mL、5 mL）。将氯仿提取液分离后经过装有无水硫酸钠的小漏斗（在小漏斗的颈部放一团脱脂棉，上面铺一层无水硫酸钠）脱水，过滤于 25 mL 容量瓶中，最后用少量氯仿多次洗涤装有无水硫酸钠的小漏斗，将洗涤液合并至容量瓶中，定容至刻度。

4. 制作工作曲线

待液相色谱仪仪器基线平直后，注入咖啡因标准系列溶液 10 μL，重复两次，要求两次所得的咖啡因色谱峰面积基本一致。否则，继续进样，直至每次进样色谱峰面积重复，记下峰面积和保留时间。

5. 样品测定

分别注入样品溶液 10 μL，根据保留时间确定样品中咖啡因色谱的位置，再重复两次，记下咖啡因色谱峰面积。

6. 整理仪器

实验结束后，按要求关好仪器。

五、注意事项

（1）测定咖啡因的传统方法是先经萃取，再用紫外-可见分光光度法测定。由于一些具有紫外吸收的杂质同时被萃取，因此测定结果具有一定误差。高效液相色谱法将样品经色谱柱高效分离后再检测分析，测定结果准确。实际样品成分往往比较复杂，如果不先萃取而直接进样，虽然操作简单，但会影响色谱柱寿命。

（2）不同牌号的茶叶、咖啡中咖啡因含量不大相同，称取的样品可酌量增减。

（3）若样品和标准溶液需保存，应置于冰箱中。

（4）为获得良好结果，标准溶液和样品的进样量要严格保持一致。

六、实验结果与数据处理

（1）根据咖啡因标准系列溶液的色谱图，绘制咖啡因色谱峰面积与其浓度的关系曲线。

（2）根据样品中咖啡因色谱峰的面积，由工作曲线计算可口可乐、咖啡、茶叶中咖啡因含量（分别用 mg/L、mg/g 和 mg/g 表示）。

七、思考题

（1）用标准曲线法定量的优缺点是什么？

（2）根据结构式，咖啡因能用离子交换色谱法分析吗？为什么？

（3）若标准曲线用咖啡因浓度对峰高作图，能给出准确结果吗？与本实验的标准曲线相比，哪种更优越？为什么？

（4）在样品干过滤时，为什么要弃去前过滤液？这样做会不会影响实验结果？为什么？

实验二十九　高效液相色谱法测定葛根素注射液中葛根素含量

一、实验目的

（1）掌握高效液相色谱法的基本原理。

（2）熟悉高效液相色谱仪各主要部件及其作用。

（3）熟悉高效液相色谱仪的使用方法。

（4）掌握内标法。

二、实验原理

内标法是色谱定量分析方法中的一种。当只需测定试样中某几种组分，或者试样中的所有组分不可能全部出峰时，可采用内标法。具体做法是：准确称取试样，加入一定量某种纯物质作为内标物，然后进行色谱分析，再由待测物和内标物在色谱图上相应的峰面积（或峰高）和相对校正因子，求出某组分的含量。待测物的质量分数可按下式计算：

$$P_i = \frac{m_i}{m} = \frac{m_i}{m_s} \times \frac{m_s}{m} = \frac{A_i f_i}{A_s f_s} \times \frac{m_s}{m} = \frac{A_i f_i'}{A_s f_s'} \times \frac{m_s}{m}$$

在测定相对校正因子时，常以内标物本身作为标准物，则 f_s'=1。式中，A_i 和 A_s 分别是待测物和内标物峰面积；f_i' 是待测物的相对校正因子；m 和 m_s 分别是样品和内标物的质量。

理想的内标物应当是一种高纯度的已知化合物，能以准确、已知的量加到样品中；应当和待测物有基本相同或尽可能一致的物理化学性质（如化学结构、极性、挥发度及在溶剂中的溶解度等）、色谱行为和响应特征，最好是待测物的同系物；在所采用的色谱分析条件下，内标物必须能与样品中各组分充分分离。

葛根又称葛条、葛藤，为豆科植物野葛 *Pueraria lobata*（*Willd.*）*Ohwi* 的干燥根，是常用中药材，具有解肌退热、生津、透疹、升阳止泻功效，用于外感发热头痛、项背强痛、口渴、消渴、麻疹不透、热痢、泄泻、高血压等。现代研究证实，葛根中的主要有效成分为葛根素等异黄酮类化合物，具有抗炎解热、扩张冠状动脉血管、增加冠状动脉血流量的作用，同时有降低血压的作用。目前，葛根素注射液在临床上得到了广泛的应用。本实验采用反相液相色谱法测定葛根素注射液中葛根素的含量。葛根素［图 14-5（a）］具有较强的非极性，因此，可用反相液相色谱法分析；它在 250 nm 左右具有最大吸收峰，因此可采用紫外检测器检测。本实验中采用对羟基苯甲醛［图 14-5（b）］为内标物。

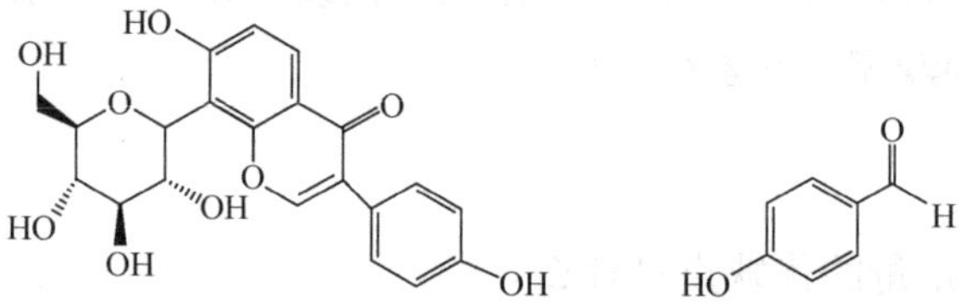

(a) 葛根素　　(b) 对羟基苯甲醛

图 14-5　葛根素和对羟基苯甲醛的结构

三、仪器与试剂

1. 仪器

LC-10A 高效液相色谱仪，配备紫外检测器；Agilent HTC-C18 色谱柱（150 mm×4.6 mm i.d.，5 μm）；微量注射器。

2. 试剂

甲醇（色谱纯）；去离子水；柠檬酸；对羟基苯甲醛；葛根素对照品；葛根素注射液。

四、实验内容与步骤

（1）溶液配制。

（i）内标液。

准确称取 0.6250 g 对羟基苯甲醛于 500 mL 容量瓶中，用甲醇稀释至 500 mL，得 1.25 mg/mL 的内标液。

（ii）葛根素标准溶液。

准确称取 25 mg 葛根素对照品（99%）于 50 mL 容量瓶中，用甲醇溶解，并稀释至刻度，摇匀备用，其浓度为 0.5 mg/mL。

准确移取上述标准溶液 1.00 mL 于 10 mL 容量瓶中，加 1.00 mL 内标液，用甲醇稀释至刻度，摇匀，即为 0.05 mg/mL 的标准溶液。

（iii）样品溶液。

取 2.00 mL 葛根素注射液于 500 mL 容量瓶中，用甲醇稀释至刻度，摇匀。准确吸取上述溶液 2.00 mL 及 1.00 mL 内标液于 10 mL 容量瓶中，用甲醇稀释至刻度，摇匀。

（2）色谱条件。

色谱柱：Agilent HTC-C18；流动相：$V_{甲醇}$∶$V_{0.1\%柠檬酸}$=40∶60；流速：1.00 mL/min；检测波长：250 nm；进样量：10 μL。

（3）将浓度为 0.5 mg/mL 的葛根素对照品溶液进样 1～2 μL，进行 HPLC 分析，记录葛根素的保留时间，确定葛根素的峰位置。

（4）将含有内标的葛根素标准溶液进样 10 μL，进行 HPLC 分析，分别记录葛根素和对羟基苯甲醛的峰面积，并计算葛根素的相对校正因子。

（5）将含有内标的葛根素样品溶液进样 10 μL，进行 HPLC 分析，分别记录葛根素和对羟基苯甲醛的峰面积，计算葛根素含量。

五、思考题

（1）什么是归一化法、内标法和外标法？三种方法的优缺点各是什么？

（2）绝对和相对校正因子的物理意义是什么？推导本次实验的计算公式。

（3）查阅一篇有关高效液相色谱法的综述文献。

第二部分　综合性实验

第 15 章 碳纳米管及其复合物在电化学生物传感中的应用

15.1 碳纳米管的结构

碳纳米管是由单层或多层石墨烯片围绕中心轴按一定的螺旋角卷曲而成的无缝纳米级管。每层纳米管是一个由碳原子通过 sp^2 杂化与周围 3 个碳原子完全键合后所构成的六边形平面组成的圆柱面，具有完整的分子结构，各单层管的顶端有碳的五边形或七边形参与封闭。碳纳米管的径向尺寸为纳米量级，轴向尺寸为微米量级，甚至厘米量级，具有较大的长径比。单壁碳纳米管是由单层的石墨烯片卷曲而成，导致石墨烯边沿结合形成无缝管状结构，是碳纳米管的最基本结构。单壁碳纳米管具有非常优异的力学和电磁学等方面的性能。单壁碳纳米管的结构可以用卷曲的向量 $\boldsymbol{r}$ 和螺旋角 θ 来定义。如图 15-1（a）所示，卷曲的向量 $\boldsymbol{r}$ 根据式（15-1）计算

$$\boldsymbol{r}=n\boldsymbol{a}+m\boldsymbol{b} \tag{15-1}$$

式中，$\boldsymbol{a}$ 和 $\boldsymbol{b}$ 是石墨烯六边形的基础向量；n 和 m 是整数，不同类型的碳纳米管是由 n 和 m 的数值决定。理论计算认为，当 n、m 为 3 的整数倍时，单壁碳纳米管具有金属导电性，否则呈半导体性质。根据卷曲螺旋角的不同，单壁碳纳米管可以分为扶手椅型（armchair）、螺旋型（chirality）和锯齿型（zigzag）结构，不同的螺旋结构和直径使其具有不同的性能。多壁碳纳米管是由多层柱状碳管同轴套构而成，层数不等，层间距离约为 0.134 nm。多壁碳纳米管具有更加复杂的结构，因此需要 3 个以上的参数来表示。

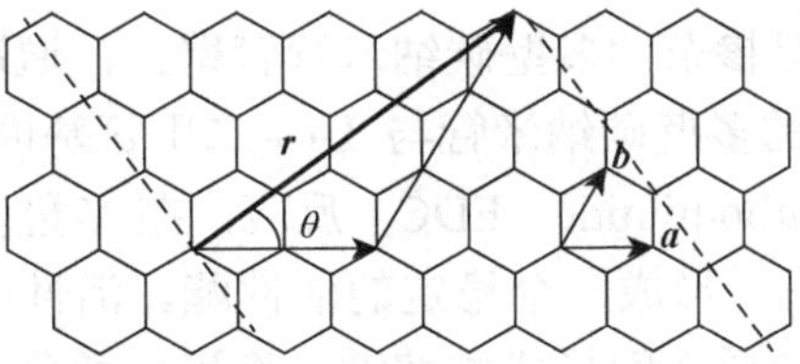

(a) 石墨烯片卷曲形成单壁碳纳米管的几何示意图

(b) 单壁碳纳米管三种结构示意图

图 15-1 碳纳米管的结构

碳纳米管以其特有的物理和化学性质以及独特的准一维分子结构，迅速成为化学、物理及材料科学等领域的研究热点。目前，碳纳米管在理论计算、制备和纯化、生长机理、光谱表征、物理化学性质方面以及在力学、电学、化学和材料学领域的应用研究向纵深发展，在一些方面已取得重大突破，为促进和开拓这种新型一维纳米材料特殊性能的实际应用，提供了必要的理论基础和发展方向。

15.2 碳纳米管的修饰

碳纳米管具有高比表面积，可作为固定生物分子的载体。碳纳米管可以通过非共价键固

定不同的生物分子。两端开口的碳纳米管可以提供一个内部空腔，根据不同分子的尺寸，选择性地结合有机分子和生物分子。通过范德华力和疏水作用等弱相互作用，促使 DNA 分子进入碳纳米管管腔。蛋白质和寡核苷酸分子可以非特异性吸附在碳纳米管外部的侧壁上，非共价键结合到碳纳米管上的蛋白质分子的排布具有离散性。利用单壁碳纳米管的管壁与富勒烯在结构上的相似性，通过π-π共轭效应，将单克隆 IgG C60 抗体在水相体系中特异性地吸附在单壁纳米管的管壁上，从而将富勒烯作为目标抗原用来识别抗体。利用水溶性蛋白抗生蛋白链菌素（streptavidin）与碳膜具有较强的结合能力，通过诱导作用将单层抗生蛋白链菌素固定在多壁碳纳米管表面上。

在碳纳米管的管壁上修饰聚合物，如聚乙二醇（PEG），可以防止蛋白质的非特异性吸附。聚合物的侧链可以进一步用来作为反应界面，通过特异性的共价键合或者特异性的亲和力，将蛋白质分子固定在聚合物上。将生物聚合物（螺旋状的淀粉酶或者寡核苷酸）包裹在碳纳米管的管壁上，或者通过自组装作用将生物分子（脂质体衍生物）修饰在碳纳米管的管壁上，不但可以促进碳纳米管的水溶性，而且能够准确控制这些复合物的表面性质。利用芘和单壁碳纳米管的π-π相互作用，将芘的衍生物 15-芘丁酸琥珀酰亚胺酯不可逆吸附于单壁碳纳米管侧壁表面，并通过有机分子上的氨基与 15-芘丁酸琥珀酰亚胺酯反应，得到侧壁表面固定有蛋白质、DNA 以及生物小分子的单壁碳纳米管。这种方法为碳纳米管非共价键修饰提供了一种简单的模式，结合碳纳米管的电学性质与被固定生物分子的特殊选择性，有可能获得理想的微型生物传感器。

在制备碳纳米管-生物分子复合物的方法中，共价键合生物分子的方法非常重要。共价键合的原位选择性化学反应，极大地丰富了碳纳米管的化学反应，通过对碳纳米管进行特定的化学修饰，可以制备专门的器件满足某些特殊的需要（如生物相容性的体内可植入的生物传感器或生物器件）。首先，将碳纳米管与混酸进行反应，因碳纳米管管壁和端口的结构缺陷处易被氧化，从而在碳纳米管上引入羧基，功能化的生物分子通过各自分子上的氨基，与碳纳米管管壁上的羧基发生缩合生成酰胺键，可用于共价键合如糖单体、寡聚糖、多肽核酸（PNA）和蛋白质等生物分子。其次，在氮掺杂的多壁碳纳米管管壁上，通过两步反应得到碳二亚胺偶联剂活化的氨基化合物。酸化的多壁碳纳米管与 1-(3-二甲氨基丙基)-3-乙基碳二亚胺［*N*-(3-dimethylaminopropyl)-*N*′-ethylcarbodiimide，EDC］反应，在 *N*-羟基琥珀酰亚胺［*N*-hydroxysuccinimide，NHS］存在的条件下，形成一个稳定的活性酯。活性酯与铁蛋白和牛血清蛋白上的氨基反应，在碳纳米管和蛋白质之间形成酰胺键，将蛋白质分子固定在碳纳米管的管壁上。这种两步反应步骤避免了蛋白质分子之间的相互作用，提供了一种在温和条件下普遍有效的将蛋白质分子固定在碳纳米管上的方法。这种固定方法的优点是固定方式均一化，固定的生物分子以亚单层形式存在。另外，通过这种方法进行蛋白质的固定，使存在于蛋白质分子之间的聚合作用可以忽略。在碳纳米管上通过羧基共价键固定寡核苷酸，将胺化的寡核苷酸通过碳二亚胺偶联剂与碳纳米管上的羧基共价键合。残留的寡核苷酸用荧光试剂进行标记，碳纳米管上修饰的寡核苷酸与溶液中的互补序列 DNA 进行分子杂交，合成的 DNA 用染料标记。

15.3　碳纳米管修饰电极

碳纳米管具有优良的导电性，可用作电极材料。碳纳米管已经被制作成为微米尺度和纳米尺度的电极。目前，碳纳米管电极已经广泛地应用于电分析化学领域，包括对氧化还原蛋白质和 DNA 的电化学性质研究。碳纳米管对许多电化学反应都有催化作用，包括对氧气的催化还原反应。氧气的催化还原是燃料电池中阴极的主要反应。在碳糊电极或玻碳电极中掺杂碳纳米管材料，表现出优异的电催化活性，包括对抗坏血酸、尿酸、多巴胺、苯酚、色氨酸和碳水化合物的氧化反应，对过氧化氢和亚硝酸盐的还原反应都有催化作用。碳纳米管能够增强对还原型辅酶Ⅰ二钠（NADH）的电化学氧化和促进对过氧化氢的氧化还原。由于这些电化学催化反应很容易与酶的化学反应相结合，因此在生物化学分析中非常重要。

电化学生物传感器是指将生物识别物质在传感界面上所产生的生物反应化学能通过换能器转换成电信号的分析测试装置。根据构成敏感元件的生物材料的不同，将其分为酶传感器、免疫传感器、微生物传感器、DNA 生物传感器、动植物组织传感器和细胞器传感器等。其中，酶传感器因具有造价低廉、灵敏度高、选择性好等特点备受研究者的青睐。电流型酶传感器是生物传感器领域中研究最多的一种类型，其解决的中心问题是使反应在恒电位下快速进行，将电子从反应中心传递到电极表面，形成响应电流，因此，解决生物活性中心与电极表面间的电子转移问题是电流型生物传感器成功的关键。第一代电流型酶传感器是以氧为电子传递介体，具有背景电流大、响应特性差、易受环境中氧浓度的影响等缺点；第二代电流型酶传感器用氧化还原酶介体代替氧，加强了酶与电极间的电子传输，起到了酶与电极间的电子传递的作用，加速了电极反应，降低了环境干扰，但其中的氧化还原酶介体容易流失，影响其稳定性。目前，研究的热点问题集中在通过实现酶与电极之间的直接电子传递来构建第三代电流型酶传感器。一方面，可以了解蛋白质氧化还原行为的内在规律；另一方面，用于研制无介体型生物传感器。酶的活性中心外部包裹着蛋白质壳，阻碍了酶的活性中心和电极之间的电子传递。没有电子介体存在的条件下，在没有修饰的电极表面，实现蛋白质或酶的直接电子传递非常困难。对于某些蛋白质分子，其活性中心部分暴露在溶液中，通过在电极表面调整蛋白质分子的排列，使蛋白质和电极之间的直接电子传递成为可能。在碳纳米管修饰电极上也可以实现细胞色素 c 的直接电化学。用碳纳米管作为电化学指示电极，对肌红蛋白和辣根过氧化物酶进行电化学检测，可以观察到这些蛋白质活性中心 Fe^{3+}/Fe^{2+}准可逆电化学伏安曲线，说明蛋白质的活性中心和碳纳米管之间可以实现直接电子传递。一方面是因为碳纳米管的表面缺陷导致了较高的表面活性，有利于酶和碳纳米管之间的电子传递；另一方面是因为碳纳米管独特的纳米结构起到了分子导线的作用，将电子传递到酶的氧化还原中心。

碳纳米管作为生物传感器技术和纳米技术相结合的桥梁，通过制备碳纳米管和生物蛋白酶、抗原抗体、DNA、多糖等的复合物，将生物分子与宏观电极材料相结合，为构建纳米尺度的生物传感器开辟了一条崭新的途径。

实验三十　碳纳米管/葡萄糖氧化酶复合物的制备及其应用

一、实验目的和主要内容

碳纳米管是一种有完整分子结构的一维纳米材料，具有良好的生物相容性和优越的导电性，在纳米生物分子电子器件和生物传感器的制备等领域显示了广泛的应用前景。本实验通过共价键合的方法，在碳纳米管表面固定葡萄糖氧化酶，用于葡萄糖电化学生物传感器的制备。使学生了解并掌握碳纳米管/葡萄糖氧化酶复合物具体的合成路线和操作步骤，并学习利用红外光谱、原子力显微镜和透射电子显微镜等技术对合成过程中反应中间产物和最终产物进行系统表征，掌握通过电化学方法对葡萄糖氧化酶的生物活性和特异性识别过程进行表征，以及对葡萄糖的安培检测。

二、实验原理

碳纳米管具有独特的物理化学性质和广泛的用途，拓展碳纳米管在生物学和医学领域中的应用，是目前科学研究的一个热点问题。迄今为止，已经有许多方法用来制备碳纳米管和生物材料的复合物，这些方法包括通过超分子相互作用、非共价键吸附生物分子和共价键固定生物分子于碳纳米管表面。一般过程是先通过化学方法和电化学方法对碳纳米管进行功能化，然后通过非共价键或共价键的作用将生物分子固定在碳纳米管表面，形成碳纳米管/生物分子的复合物。采用共价键合的方法有助于保持固定化在碳纳米管上的生物分子的稳定性和生物活性，利用这种方法已经成功地在碳纳米管表面固定了DNA、蛋白质、生物酶等生物材料，应用于生物分子的特异性识别与生物传感领域。

本实验采用混酸氧化处理碳纳米管，在碳纳米管表面生成大量的反应活性基团——羧基，通过酰化和氨基取代反应得到氨基化的碳纳米管。采用高碘酸盐氧化葡萄糖氧化酶（GOD）壳蛋白上的羟基形成醛基。碳纳米管上的氨基与葡萄糖氧化酶外壳上的醛基发生席夫碱反应，得到稳定的碳纳米管/葡萄糖氧化酶复合物（图15-2）。利用红外光谱、原子力显微镜和透射电子显微镜等手段对复合物进行结构和形貌表征。采用羧基二茂铁作为电子介体（M），基于碳纳米管/葡萄糖氧化酶复合物构建第二代电流型葡萄糖生物传感器，其工作原理如下：

酶　层　　GOD_{ox} + 葡萄糖 $\longrightarrow$ 葡萄糖内酯 + GOD_{red}

修饰层　　$GOD_{red} + M_{ox} \longrightarrow GOD_{ox} + M_{red}$

电　极　　$M_{red} \longrightarrow M_{ox} + ne^-$

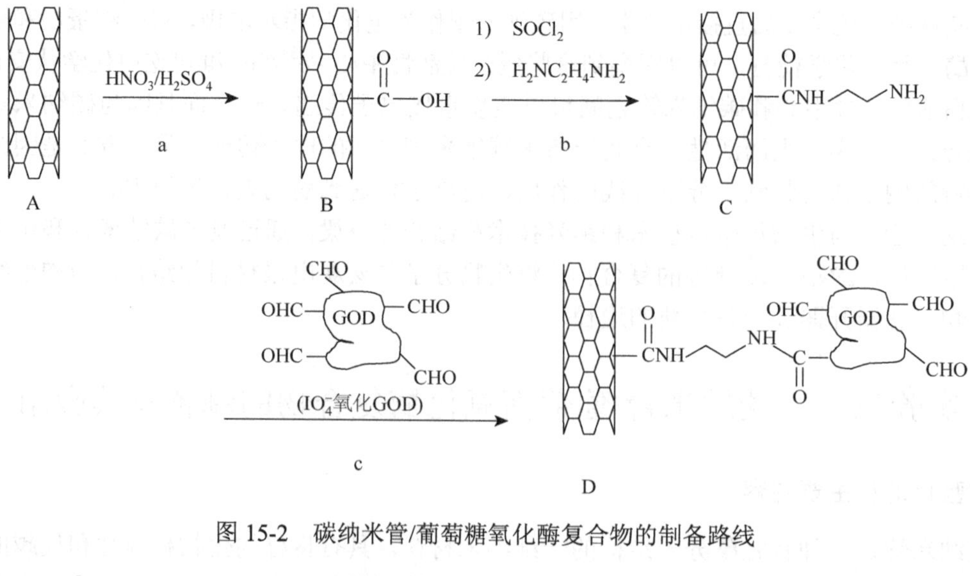

图 15-2　碳纳米管/葡萄糖氧化酶复合物的制备路线

利用电化学方法对葡萄糖氧化酶的生物活性和特异性识别过程进行表征，以及对葡萄糖进行安培检测。

三、仪器与试剂

1. 仪器

250 mL 圆底烧瓶 2 个；100 mL 烧杯 2 个；500 mL 烧杯；500 mL 容量瓶；50 mL 容量瓶；回流冷凝管；电加热套；干燥箱；超声波清洗仪；水浴锅；聚碳酸酯滤膜（孔径：0.22 μm）；透析袋（截留相对分子质量为 10 000）；移液枪；电子天平；pH 计；离心机；磁力搅拌器；傅里叶变换红外光谱仪；原子力显微镜；透射电子显微镜；电化学工作站，三电极系统：玻碳电极作为工作电极，铂电极作为对电极，Ag/AgCl（3 mol/L KCl）电极作为参比电极。

2. 试剂

多壁碳纳米管；硫酸（A.R.）；硝酸（A.R.）；二甲基甲酰胺（A.R.）；二氯亚砜（A.R.）；四氢呋喃（A.R.）；乙二胺（A.R.）；葡萄糖氧化酶（>300 U/mg）；高碘酸钠（A.R.）；乙二醇（A.R.）；单羧基二茂铁（A.R.）；Nafion（质量分数为 5%，75% 乙醇水溶液）；氧化铝抛光液；乙醇（A.R.）；磷酸二氢钾（A.R.）；氯化钾（A.R.）；氢氧化钠（A.R.）；葡萄糖（A.R.）；二次蒸馏水；Tween 20 表面活性剂。

磷酸盐缓冲溶液（PBS）的配制：称取磷酸二氢钾 6.8 g 和氯化钾 3.7 g，溶解于 500 mL 二次蒸馏水中，然后用 1.0 mol/L 的氢氧化钠溶液调节 pH 至 7.40，得到 0.10 mol/L 的磷酸盐缓冲溶液。

葡萄糖标准溶液的配制：称取 9.908 g 葡萄糖，用 0.10 mol/L 磷酸盐缓冲溶液溶解，并定容于 50 mL 容量瓶中，得 1.00 mol/L 葡萄糖储备溶液。放置 24 h 使其达到变旋平衡，使用前用 0.10 mol/L 的磷酸盐缓冲溶液稀释到所需要的浓度。

葡萄糖氧化酶溶液在实验前用 0.10 mol/L 的磷酸盐缓冲溶液配制。实验用水为二次蒸馏水。

四、实验内容与步骤

1. 碳纳米管的修饰

称量 40 mg 多壁碳纳米管加入干净的 250 mL 圆底烧瓶中，再加入 100 mL 2.6 mol/L 的硫酸和硝酸（体积比为 3∶1）组成的混酸，回流 12 h，产物用离心机分离，并用二次蒸馏水洗至中性，70℃条件下干燥，得到羧基化的多壁碳纳米管。用二甲基甲酰胺超声溶解羧基化的碳纳米管，得到稳定的黑色悬浮液。在 70℃水浴条件下，加入二氯亚砜回流 24 h，碳纳米管表面的羧基转变为酰氯。反应完成后的碳纳米管置于聚碳酸酯滤膜上，用无水四氢呋喃溶液洗涤，除去过量的二氯亚砜，洗涤后的产物与乙二胺在室温条件下搅拌反应 30 h，形成中间产物氨基化碳纳米管。

2. 碳纳米管/葡萄糖氧化酶复合物的制备

用高碘酸盐将葡萄糖氧化酶壳蛋白上的羟基氧化成醛基。在避光冰浴条件下，将 2 mL 葡萄糖氧化酶（16 mg/mL）在磷酸盐缓冲溶液中与高碘酸钠反应 1 h，然后加入 100 μL 乙二醇（0.25 mol/mL）溶液，在室温条件下反应 30 min 后终止反应。得到的醛基化的葡萄糖氧化酶通过透析袋进行纯化和富集。将 6 mg 氨基化碳纳米管（1 mg/mL）超声分散在磷酸盐缓冲溶液中形成悬浮液，加入醛基化的葡萄糖氧化酶，碳纳米管上的氨基与葡萄糖氧化酶外壳上的醛基发生席夫碱反应，反应进行 2 h，得到稳定的碳纳米管/葡萄糖氧化酶复合物。产物用离心机分离，并用 10%（质量分数）的 Tween 20 表面活性剂洗涤碳纳米管/葡萄糖氧化酶复合物。

3. 碳纳米管/葡萄糖氧化酶复合物结构和形貌表征

（1）测定红外光谱，对羧基化碳纳米管、氨基化碳纳米管以及碳纳米管/葡萄糖氧化酶复合物的主要红外吸收峰进行归属分析。

（2）采用原子力显微镜和透射电子显微镜技术对碳纳米管、碳纳米管/葡萄糖氧化酶复合物的形貌进行表征，对比二者之间的形貌差别。

4. 葡萄糖电化学生物传感器的构建

以玻碳电极作为工作电极，使用前将电极表面用氧化铝悬浮液进行抛光后，分别在二次蒸馏水和乙醇中超声 5 min。葡萄糖电化学生物传感器制作步骤如下：采用单羧基二茂铁作为电子介体，在碳纳米管/葡萄糖氧化酶复合物的磷酸盐缓冲溶液中加入 0.5% Nafion 和 1 mmol/L 单羧基二茂铁，吸取上述溶液 5 μL，滴涂在玻碳电极表面，室温下干燥，用二次蒸馏水洗涤，在 4℃条件下保存备用。

5. 葡萄糖氧化酶的生物活性和特异性识别过程表征

在磷酸盐缓冲溶液中，以上述修饰电极作为指示电极，在 0.0～0.6 V（vs. Ag/AgCl）范围进行循环伏安扫描，扫描速率为 5 mV/s。对于空白溶液（溶液中没有添加葡萄糖），所得到的循环伏安曲线在 0.35 V 和 0.27 V（vs. Ag/AgCl）处出现一对可逆电流峰，分别对应于电子介体单羧基二茂铁的氧化、还原电流峰。在空白溶液中加入 30 mmol/L 葡萄糖后进行循环伏安扫描，观察是否出现急剧增大的催化氧化电流峰。

6. 安培法检测葡萄糖浓度和传感器性能表征

在磷酸盐缓冲溶液中，检测电位为 0.4 V（vs. Ag/AgCl），每次加入 1 mmol/L 葡萄糖，作传感器对葡萄糖响应的时间-电流曲线。传感器的检测精密度通过对 5 mmol/L 葡萄糖进行平行 7 次测定，计算相对标准偏差。

五、实验结果与数据处理

（1）根据循环伏安曲线，判断键合在碳纳米管表面的葡萄糖氧化酶是否具有生物活性，是否对葡萄糖进行特异性识别。

（2）根据时间-电流曲线，求出传感器对葡萄糖响应的线性范围、检出限和灵敏度。

六、思考题

（1）电流型酶传感器可分为三代，它们各自的工作原理是什么？

（2）在碳纳米管表面固定生物分子的方法有哪些？它们各有什么特点？

（3）通过什么方法可以测量碳纳米管表面固定酶的质量？

第 16 章　电化学发光分析法及应用

电化学发光（electrochemiluminescence，ECL）是在电极上施加一定的电压使电极反应产物之间或电极反应产物与溶液中某组分进行化学反应而产生的一种光辐射。电化学发光与化学发光（chemiluminescence，CL）相同之处是二者的发光均由进行能量及电子转移反应的组分所产生，不同之处是前者的发光由电极上施加的电压所引发和控制，而后者的发光是由试剂的混合所引发和控制。

根据电化学发光的发光强度进行分析的方法称为电化学发光分析法。电化学发光分析法除了具有化学发光分析法所具有的灵敏度高、线性范围宽和仪器简单等优点外，还具有电化学方法的许多优点：①采用电化学方法可以很容易地改变物质的氧化还原能力，可选择更加稳定的试剂，便于电化学可逆的物质循环利用，有利于实现需要极端不稳定试剂参与的化学发光分析；②由于发光是通过电化学激发的，便于调节发光的时间和空间；③可以同时提供电流信号，便于发光机理研究等。

16.1　电化学发光体系

电化学发光体系归纳起来主要分为三大类：无机金属配合物电化学发光体系、有机化合物电化学发光体系和半导体纳米材料电化学发光体系。

1. 无机金属配合物电化学发光体系

很多无机金属的配合物和团簇分子都显示出作为 ECL 发光体必需的电化学和光学性质，其中包括 Ag、Al、Au、Cd、Cr、Cu、Eu、Hg、Ir、Mo、W、Os、Pd、Pt、Re、Ru、Si、Tb、Tl 等。其中，$Ru(bpy)_3^{2+}$ 及其衍生物具有发光效率高、在室温的水或非水溶剂中稳定性好及在较低电位下单电子转移过程可逆等光化学和电化学特性，因而在电化学发光体系及生物分析中的研究最为广泛。

2. 有机化合物电化学发光体系

有机化合物的电化学发光体系主要有三大类：①以 9, 10-二苯基蒽（DPA）及光泽精（*N, N* 二甲基二吖啶硝酸盐，DMBADN）为代表的稠环芳香烃类（PAHs）化合物体系；②以鲁米诺（Luminol）为代表的酰肼类化合物体系；③以三键桥联喹啉或异喹啉的电子接受体和芳香环的电子给予体为代表的电子给体-受体型化合物体系。以苯基蒽和氮蒽（吖啶）为代表的稠环芳香烃类化合物水溶性差，其电化学发光反应要求在除氧和除杂的非水介质如乙腈、四氢呋喃等中进行，其机理是通过在质子惰性的溶剂中自由基湮灭产生电化学发光，所以该类型反应在分析应用尤其是生物分子分析上受到很大限制。近年来，以光泽精为代表的吖啶酯类化合物在过氧化氢存在下也表现出了电化学发光活性，并被用于检测维生素 B_2、人绒毛膜促性腺激素及卟啉铁等。酰肼类电化学发光化合物以 Luminol 及其衍生物为代表，具有发光效率高、试剂稳定及反应可在水相中进行等特点，其电化学发光机理研究已十分成熟。Luminol 发光需在碱性条件下且有共反应物 H_2O_2 存在时才能进行。由于 H_2O_2 和溶解氧都能增强 Luminol 的电化学发光信号，又是生物体内许多底物（如葡萄糖、胆碱和乳酸等）及其相应酶的代谢产物，因此，Luminol-H_2O_2 体系的酶促电化学发光反应是分析检测生物酶反应底物的有效方法。电子给体-受体型化合物由于水相发光不稳定而极少用于生物分析中。

3. 半导体纳米材料电化学发光体系

半导体纳米材料（NPs）也称纳米晶或量子点（quantum dots，QDs）。2002 年首次报道了 SiNPs 在乙腈溶液中的自身湮灭发光和与共反应试剂 $C_2O_4^{2-}$、$S_2O_8^{2-}$ 的电化学发光现象。除了单一元素半导体材料（如 Si 和 Ge）具有电化学发光性质外，许多半导体化合物（如 CdS、CdSe 和 CdTe）也可以产生电化学发光。半导体纳米颗粒固相修饰层电化学发（的研究还包括 PbSe、分子有机相中的单层 CdSe、CdSe/ZnS、ZnS/CdSe 及 CdSe/CdS 的核壳型修饰层。因为半导体的纳米颗粒可以应用在光电子系统或作为未来纳米电子设备的一部分，所以这些半导体纳米颗粒固相修饰层的电化学发光研究对生物传感器构建极为重要。

16.2　电化学发光分析的仪器

电化学发光检测与荧光检测有一定的相似之处，即两者都是对发光信号进行检测，而主要的区别在于激发态中间体产生的方式不同，前者是由电化学反应产生激发态的中间体，后者则是光源的光辐射产生激发态中间体。来自激发光源的背景噪声是影响分子荧光分析法灵敏度的主要问题之一，而电化学发光检测不需要激发光源，因而该方法具有更高的灵敏度，一般比荧光法的灵敏度要高 2～3 个数量级，已成为目前最灵敏的检测方法之一，其方法检出限可达 10^{-15}～10^{-21} mol/L。

典型的电化学发光检测系统主要包括两个部分：电化学信号激发系统和光信号检测系统。基本原理都是利用待测组分的浓度与体系的电化学发光强度呈线性关系，且电化学发光强度随体系反应速率的变化而增强或减弱。

一般电化学发光仪器由实验者自己组装，其主要组成部分包括电信号发生装置、电化学发光反应池（电解池）、光-电转换装置和记录系统。电信号发生装置可以采用普通的电化学仪器，使用方波、正弦波、三角波和多种脉冲信号（包括线性扫描、正矩形扫描、双阶跃脉冲等）。电化学发光反应池是发生反应的场所，一般分为静态式和流动式两种，是电化学发光系统的核心部分。反应池的设计通常采用三电极系统，包括工作电极、参比电极和辅助电极。其中工作电极是电化学发光装置中最基本、最富于变化的器件，可以选用不同的基底电极并采用不同的修饰材料和方法使电极具有不同的性质、不同的灵敏度和不同的电化学发光行为，如聚合物修饰电极、离子交换膜修饰电极、自组装膜修饰电极、杂化材料复合物修饰电极和碳糊电极等，这些电极的使用对于提高分析的选择性和灵敏度都发挥了重要的作用。

16.3　联吡啶钌电化学发光分析的应用

电化学发光检测法不需要外部光源，消除了杂散光及光源发光不稳定而导致信号波动的缺点，从而降低了噪声、提高了信噪比，再加上灵敏的光电检测技术使该法具有灵敏度高、线性范围宽、仪器简单等优点，比较适合生物、医药、临床、环境等领域复杂组分的高灵敏度测定。

近年来，虽然新型电化学发光试剂的合成和应用研究方面取得了比较大的发展，联吡啶钌[$Ru(bpy)_3^{2+}$]仍由于其电化学可逆、可重复激发、发光效率高、检测灵敏度高、线性范围宽、稳定性好等诸多优点，成为研究和应用最多的电化学发光活性物质，并被成功地用于胺类物质、醇类物质、药物、免疫、DNA 的分析等诸多领域。

$Ru(bpy)_3^{2+}$ 发光机理如下：

$$Ru(bpy)_3^{2+} + e^- \longrightarrow Ru(bpy)_3^{+}$$

$$Ru(bpy)_3^{2+} - e^- \longrightarrow Ru(bpy)_3^{3+}$$

$$Ru(bpy)_3^{+} + Ru(bpy)_3^{3+} \longrightarrow Ru(bpy)_3^{2+} + Ru(bpy)_3^{2+*}$$

$$Ru(bpy)_3^{2+*} \longrightarrow Ru(bpy)_3^{2+} + h\upsilon$$

由于 $Ru(bpy)_3^{+}$ 在水溶液中十分不稳定，采用改变电位依次产生 $Ru(bpy)_3^{3+}$ 和 $Ru(bpy)_3^{+}$ 的方法一般无法在水溶液中观察到发光。有报道将乙二酸、过硫酸根、三丙胺等作为 $Ru(bpy)_3^{2+}$ 的共反应试剂以增强电化学发光强度，拓宽了该体系的应用。

在 $Ru(bpy)_3^{2+}$ 电化学发光研究中，大部分是将 $Ru(bpy)_3^{2+}$ 与其他反应物都溶解在水相电解质中，而发光反应发生在电极表面附近的扩散层中，这样就需要不断将化学发光试剂或催化剂输送到电解池，以补充消耗的试剂。较昂贵的 $Ru(bpy)_3^{2+}$ 作为反应试剂被大量消耗，造成了环境的污染，且分析成本较高。利用 $Ru(bpy)_3^{2+}$ 在电化学发光反应中可循环再生的特性，可将 $Ru(bpy)_3^{2+}$ 固定到固体载体或膜上，不仅可以减少昂贵试剂的消耗，还可以提高电化学发光检测的灵敏度，获得稳定的重现性。

1980 年，Rubinstein 和 Bard 首先报道了 Nafion 膜包埋 $Ru(bpy)_3^{2+}$ 修饰电极的电化学发光。目前文献报道的 $Ru(bpy)_3^{2+}$ 的固定化方法主要有 Langmuir-Blodgett 膜技术、自组装技术、聚合物膜技术和溶胶-凝胶技术等方法。通过适当的方法将 $Ru(bpy)_3^{2+}$ 固定在电极表面制成便宜、高效的电化学发光传感器是目前电化学发光研究中一项重要的内容。

实验三十一　电化学发光分析法测定牛奶中的青霉素

一、实验目的和主要内容

随着抗生素在乳畜饲养业中的广泛应用，造成了牛奶中药物的残留，这不仅危害人体健康，也影响牛奶的品质。非法滥用此类抗生素的后果是，增加了食物链中抗生素残留，长期食用带有低浓度的抗生素残留的食物将影响人体的健康。因此，寻求快速、简便、灵敏的方法检测牛奶中抗生素的含量，对保障人们饮用牛奶的卫生和安全具有十分重要的意义。本实验基于β-内酰胺类抗生素对$Ru(bpy)_3^{2+}$电化学发光信号的影响，对β-内酰胺类抗生素进行测定。通过本实验，掌握电化学发光测定的基本方法及电化学发光分析仪的使用。

二、实验原理

β-内酰胺类抗生素作为兽药广泛应用于畜牧业中，在养牛业中经常用来治疗牛乳腺炎、肺炎、细菌性腹泻及细菌性关节炎等疾病。尤其值得关注的是，即使奶牛无上述疾病，作为预防措施，这类抗生素也会作为一种添加剂应用于畜产品中。β-内酰胺类抗生素包括青霉素和头孢菌素，其结构如图 16-1 所示。其中，A 环为β-内酰胺环，B 环为氢化噻唑环。青霉素和头孢菌素的共同特点是都有一个含有三级胺的β-内酰胺环。水解反应可使β-内酰胺环打开，由三级胺转化为二级胺。

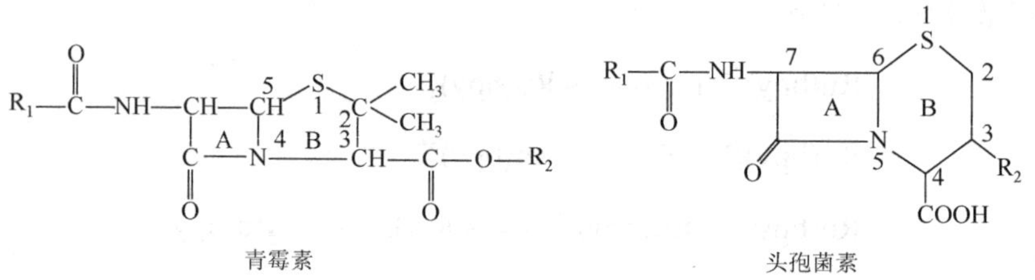

图 16-1　青霉素和头孢菌素的结构

本实验基于 β-内酰胺类抗生素对$Ru(bpy)_3^{2+}$电化学发光信号的影响，对其进行测定。胺类物质尤其是叔胺类物质，对$Ru(bpy)_3^{2+}$电化学发光具有显著的增强作用，可以作为$Ru(bpy)_3^{2+}$电化学发光反应的共反应试剂。而 β-内酰胺类抗生素也可以对$Ru(bpy)_3^{2+}$电化学发光体系产生较强的增敏作用，并且当β-内酰胺类抗生素水解后，其β-内酰胺环发生断裂，对$Ru(bpy)_3^{2+}$电化学发光体系的增敏作用会发生显著变化。

本实验利用青霉素、氨苄青霉素、阿莫西林三种β-内酰胺类抗生素水解前后对$Ru(bpy)_3^{2+}$电化学发光反应增敏行为的变化，利用电化学发光分析法监测β-内酰胺类抗生素的水解程度，并与紫外-可见分光光度法分析结果进行对照；利用青霉素对$Ru(bpy)_3^{2+}$电化学发光反应的增敏作用，用电化学发光分析法测定牛奶中青霉素的含量。

三、仪器与试剂

1. 仪器

MPI-E 型电化学发光分析仪（西安瑞迈分析仪器有限责任公司），包含三电极系统一套，其中工作电极为玻碳电极，参比电极为 Ag/AgCl 电极，对电极为铂电极；紫外分光光度计。

2. 试剂

青霉素；氨苄青霉素；阿莫西林；$Ru(bpy)_3^{2+}$；纯化的 β-内酰胺酶（EC3.5.2.6，来自枯草芽孢杆菌）；牛奶（购自当地市场）；0.1 mol/L 磷酸钠缓冲溶液；Triton X-100；0.2 mol/L NaOH；0.2 mol/L HCl。

四、实验内容与步骤

1. 未经水解抗生素的电化学发光分析

取 20 μL 1.0 mmol/L 的青霉素（或氨苄青霉素、阿莫西林），加入 2.0 mL pH 为 7.5 的磷酸钠缓冲溶液（0.1 mol/L）中，再加入 20 μL 40 mmol/L 的 $Ru(bpy)_3^{2+}$ 和 0.05%（体积分数）的 Triton X-100，在 0～1.2 V 进行电位扫描，测定电化学发光信号强度，记为 I_0。

2. 经酶水解抗生素的电化学发光分析

取 20 μL 1.0 mmol/L 的青霉素（或氨苄青霉素、阿莫西林），加入 2.0 mL pH 为 7.5 的磷酸钠缓冲溶液（0.1 mol/L）中，再加入 20 μL 278 nmol/L 的 β-内酰胺酶，水解 30 min，再加入 10 μmol/L $Ru(bpy)_3^{2+}$ 和 0.05% Triton X-100 各 20 μL，随后按照程序进行电化学发光分析，记录发光信号强度 I_1。

3. 经 NaOH 水解抗生素的电化学发光分析

取 20 μL 1.0 mmol/L 的青霉素（或氨苄青霉素、阿莫西林），加入 2.0 mL pH 为 7.5 的磷酸钠缓冲溶液（0.1 mol/L）中，再加入 50 μL 0.2 mol/L NaOH，水解过夜，用 0.2 mol/L HCl 调节样品溶液 pH 至中性；再加入 10 μmol/L $Ru(bpy)_3^{2+}$ 和 0.05% Triton X-100 各 20 μL，随后按照程序进行电化学发光分析，记录发光信号强度 I_2。

4. 紫外-可见分光光度法研究抗生素的水解

取上述 1、2、3 分析步骤中制备的未加入 $Ru(bpy)_3^{2+}$ 和 Triton X-100 的抗生素试液进行紫外分光光度分析。由于各种抗生素水解的本质不同，测定条件对紫外分光光度分析结果产生影响。青霉素和氨苄青霉素测定时使用 1 cm 的比色皿，在 240 nm 处进行测定；阿莫西林用 2 cm 的比色皿，在 240 nm 处进行测定。观察样品水解前后测定波长处吸收峰的变化，以确定水解反应是否发生以及程度如何。

5. 牛奶中青霉素的电化学发光信号测定

取 50 μL 120 μmol/L 的 $Ru(bpy)_3^{2+}$ 、0.6% Triton X-100 以及 2.0 mL 的磷酸钠缓冲溶液（0.1 mol/L，pH 为 7.5），直接进行电化学发光测定，记录此发光信号强度 I_0。取不含抗生素的牛奶 2.0 mL，加入 50 μL 120 μmol/L 的 $Ru(bpy)_3^{2+}$ 和 0.6% Triton X-100 以及 200 μL 的磷酸钠缓冲溶液（0.1 mol/L，pH 为 7.5），进行电化学发光测定，记录此发光信号强度 I_0'。在不含有抗生素的牛奶中添加 50 μL 1.0 mmol/L 的青霉素，加入 50 μL 120 μmol/L 的 $Ru(bpy)_3^{2+}$ 和 0.6% Triton X-100 以及 200 μL 的磷酸钠缓冲溶液（0.1 mol/L，pH 为 7.5），取一份直接进行电化学发光测定，记录发光信号强度 I_1'。另一份加入 20 μL 278 nmol/L 的 β-内酰胺酶，30 min 后，再测定电化学发光信号，记录发光信号强度 I_2'。

五、实验结果与数据处理

本实验中，不同抗生素水解的效果、紫外分光光度法分析抗生素的水解效果、牛奶中青霉素的电化学发光信号数据记录，分别见表 16-1、表 16-2 和表 16-3。

1. 不同抗生素水解的效果

表 16-1　不同抗生素水解的效果

抗生素	水解方式	
	酶解	碱解
青霉素	$A=\frac{I_1}{I_0}=$	$A'=\frac{I_2}{I_0}=$
氨苄青霉素	$B=\frac{I_1}{I_0}=$	$B'=\frac{I_2}{I_0}=$
阿莫西林	$C=\frac{I_1}{I_0}=$	$C'=\frac{I_2}{I_0}=$

2. 紫外分光光度分析抗生素的水解效果

表 16-2　紫外分光光度分析抗生素的水解效果

抗生素	水解方式			
	酶解前	酶解后	碱解前	碱解后
青霉素				
氨苄青霉素				
阿莫西林				

3. 牛奶中青霉素的电化学发光信号测定

表 16-3　牛奶中青霉素的电化学发光测定数据

试剂空白	试样空白	酶解前	酶解后
$I_0=$	$I_0'=$	$I_1'=$	$I_2'=$

六、思考题

（1）比较酶解和碱解后抗生素电化学发光信号强度的变化，说明水解方式对抗生素水解程度、特别是β-内酰胺环开环程度的影响，并分析其可能的原因。

（2）牛奶中青霉素经水解后电化学发光信号的增大程度与在缓冲溶液中的青霉素水解后的电化学发光信号相比，有所降低，分析其可能的原因。

（3）据报道，“无抗奶”（宣称其中不含抗生素的牛奶）是在牛奶中加入β-内酰胺酶作为抗生素分解剂，其一旦加入牛奶，就检测不出抗生素了。但是由于该制剂的安全性风险未知，因此所有乳制品生产企业严禁在产品中添加此类物质。如何利用抗生素的电化学发光特性判断牛奶中是否添加了抗生素分解剂？

第 17 章　生物质谱技术及其在蛋白质分析中的应用

蛋白质组学是当今生命科学领域中最热门的研究课题，目前蛋白质组学研究主要集中在三个方面：①蛋白质的表达模式（或蛋白质组组成）的研究，蛋白质组成的分析鉴定是蛋白质组学中与基因组学相对应的主要内容，它要求对蛋白质组进行表征，即所有蛋白质的分离、鉴定及图谱化，它对寻找疾病诊断的标志物、筛选药物靶点、毒理学研究等有重要的意义；②蛋白质组功能模式（主要集中在蛋白质相互作用网络关系）的研究，功能模式主要研究蛋白质的细胞定位和活性，蛋白质之间相互作用的连锁关系及其由此实现的信号传递与调控作用，揭示基因和蛋白质的功能，阐明相关疾病的分子机制；③蛋白质组学中的生物信息学研究。

随着功能蛋白质组学的提出，蛋白质组学研究已扩展到除蛋白质组表达谱以外的多个领域，如蛋白质翻译后修饰、蛋白质相互作用、蛋白质芯片等，但其中的大部分研究仍然要求实现对组织、体液或细胞来源的蛋白质或蛋白质群的识别或全新序列分析，而此类研究由于体内蛋白质的高度复杂和大量低丰度蛋白质的存在，对分析技术提出了巨大挑战，生物质谱技术则是适应这一需求的必然选择。

17.1　生 物 质 谱

生物质谱近年来取得了飞速发展。由于其具有准确度、灵敏度和自动化程度高的特点，能够准确测定多肽和蛋白质的相对分子质量、氨基酸序列及翻译后修饰，开启了大规模的蛋白质自动化鉴定之门，因此，生物质谱已经成为研究生物大分子特别是蛋白质研究的主要支撑技术之一，在对蛋白质结构分析的研究中占据了重要地位。生物质谱有多种电离方式，其中，目前最常用的是基质辅助激光解吸电离（matrix-assisted laser desorption/ionization，MALDI）和电喷雾电离（electrospray ionization，ESI）两种软电离技术。2002 年，诺贝尔化学奖授予日本的田中耕一（Koichi Tanaka）和美国的芬恩（Fenn），以表彰他们分别在发展 MALDI 和 ESI 技术方面做出的杰出贡献。

生物质谱分析蛋白质的基本原理是通过电离源将蛋白质分子转化为离子，然后利用质谱分析仪的电场、磁场将具有特定质荷比（m/z）的蛋白质离子分离开来，经过离子检测器收集分离的离子，确定离子的 m/z 值，分析鉴定未知蛋白。通常结合相应的处理及其他技术，能够比较准确、快速地鉴定蛋白质。

生物质谱仪通常包含三个部分：离子源、质量分析器和检测器。近年来涌现出较成功地用于生物大分子质谱分析的软电离技术主要有下列几种：电喷雾电离、基质辅助激光解吸电离、快原子轰击、离子喷雾电离、大气压电离。在这些软电离技术中，MALDI 和 ESI 是蛋白质组学研究中最为常用的两种离子化方式。

17.2　ESI 和 MALDI 电离技术

电喷雾电离质谱（ESI-MS）是在毛细管的出口处施加一高电压，所产生的高电场使从毛细管流出的液体雾化成细小的带电液滴，随着溶剂蒸发，液滴表面的电荷强度逐渐增大，最后液滴崩解为大量带一个或多个电荷的离子，致使分析物以单电荷或多电荷离子的形式进入气相。电喷雾离子化的特点是产生高电荷离子而不是碎片离子，使 m/z 降低到多数质量分析仪器都可以检测的范围，因而大大扩展了相对分子质量的分析范围，离子的真实相对分子质量也可以根据 m/z 及电荷数算出。ESI-MS 的优势就是它可以方便地与多种分离技术联合使用，如液-质联用（LC-MS）是将液相色谱与质谱联用而达到检测大分子物质的目的。

基质辅助激光解吸电离飞行时间质谱（MALDI-TOF MS）是将多肽成分转换成离子信号，并依据 m/z 对多肽进行分析，以判断该多肽源自哪一种蛋白。MALDI 质谱技术的基本原理是将分析物分散在基质分子中并形成晶体，当用激光照射晶体时，基质分子经辐射吸收能量，能量蓄积并迅速产热，从而使基质晶体升华，致使基质和分析物膨胀并进入气相。MALDI 所产生的质谱图多为单电荷离子，因而质谱图中的离子与多肽和蛋白质的质量有一一对应关系。MALDI 产生的离子常用飞行时间（TOF）质量分析器来检测，理论上讲，只要飞行管的长度足够，TOF 质量分析器可检测分子的质量数是没有上限的，因此，MALDI-TOF MS 很适合对蛋白质、多肽等生物大分子进行研究。

MALDI-TOF MS 常用于分析较简单的肽段混合物，如二维凝胶电泳蛋白质点或单一的凝胶电泳（SDS-PAGE）分离蛋白质的酶切提取肽混合物，进而获得肽质量指纹图谱（PMF）信息，是目前蛋白质组学研究中最常用的胶上蛋白质鉴定技术。ESI-LC MS 同时具有分离和鉴定功能，常用于鉴定复杂肽混合物，如混合蛋白溶液酶切产物或 SDS-PAGE 胶上混合蛋白质条带鉴定。由于 ESI-LC MS 常具有串联质谱功能，可能获得肽段序列信息，因此得到的鉴定结果更为可靠。

17.3　质谱分析蛋白质的方法

用于质谱分析蛋白质的方法主要有三种：

（1）肽质量指纹图谱法（peptide mass fingerprinting，PMF），即用特异性的酶解或化学水解的方法将蛋白质切成小的片段，然后用质谱检测各产物肽的相对分子质量，将所得的蛋白酶解肽段质量数在相应的数据库中检索，寻找相似肽质量指纹谱，从而绘制“肽图”。由此可见，相对分子质量的精确度是 PMF 的关键指标所在，但蛋白质的翻译后修饰可能使 PMF 的质量数与理论值不符，所以这就需要与序列信息适当结合。

（2）碰撞诱导解离技术（collision-induced dissociation，CID）。碰撞诱导解离技术是二级质谱里的一种碎片化技术，可以将母离子打碎成多种碎片离子。其是利用待测分子在电离及飞行过程中产生亚稳离子，通过分析相邻同组类型峰的质量差，识别相应的氨基酸残基。串联质谱的肽序列图需要读出部分氨基酸序列与前后的离子质量和肽段母质量相结合，这种鉴定方法称为肽序列标签（peptide sequence tag，PST）。

（3）梯形肽片段测序法（ladder peptide sequencing）。与 Edman 法有相似之处，是用化学探针或酶解法使蛋白或肽从 N 端或 C 端逐一降解下氨基酸残基，产生包含仅异于一个氨基酸残基质量的系列肽，名为“ladder”，经质谱检测，由相邻肽峰的质量差而得知相应氨基酸残基。其中的问题是由于酶解速度不一，易受干扰。

目前，在蛋白质组学研究中，部分经双向电泳分离的蛋白质样品无法通过 PMF 鉴定或鉴定结果不明确，可将反射场源后衰变（post source decay，PSD）测序功能应用于这些蛋白质的鉴定。随着对 PSD 技术的不断研究和发展，尤其是结合 MALDI-TOF MS 本身所具有的高灵敏度、高通量、样品靶点可多次应用测定、分析时主要产生单电荷准分子离子以及能够耐受一定量的盐和干扰物等特点，PSD-MALDI-TOF-MS 将会在蛋白质组学、代谢组学以及药物筛选的研究中发挥更大的作用。

实验三十二　基质辅助激光解吸电离飞行时间质谱对肌红蛋白的测定

一、实验目的和主要内容

利用反相液相色谱（RPLC）和基质辅助激光解吸电离飞行时间质谱（MALDI-TOF MS）对肌红蛋白（myoglobin，MYO）的胰蛋白酶（trypsin）酶解产物进行分离分析，通过 MYO 酶解片段的肽质量指纹图谱（PMF）和利用反射场源后衰变（PSD）技术得到的二级质谱数据，在蛋白质数据库中搜寻确认蛋白。

二、实验原理

MALDI-TOF MS 是一种新型的软电离生物质谱，和其他质谱一样，也是通过测定样品离子的质荷比（m/z）来进行组成和结构分析的。仪器主要由两部分组成：MALDI 离子源和 TOF 质量分析器。此外还包括真空系统、供电系统和数据处理系统等辅助设备。

1. 基质辅助激光解吸电离

MALDI 的基本原理是将样品分散在基质分子中并形成晶体，当用激光照射晶体时，基质分子从激光中吸收能量传递给生物分子，能量蓄积并迅速产热，从而使基质晶体升华，致使基质和生物分子膨胀并进入气相，基质将质子转移到生物分子或从生物分子得到质子，使生物分子电离，如图 17-1 所示。MALDI 所产生的质谱图多为单电荷离子，因而质谱图中的离子与多肽和蛋白质的质量有一一对应关系。

2. 飞行时间质量分析器

TOF 质量分析器的原理是离子在电场作用下加速飞过飞行管道，根据到达检测器的飞行时间不同而被检测。具有相同动能、不同质量的离子，因其飞行速度不同而分离。如果固定离子飞行距离，则不同质量离子的飞行时间不同，质量小的离子飞行时间短而首先到达检测器。各种离子的飞行时间与 m/z 的平方根成正比。离子以离散包的形式引入质谱仪，这

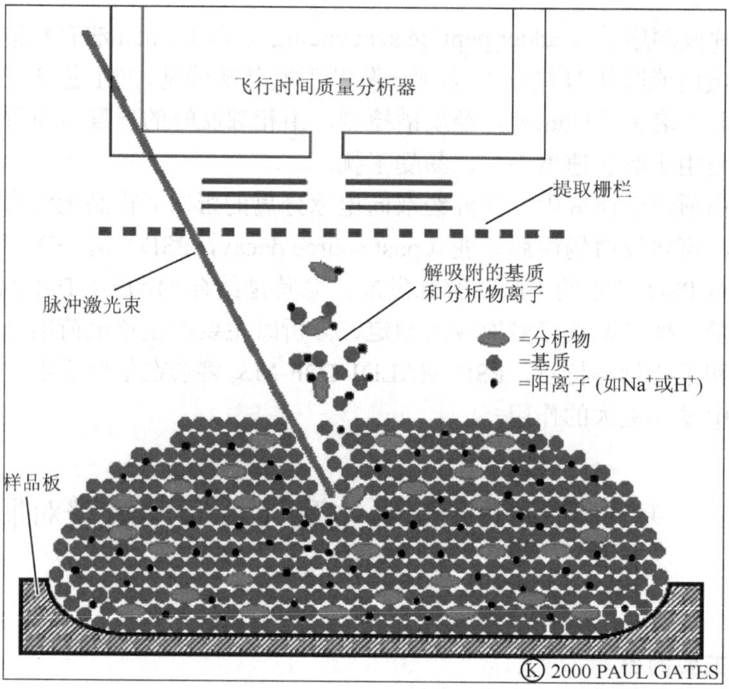

图 17-1　MALDI 过程示意图

337nm 激光

样可以统一飞行的起点，依次测量飞行时间。离子通过一个脉冲或者一个栅系统连续产生，但只在一特定的时间引入飞行管，测量过程如图 17-2 所示。根据离子带电性质，可分为正电荷、负电荷检测模式。同时根据到达检测器方式的不同，又可分为线性检测模式和反射检测模式。

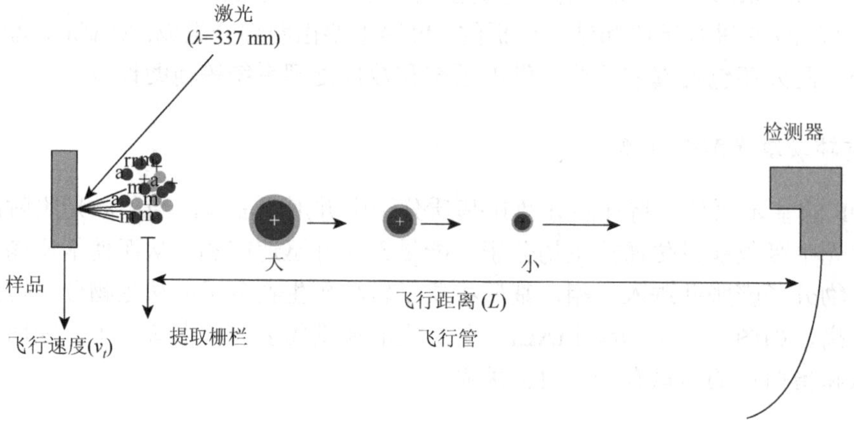

图 17-2　飞行时间质量分析器示意图

3. 肽质量指纹图谱技术

对蛋白质快速、准确的鉴定是蛋白质组学研究中必不可少的关键性的一步。采用 MALDI-TOF MS 测得 PMF，在数据库中查询识别的方式鉴定蛋白质，是目前蛋白质组学研究中普遍应用的最主要的鉴定方法。PMF 是蛋白质被识别特异酶切位点的蛋白酶水解后得到的肽片段的质量图谱。由于每种蛋白的氨基酸序列（一级结构）都不同，当蛋白被水解后，产生的肽片段序列也各不相同，因此，其 PMF 也具有特征性。

4. 肽序列标签技术

由于 PMF 鉴定结果的可靠性受诸多因素影响，部分鉴定结果往往不是十分准确，特异性不高。多肽氨基酸序列匹配被认为是特异性最好的鉴定方法。在反射式 MALDI-TOF MS 中，可以利用 PSD 技术使电离后形成的亚稳分子离子在飞经无场区（飞行管区）时发生裂解产生子离子（源后分解碎片离子），可以通过不断改变反射器电压来进行分离、收集并记录于检测器，形成能为多肽和蛋白质一级结构提供十分丰富而有效的结构信息的 PSD 质谱图。利用 PSD 质谱图，结合数据库检索可以迅速、高特异性地鉴定蛋白质。

通常，蛋白质分析及结构鉴定的技术路线如图 17-3 所示。

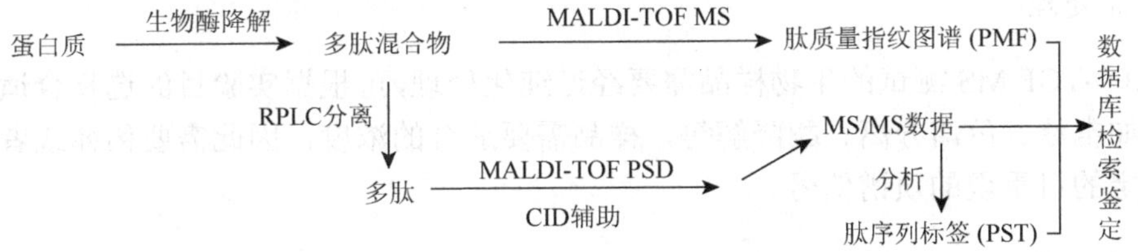

图 17-3　蛋白质分析及结构鉴定的技术路线

本实验以肌红蛋白为模型蛋白，依据上述途径，对其中的条件作了优化选择，得到的质谱数据以 PMF、MS/MS、PST 三种方式进行蛋白质数据库检索，最终得到准确可靠的蛋白序列信息。

三、仪器与试剂

LC-10Avp 高效液相色谱系统；纯水器（美国 Pall 公司）；恒温水浴仪；基质辅助激光解吸电离飞行时间质谱仪（MALDI-TOF MS）（岛津集团克雷托斯分析仪器公司，英国）。

肌红蛋白（MYO，取自马的心脏，美国 Sigma 公司）；胰蛋白酶（美国 Sigma 公司）；甲醇（A.R.），乙腈（色谱纯，美国 Fisher 公司），碳酸氢铵（A.R.）；三氟乙酸（美国 Fluka 公司）；三次蒸馏水；*α*-氰基-4-羟基肉桂酸（CHCA，质谱纯，美国 Sigma 公司）；质谱分子量校正标准试剂盒（美国 Sigma 公司）。

四、实验内容与步骤

1. 样品制备

样品制备的基本方法：选择合适的基质与溶剂，将 10 mg 基质溶于 1 mL 溶剂，配制成饱和基质溶液，将样品与基质浓度比调节为 1∶1 后，取 0.5 μL 样品基质溶液滴在质谱金属靶板上并记录位置，室温下干燥结晶。

2. 基质的选择

表 17-1 中列出了常见的 MALDI 基质及其溶剂与适用范围。最常用的基质有三种，分别

是2, 5-二羟基苯甲酸、3, 5-二甲氧基-4-羟基肉桂酸（芥子酸）和α-氰基-4-羟基肉桂酸。用高纯水和有机溶剂（乙腈或乙醇）混合作为溶剂溶解基质配制溶液，也可适当加入三氟乙酸（TFA）。例如，配制浓度为20 mg/mL芥子酸时，采用的溶剂为$V_{乙腈}$∶$V_{水}$∶$V_{三氟乙酸}$=50∶50∶0.1。

表17-1　MALDI常用基质

化合物	缩写	溶剂	UV波长/nm	分析物
2, 5-二羟基苯甲酸	DHB	乙腈、水、甲醇、丙酮、氯仿	337、355、266	肽类、核苷酸、低聚糖
3, 5-二甲氧基-4-羟基肉桂酸	SA	乙腈、水、丙酮、氯仿	337、355、266	肽、蛋白质、脂类
4-羟基-3-甲氧基肉桂酸	FA	乙腈、水、丙醇	337、355、266	蛋白质
α-氰基-4-羟基肉桂酸	CHCA	乙腈、水、乙醇、丙酮	337、355	肽、脂类、核苷酸
吡啶酸	PA	乙醇	266	寡核苷酸
3-羟基吡啶甲酸	HPA	乙醇	337、355	寡核苷酸

3. 样品处理

MALDI-TOF MS测试的生物样品需要经过纯化处理，可根据实验目的选择合适的样品处理方式，如电泳、色谱分离、酶降解等。样品需要适合的浓度，因此需要稀释或者浓缩处理以获得稳定的可重现的质谱信号。

4. 实验条件

色谱条件：色谱柱为ODS柱（150 mm×4.6 mm i.d.，5 μm）（北京金欧亚科技发展有限公司）；流动相A：0.1%三氟乙酸-水，流动相B：0.1%三氟乙酸-甲醇；洗脱梯度：0～30 min，10%～100%流动相B，30～45 min，100%流动相B；流速：1.0 mL/min；检测波长：254nm。

质谱条件：MALDI-TOF MS使用Kompact质谱工作站。样品与基质以体积比1∶1混合，点样2 μL于靶体上，基质CHCA用0.1%的三氟乙酸和乙腈以50∶50（体积比）混合溶解后配成饱和溶液，浓度约为10 mg/mL，将点好的样品在室温下干燥。所有的肽段相对分子质量均在反射模式下测定，加速电压为20 kV；质谱数据用血管收缩素Ⅱ（AngiotensinⅡ）和促肾上腺皮质激素（ACTH）18～39肽片段及$P_{14}R$为外标进行校正。

MYO的酶解：MYO样品用50 mmol/L NH_4HCO_3（pH=7.8）稀释至浓度为100 pmol/μL，胰蛋白酶也用50 mmol/L NH_4HCO_3（pH=7.8）稀释至浓度为10 mg/mL，将10 mg/mL胰蛋白酶溶液加到蛋白溶液中，使蛋白样品/胰蛋白酶加入质量比为10∶1，然后置于37℃恒温水浴，20 h后取出，最后加入三氟乙酸终止酶解反应。

蛋白质质谱数据库检索：在互联网网站（http://www.matrixscience.com）将所得到的PMF、MS/MS及初步分析后的肽序列数据通过Mascot检索程序连接质谱数据库进行蛋白质结构鉴定。

五、实验结果与数据处理

1. MYO酶解多肽混合物的测定

本实验选用蛋白样品/胰蛋白酶加入质量比为10∶1，MYO浓度为100 pmol/μL，于37℃

恒温水浴保温 20 h 进行酶解。MYO 酶解后的多肽混合物的 PMF 如图 17-4 所示。

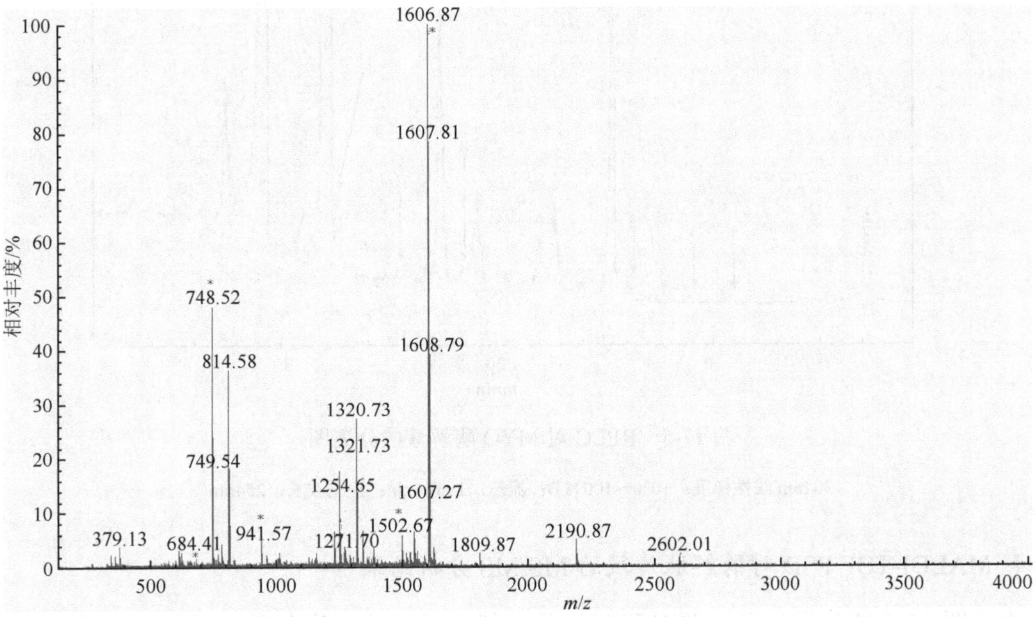

图 17-4　MYO 酶解液的 PMF

2. MALDI-TOF MS 对酶解混合物的分析结果

通过对优化酶解条件后得到的 PMF 进行分析，筛选其中部分峰强度较高的 *m/z* 数据（748.52、941.57、1271.70、1502.67、1606.87），分别在 MSDB、SwissProt 和 NCBInr 三个数据库进行检索，均能得出准确的结果。根据测量值与计算值的相关性分析，总体得分较高，说明显著相关，检索结果准确可靠。最终结果为 MYO 的一级结构是由 153 个氨基酸残基组成的肽序列，如下所示（用下划线标记的为相匹配的序列）：

1　GLSDGEWQQV LNVWGKVEAD IAGHGQEVLI RLFTGHPETL EKFDKFKHLK
51　TEAEMKASED LKKHGTVVLT ALGGILKKKG HHEAELKPLA QDHATKHKIP
101　IKYLEFISDA IIHVLHSKHP GDFGADAQGA MTKALELFRN DIAAKYKELG
151　FQG

由于胰蛋白酶是未经过甲苯磺酰基-L-氨基联苯氯甲基酮（TPCK）处理过的，存在比较严重的自身降解问题，而且所选用的 MYO 纯度只有 97%，有杂肽存在，因此进行空白对比实验，确认 814.58（*m/z*）为胰蛋白酶自身降解所致，而 1320.73（*m/z*）为杂质峰，1254.65（*m/z*）为 1271.70（*m/z*）产生的$[M—NH_3]^+$，即丢失—NH_3所得分子离子峰。

3. RPLC 对 MYO 酶解液的分离

本实验所用色谱柱为国产 ODS 商品柱（150 mm×4.6 mm i.d.，5 μm），采用 30 min 线性梯度（10%～100% 流动相 B）对 MYO 酶解液进行分离纯化，如图 17-5 所示，分离出近 18 个肽片段峰，按峰收集后分别进行质谱分析。

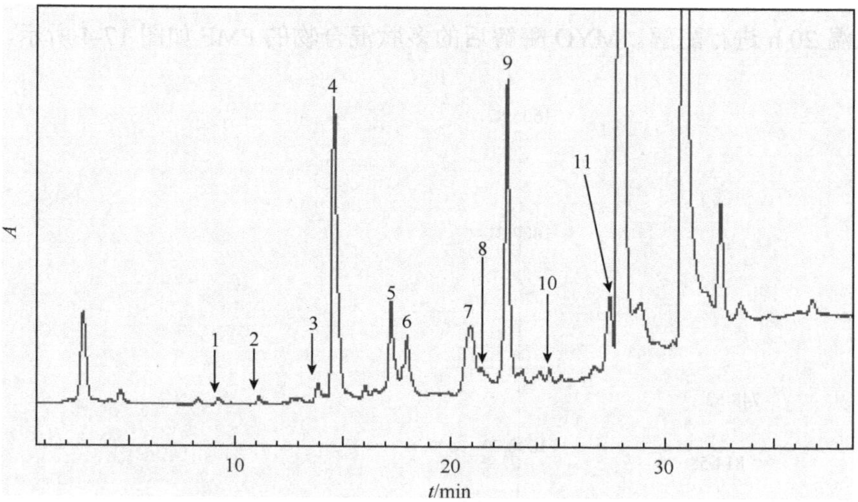

图 17-5　RPLC 对 MYO 酶解液的分离图

30 min 线性梯度：10%～100% B；流速：1 mL/min；检测波长：254nm

4. MALDI-TOF PSD 对酶解肽片段的 MS/MS 分析结果

收集图 17-5 的色谱组分，并对酶解片段进行质谱确认，其中所标示的 11 个峰的肽 *m/z* 值见表 17-2。

表 17-2　各色谱峰的 MS/MS 数据

1	2	3	4	5	6	7	8	9	10	11
31.51	787.84	274.44	684.79	815.25	941.45	773.26	748.95	1232.38	1606.46	616.77
708.51		659.61	861.21	1259.73	1131.43	1419.85		1606.65	1358.40	
		735.69	1258.70	1431.43	1272.56	1678.01				
		1518.76								

对多肽进行 PSD 分析时，其碎片离子主要是沿着多肽骨架断裂，形成 C 端完整、N 端缺失的 y 系列离子和 C 端缺失、N 端正电荷保留在碎片离子的 N 端的 b 系列离子。这一系列碎片离子在理论上包含着这一肽段的氨基酸序列信息。

由于收集的 4、6、8 号的酶解肽片断所作的质谱信号较强，所以使用离子门选取其中 685（*m/z*）、749（*m/z*）、941（*m/z*）的肽片断进行 MALDI-TOF PSD 分析，并使用 CID 辅助的 PSD 分析得到清晰精确的 MS/MS 质谱图，如图 17-6、图 17-7、图 17-8 所示，这样的质谱数据可以直接进行网上数据库检索（本实验在 MSDB 进行检索）。

5. PST 检索及其结果

MALDI-TOF PSD 得到的为某一肽段母离子所产生的子离子质谱数据，可以使用该数据之间的差值推算出母离子的部分连续序列，和母离子质量数一起作为 PST 进行检索。本实验选取上节实验中三个肽片断的 MS/MS 数据，分析后进行 PST 扩展检索，即序列检索法。由检索结果（图 17-9）可以看出，PST 法显著相关性高、检索方式更加灵活、准确度较前两种方式更高。

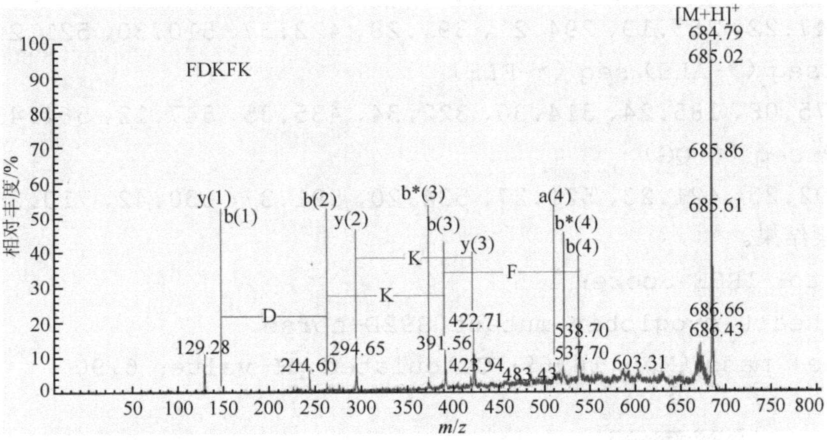

图 17-6　*m/z* 为 685 的肽片段 MALDI-TOF PSD 图

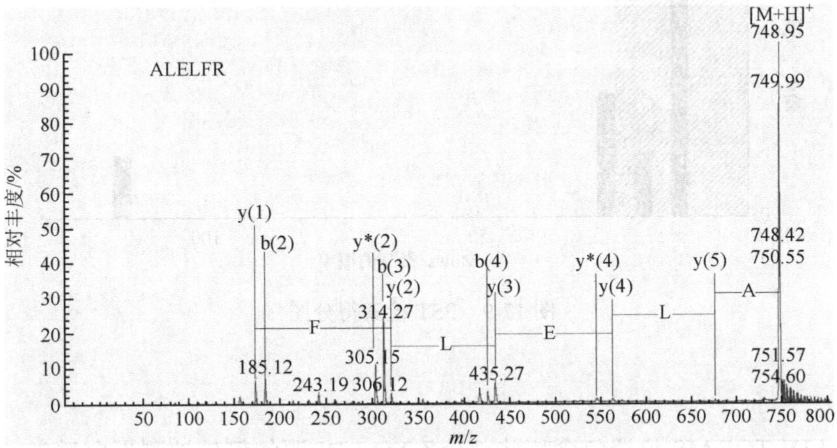

图 17-7　*m/z* 为 749 的肽片段 MALDI-TOF PSD 图

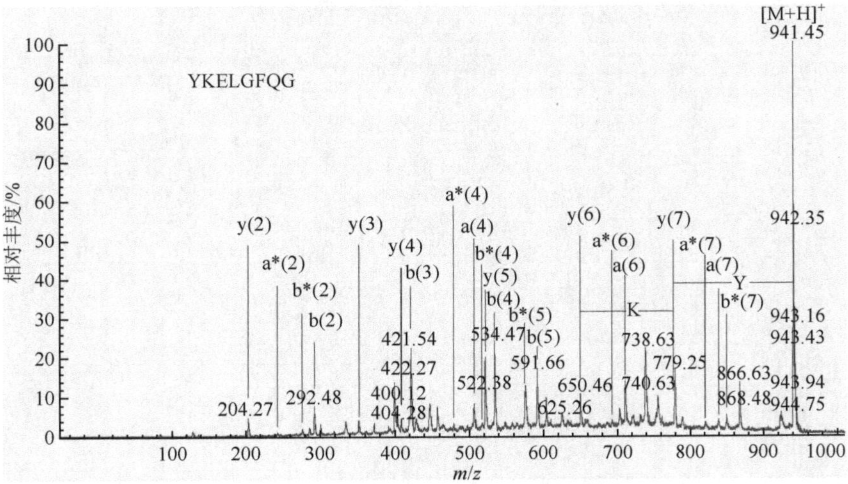

图 17-8　*m/z* 为 941 的肽片段 MALDI-TOF PSD 图

（1）检索条件。

684.20seq（*-F）seq（*-K）seq（*-D）

ion（147.22、263.19、294.21、391.28、422.37、510.30、521.26、538.31）

748.41seq（*-ALE）seq（*-ELF）

ion（175.08、185.24、314.30、322.34、435.35、547.12、564.43、677.47）

941.49 seq（*-QG）

ion（392.25、421.23、521.27、534.20、591.37、650.42、710.35、778.44）

（2）检索结果。

Match to: 1RSE Score: 115

Horse heart myoglobin mutant S92D-horse

No minal mass (M_r): 16969; Calculated pI value: 6.90

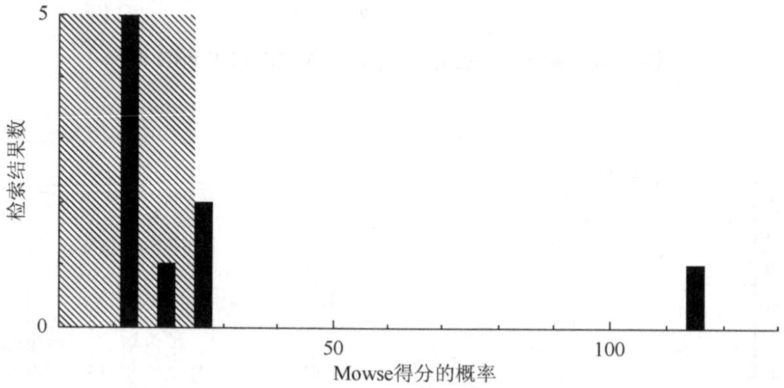

图 17-9　PST 检索得分图

六、思考题

（1）MALDI-TOF MS 仪器包含哪些部分？MALDI 源如何使被测蛋白质离子化？

（2）如何使用 PMF 和 PSD 技术对蛋白质序列进行分析？

第 18 章　中药指纹图谱分析

中药是我国的国宝之一，不同于西药之处在于：①不是某一个特定成分在起作用，而是某几个组分或者药物的整体的综合作用；②即便是一种中药，其成分也会因产地不同而异。因此，对其有效成分及其质量评价的研究对于中药的发展和利用非常重要。

18.1　中药指纹图谱

中药指纹图谱分析技术是目前被国际社会比较认可的、切实可行的一种中药质量控制方法，它能鉴别中药真实性、评价其质量一致性以及产品稳定性。中药指纹图谱指中药经适当处理后，采用一定的分析手段，得到的能够标示该中药特性的共有峰的图谱。采用色谱法得到的指纹图谱称为色谱指纹图谱。

中药指纹图谱是一种综合的、可量化的鉴定手段，它是建立在中药化学成分系统研究的基础上，主要用于评价中药以及中药制剂半成品质量的真实性、优良性和稳定性。中药及其制剂均为多组分复杂体系，因此评价其质量应采用与之相适应的、能提供丰富鉴别信息的检测方法，建立中药指纹图谱将能较为全面地反映中药及其制剂中所含化学成分的种类与数量，进而对药品质量进行整体描述和评价。在此基础上，如果进一步开展谱效学研究，可使中药质量与其药效真正结合起来，有助于阐明中药作用机理。总之，中药指纹图谱的研究和建立，对于提高中药质量、促进中药现代化具有重要意义。

18.2　中药指纹图谱技术

如前所述，中药指纹图谱的研究以反映中药的整体化学特征为理论依据，提出以解决两个关键技术为突破口，实现指纹图谱技术在中药质量控制方面的应用。它的特色主要表现在三个方面：

（1）用规范化的程序获得中药特征性总成分提取物，并用 ^{1}H NMR、HPLC、UV、IR 等多种手段表征其组成和结构。不同的表征手段间的区别主要表现在所得到的信息多少不同和操作上的方便程度不同。因此，核心的问题在于这种特征性总成分提取物要有真正的特征性，它的组成和结构要能真正代表这种中药。

（2）由于同时采用多种检测手段来表征中药特征性总成分提取物的结构和相对组成方式，因此，各部门在质量控制方面可以根据自己的实际情况选择应用。

（3）中药指纹图谱的解析研究以及中药特征性总成分提取物和各单体成分的生理活性研究体现了这一技术的科学性。

中药指纹图谱的研究将近代分离手段和仪器分析技术应用于中药的质量控制，目的在于建立一种新的质量控制方法，因此，是一种具有创新性的研究工作。

目前，中药指纹图谱技术已涉及众多方法，包括薄层色谱法、高效液相色谱法、气相色谱法和高效毛细管电泳法等色谱法以及紫外光谱法、红外光谱法、质谱法、核磁共振波谱法和X射线衍射法等光谱法。其中色谱方法为主流方法，尤其是薄层色谱法、高效液相色谱法和气相色谱法已成为公认的三种常规分析手段。由于高效液相色谱法具有分离效能高、选择性好、检测灵敏度高、分析速度快、应用范围广等特点，中药成分绝大多数可在高效液相色谱仪上进行分析检测，且积累了较丰富的应用经验。因此，高效液相色谱法已成为中药指纹图谱技术的首选方法。

18.3　中药指纹图谱建立的一般原则

中药指纹图谱的建立应以系统的化学成分研究和药理学研究为依托，体现系统性、特征性和稳定性三个基本原则。为此，才能保证指纹图谱的标准化、规范化、客观化，从而便于推广和应用。

1. 系统性

系统性是指中药指纹图谱中反映的化学成分应包括该中药有效部位所含大部分成分，或指标性成分的全部。例如，中药两头尖中抗肿瘤的有效成分为皂苷类化合物，则其指纹图谱应尽可能地反映其中的皂苷类成分；银杏叶的有效成分是黄酮类和银杏内酯类，则其指纹图谱可采用两种方法，针对这两类成分分别分析，达到系统全面的目的。

2. 特征性

特征性是指中药指纹图谱中反映的化学信息（如保留时间）应具有较强的选择性，这些信息的综合结果能特征性地区分中药的真伪与优劣，成为中药自身的“化学条码”。例如，北五味子的高效液相色谱法指纹图谱和薄层色谱指纹图谱，不仅包括多种五味子木脂素类成分，而且具有许多未知类成分，这些成分的峰位顺序、峰面积比值在一定范围内是固定的，并且随药材品种不同而产生差异，依此可以很好地区别其来源、产地，判别药材的真伪优劣。

3. 稳定性

稳定性是指所建立的中药指纹图谱在规定的方法、条件下的耐用程度，即不同操作者、不同实验室所重复做出的指纹图谱应在所允许的误差范围内，以体现其通用性和实用性。因而要求包括样品制备、分析方法、实验过程、数据采集、处理、分析等全过程都要规范化操作，同时，还应建立相应的评价机制，对其进行客观评价。

以指纹图谱作为中药（天然药物）提取物及其制剂的质量控制方法，已成为目前国际上的共识，各种符合中药（天然药物）特色的指纹图谱控制技术体系正在研究和建立。国外指纹图谱应用于解决成分复杂、有效成分不明确的植物药质量检测和产品批次间质量差异的问题。20世纪90年代，《中华人民共和国药典》增设了中药化学对照品和对照药材，为中药指纹图谱的研究奠定了基础。色谱技术的迅速发展和检测能力的显著增强，为指纹图谱的研究和应用提供了良好的技术保证。目前，我国已对中药注射剂作出了必须用指纹图谱进行检测的规定，同时提出了具体的技术要求。在中药规范化生产实施过程中，指纹图谱也有较广泛的应用。

作为一项新技术，中药指纹图谱在实际应用中还面临许多问题，只有进一步加强中药种植加工和中成药生产储存的规范化、中药化学成分和中药药理研究的系统化和标准化以及技术上多学科的渗透，才能保证中药质量的稳定，进而保证中药指纹图谱的建立和实施。

实验三十三　中药淫羊藿的主要有效成分分离及其色谱指纹图谱

一、实验目的和主要内容

本实验采用高效反相液相色谱对中药淫羊藿中的主要成分进行分离分析，并考察方法的稳定性、重现性和精密度，在此基础上建立中药淫羊藿的色谱指纹图谱。通过该实验，使学生了解色谱指纹图谱，熟悉建立复杂化合物分离分析的基本方法，了解中药色谱指纹图谱的建立过程。

二、实验原理

淫羊藿是药用来源种类最多的中药之一，传统上用于补肾壮阳，又可强筋骨、祛风湿，近年来，用它治疗冠心病、高血压及性神经衰弱等多种疾病均有一定疗效。淫羊藿已成为药用植物研究和开发的热点之一，其有效成分为在 8 位上具有异戊烯基（及其衍生基团）的黄酮醇或苷类化合物，即淫羊藿苷类。《中华人民共和国药典》中记载淫羊藿有 5 种，2001 年出版的《中国植物志》记述了中国有淫羊藿属植物 40 种。这些种类的淫羊藿分布于全国各地，药材成分及含量也有很大差异，全国淫羊藿品种混乱问题已经严重影响到临床效果和新药的开发。因此，建立淫羊藿的主要有效成分分离方法及其色谱指纹图谱，对于淫羊藿的利用和质量控制具有重要的意义。

本实验采用高效反相液相色谱法在梯度洗脱条件下对箭叶淫羊藿的主要有效成分进行分离，并在此基础上建立淫羊藿的液相色谱指纹图谱。

三、仪器与试剂

1. 仪器

高效液相色谱仪；纯水器。

2. 试剂

乙腈（色谱纯）；乙醇（色谱纯）；甲醇（色谱纯）；淫羊藿苷对照品；不同产地淫羊藿。

四、实验内容与步骤

1. 供试样品溶液

精密称取不同产地的淫羊藿属药材粗粉 1.00 g 置于 50 mL 具塞锥形瓶中，精密加入 70% 乙醇水溶液 20.0 mL，称量，超声提取 30 min，放冷，再称量，用 70% 乙醇补足失重，摇匀。14 000 r/min 条件下离心 15 min，取上清液经 0.22 μm 微孔滤膜过滤，滤液为供试样品溶液。

2. 对照品溶液

精密称取淫羊藿苷对照品 5.4 mg，置于 10 mL 容量瓶中，加甲醇溶解并稀释至刻度，摇匀。精密吸取此标准溶液 2.0 mL，置于 10 mL 容量瓶中，加甲醇稀释至刻度，摇匀即得淫羊藿对照品溶液，其浓度为 0.108 mg/mL。

3. 色谱条件

采用岛津 VP-ODS（150 mm×4.6 mm i.d.，5 μm）色谱柱；流动相：乙腈（B）和水（A）；采用多台阶式梯度洗脱法，0～25 min（23% B），25～25.01 min（23%～40% B），25.01～45 min（40% B）；流速为 1.0 mL/min；检测波长为 270 nm；进样量为 10 μL。

4. 稳定性

取同一份供试样品溶液，分别在 0 h、2 h、8 h、24 h、48 h 进行色谱分离，并以淫羊藿苷对照品确定供试样品中淫羊藿苷的色谱峰位置。

5. 重现性

取同样质量的某箭叶淫羊藿 5 份，按照步骤 1 中供试样品溶液的制备方法制备 5 份样品溶液，按测定方法进行测定。

6. 精密度试验

取同一份箭叶淫羊藿试液，连续进样 6 次。

7. 箭叶淫羊藿指纹图谱的建立

取 10 批次的箭叶淫羊藿各 1 份，按照步骤 1 中供试样品溶液的制备方法制备样品溶液，按测定方法进行测定。

五、实验结果与数据处理

1. 稳定性

计算各色谱峰与淫羊藿苷色谱峰的相对保留时间、峰面积比值，并计算 5 个不同时间样品中相应色谱峰的相对保留时间和峰面积比值的相对标准偏差，以确定检测时间。

2. 重现性

计算各色谱峰与淫羊藿苷色谱峰的峰面积比值和相对保留时间的相对标准偏差，相对标准偏差不得大于 3%。

3. 精密度试验

计算各色谱峰与淫羊藿苷色谱峰的峰面积比值和相对保留时间的相对标准偏差，相对标准偏差不得大于 3%。

4. 指纹图谱共有指纹峰的标定

计算各色谱峰相对于淫羊藿苷色谱峰的相对保留值，在所有 10 份供试样品中相对保留值相同的色谱峰被标定为共有指纹峰。图 18-1 为陕西产不同种类淫羊藿属药材的色谱指纹图谱。在该图谱中，有 9 个共有指纹峰，其中，5（S）表示淫羊藿苷的色谱峰。

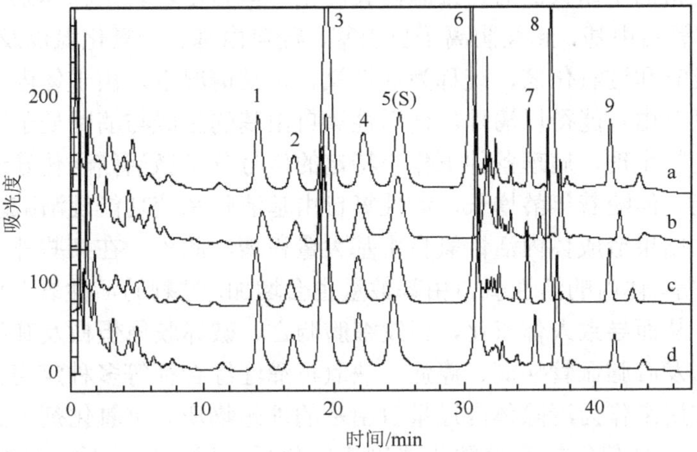

图 18-1　陕西产不同种类淫羊藿属药材的色谱指纹图谱

a. 陕西商县产箭叶淫羊藿；b. 陕西安康产淫羊藿；c. 陕西安康产箭叶淫羊藿；d. 陕西汉中产柔毛淫羊藿

5. 指纹图谱共有指纹峰面积与淫羊藿苷峰面积的比值

以淫羊藿苷色谱峰的峰面积作为 1，计算每份样品中各共有指纹峰面积与淫羊藿苷峰面积的比值。

六、思考题

（1）什么是等度洗脱？什么是梯度洗脱？与等度洗脱相比，梯度洗脱具有哪些优点？

（2）本实验中采用岛津 VP-ODS（150 mm×4.6 mm i.d.，5 μm）色谱柱，如果改用其他厂家的相同规格色谱柱，在其他条件相同的条件下是否会得到完全相同的分离结果？为什么？

第 19 章　化学发光法评价物质的抗氧化能力

在人体进行正常的生命代谢时，细胞内会产生一些自由基。生物体系中遇到的主要是氧自由基。例如，脂氧自由基、超氧阴离子自由基、羟自由基、一氧化氮以及二氧化氮自由基，加上单线态氧、臭氧和过氧化氢，统称为活性氧。正常情况下，由于体内存在自身的抗氧化系统，一些活性氧自由基能得以清除，使活性氧自由基的生成与清除处于动态平衡状态。活性氧自由基在一定的生理、病理条件下作为特定的信号分子激活信号传导途径，能够杀灭细菌、调解免疫功能。但随着年龄增长，活性氧自由基清除系统功能逐渐减弱，机体内自由基水平呈增长趋势，结果造成体内活性氧自由基大量积聚。此外，在某些外界因素影响下，如紫外线照射、抽烟等，体内的活性氧自由基数量也会增加。过剩的活性氧自由基会攻击DNA、蛋白质、脂肪等，从而导致人体氧化，引发细胞凋亡、破坏胶原蛋白及其结缔组织、干扰重要的生理过程，引发心脑血管疾病、癌症、缺氧再灌注综合征等多种疾病。

抗氧化剂常被用来作为清除体内过量自由基的理想物质。抗氧化剂定义为在低于被氧化底物浓度的条件下，任何能够有效防止或制止氧化反应发生的物质。抗氧化剂清除活性氧的能力就是抗氧化能力。一些药物、食物中都含有不同种类的抗氧化剂，它们具有不同的抗氧化能力，对治疗疾病和保护人体健康都很有益处。为了正确评价各种抗氧化剂的抗氧化性，比较不同抗氧化剂抗氧化能力的差异，研究并建立准确评价抗氧化能力的方法具有重要意义。

19.1　抗氧化能力评价方法

目前，用于抗氧化能力评价的方法主要基于三种原理：①根据样品抑制体系中脂类物质被氧化的能力来体现被测物的抗氧化能力；②通过测定样品清除体系中自由基的能力来体现被测物的抗氧化能力；③通过分析检测样品的还原能力来体现被测物的抗氧化能力。国内外抗氧化能力评价的方法有很多，主要有电子自旋共振法、荧光光谱法、分光光度法等。

1. 电子自旋共振法

电子自旋共振法（electron spin resonance，ESR）可用于直接测定自由基。ESR的原理可简要概括为自由基经电子自旋捕获剂捕获后，用ESR仪器测定。不过，由于ESR仪器较为昂贵，而且实验常常需要在低温条件下进行，仅有有限的样品能被测定，因此该方法难以广泛应用。同时，自旋捕获剂的寿命比较短，要求捕获之后立刻进行检测，这就使较多的实验研究受到限制。

2. 荧光光谱法

荧光光谱法用于抗氧化能力评价的报道不是太多，主要是因为用于活性氧分析的荧光试剂有限。该方法是基于一些物质能够被自由基氧化生成有荧光性质的物质，而具有抗氧化能力的物质能够清除自由基，使荧光强度发生变化，据此建立荧光强度的变化和物质抗氧化能力之间的关系，从而对物质抗氧化能力进行测定。

3. 分光光度法

分光光度法评价抗氧化能力常用的方法是 DPPH 法和 ABTS 法。根据抗氧化剂清除二苯代苦味酰基（DPPH）自由基或［2, 2′-联氨-(3-乙基苯并噻唑啉-6-磺酸)二氨盐］（ABTS）自由基的能力来评价其抗氧化活性。DPPH 或 ABTS 被抗氧化剂还原，其吸光度发生变化，依据特定波长范围内或者固定波长处吸光度的差异来测定抗氧化剂的抗氧化能力。该方法简便、灵敏度较高。ABTS 自由基清除能力的评价方法是 Miller 等创立的，其机理是抗氧化剂还原 ABTS，生成的亚稳态的蓝绿色阳离子 $ABTS^{+}\cdot$ 在 734 nm 左右有强烈的光学吸收。ABTS-过硫酸钾等体系常用来评价抗氧化剂清除 ABTS 自由基的能力。DPPH 自由基是一种商业化的、非常稳定的合成有机氮自由基，本身呈深紫色，能够被抗氧化剂还原成浅黄色的联氨，在 517 nm 有强吸收。对该自由基清除能力的研究也较为广泛。然而，研究发现，该自由基自身存在一些缺陷。例如，与清除其他自由基相比，该自由基消耗待测化合物的量比较大。

此外，由于抗氧化能力评价的原理是活性氧自由基和抗氧化剂之间通过电子转移使氧自由基消失，实质上也是发生了氧化还原反应，因此也可以用电化学方法来评价抗氧化性。而在实际分析中，抗氧化性物质往往存在于如血液、食品、中药等复杂体系中，所以，将色谱的分离功能与其他评价手段结合起来，也逐渐变为抗氧化能力评价的常用手段。

19.2　化学发光法评价抗氧化能力

化学发光法在物质的抗氧化能力研究中应用比较广泛，这主要是因为它是目前仪器分析中灵敏度较高的方法之一。它的优点是化学反应和发光现象几乎是同时发生，也正因此，该方法很有可能成为抗氧化剂在线分析的最有效手段之一。化学发光法主要通过测定抗氧化剂对超氧阴离子 $O_2^-\cdot$、羟自由基 $OH\cdot$、单线态氧 $^1O_2$ 和 H_2O_2 的清除能力来评价其抗氧化能力。

对 $O_2^-\cdot$ 清除能力的评价，通常先利用邻苯三酚自氧化体系产生 $O_2^-\cdot$，生成的 $O_2^-\cdot$ 和发光试剂发生反应产生化学发光。如果体系中存在抗氧化剂，就会和 $O_2^-\cdot$ 发生反应，从而减少了 $O_2^-\cdot$ 的量，使化学发光强度减弱。根据化学发光信号的差值和抗氧化剂的量之间的线性关系，建立抗氧化剂的定量分析方法。Marklund 等首次报道通过邻苯三酚自氧化生成 $O_2^-\cdot$，并应用于分析超氧化物歧化酶（SDO）的活性。之后有报道，用二甲基亚砜和氧气反应也能够形成 $O_2^-\cdot$，利用此现象，与鲁米诺（Luminol）能够产生化学发光信号。除此之外，采用酶化学发光体系产生 $O_2^-\cdot$ 也可用于抗氧化能力的评价，该体系是基于在氧气存在的条件下，黄嘌呤或者次黄嘌呤被黄嘌呤酶催化氧化生成 $O_2^-\cdot$，结合化学发光反应用于评价清除 $O_2^-\cdot$ 的能力。

化学发光法评价 $OH\cdot$ 的清除能力，主要是利用 Fenton 反应提供 $OH\cdot$。Halliwell 等首次提出在抗坏血酸存在的情况下，H_2O_2 和铁离子-EDTA 的复合物发生反应生成 $OH\cdot$。基于该现象，人们发现抗坏血酸-Cu^{2+}-H_2O_2 化学发光体系也能够形成 $OH\cdot$，通过加入酵母来增强化学发光信号的强度，可以对二十多种食物清除 OH• 的能力进行分析评价。之后也有利用 Luminol-亚铁氰化钾-H_2O_2-缓冲溶液（磷酸二氢钾、氢氧化钠）体系、邻二氮菲-抗坏血酸-H_2O_2-硫酸铜-缓冲溶液（硼砂、硼酸）体系、氯化亚铜-H_2O_2-邻二氮菲-碳酸盐缓冲溶液化学发光体系、硫酸铜-邻二氮菲-维生素 C-H_2O_2 化学发光体系等评价抗氧化剂清除 OH• 能力的报道。

在化学发光法中，常用 HClO-H_2O_2 产生单线态氧 $^1O_2$。以 4, 4′(5′)-双[2-(9-蒽氧基)乙硫基]四硫富瓦烯（BAET）为化学发光探针用于 $^1O_2$ 的检测，与其他化学发光探针相比较具有更高的选择性和灵敏度，可以实现唾液中 $^1O_2$ 的实时检测。利用 H_2O_2 和 ClO^- 反应产生 $^1O_2$ 以及 DNA 和不饱和脂肪酸对发光信号的增强，可以研究 $^1O_2$ 诱导生物分子对细胞的氧化损伤，并评价抗氧化剂对细胞的保护作用。

H_2O_2 的测定方法十分成熟，这些方法都可用于抗氧化剂清除 H_2O_2 能力的评价。1928 年，Albrecht 发现在碱性溶液中 Luminol-H_2O_2 体系的化学发光现象。起初，此现象主要用于测定金属离子，后来逐渐用于抗氧化能力的评价。光泽精-H_2O_2 化学发光体系也被用于评价抗氧化剂清除 H_2O_2 的能力。近来，越来越多的研究者更关注物质总抗氧化能力的评价，也有一些研究者将清除 H_2O_2 的能力用于评价抗氧化剂的总抗氧化能力。这主要是因为在实际应用中，H_2O_2 的分解过程中也会产生 O_2^-• 等其他活性氧，而 Luminol 与 O_2^-•、OH•、$^1O_2$ 以及 H_2O_2 均可以发生化学发光反应，因此，测定抗氧化剂对 Luminol-H_2O_2 发光信号的抑制情况，可以评价物质的总抗氧化能力。这一方法也在一些实际分析过程中得到了应用。

实验三十四　果蔬汁总抗氧化能力评价新方法研究

一、实验目的和主要内容

本实验基于辣根过氧化物酶（HRP）催化的 H_2O_2-Luminol 体系可以产生化学发光，将样品先与 H_2O_2 充分混合，样品中存在的抗氧化剂会和 H_2O_2 发生反应，从而减少了 H_2O_2 的量，使上述化学发光信号减弱。根据化学发光信号的差值和抗氧化剂量之间的线性关系，评价抗氧化剂的总抗氧化能力。

二、实验原理

化学发光抗氧化评价体系多是基于物质对某种特定活性氧自由基的清除来评价其抗氧化能力的，但目前缺乏一个统一的标准来评价抗氧化剂的总抗氧化能力（total antioxidant capacity，TAC）。因此，在比较物质抗氧化能力时常会出现某种物质的抗氧化性在一些体系中较强、在另一些体系中又较弱的现象，无法得出明确的结论。另外，对于一些复杂样品，由于其可能包含不同的抗氧化成分，其总抗氧化能力不一定就是各个成分抗氧化能力的简单的叠加。

H_2O_2 是生物体内常见的氧化剂。和其他活性氧自由基相比，H_2O_2 具有较强的稳定性，且其分解过程中也会产生 O_2^-• 等其他活性氧，很适于作为体内活性氧的代表用于物质总抗氧化能力评价。抗氧化剂对 H_2O_2 的清除能力可被认为是能够反映体内总抗氧化能力的指标。

为了能对具有不同抗氧化能力的物质建立统一的评价标准，选择具有良好抗氧化能力的水溶性维生素 E（Trolox）作为标准抗氧化剂，将样品的抗氧化能力用相当于 Trolox 的抗氧化能力当量来表示。

三、仪器与试剂

1. 仪器

IFFM-D 型流动注射化学发光仪（西安瑞迈分析仪器有限责任公司）提供实验所需的自动注射系统和检测系统。整个流通体系的各个部分通过聚四氟乙烯管（内径为 0.8 mm）连接。用石英玻璃盘管自制而成的流通池（30.0 cm，2.0 mm i.d.）放在光电倍增管的光窗前，检查到的化学发光信号用计算机处理。

2. 试剂

Luminol 储备液（1.0×10^{-2} mol/L）：称取 Luminol 0.4428 g，先用 1.0 mol/L NaOH 25 mL 溶解后，再用水定容于 250 mL 容量瓶中，于避光处保存。2.0×10^{-5} mol/L 工作液用水逐级稀释得到。

Trolox 标准溶液（2.0×10^{-4} g/mL）：称取 Trolox 0.1000 g，用水溶解后，于 500 mL 容量瓶中定容。使用时稀释到所需浓度。

辣根过氧化物酶储备液（50 U*/mL）：准确称取 0.1000 g 辣根过氧化物酶[HRP，EC 1.11.1.7，250 U/mg，RZ（酶纯度）≥3.0]，用水溶解，定容于 50 mL 容量瓶中，密封避光于 4℃保存备用。使用时用水稀释到所需浓度。

Tris 碱（三羟甲基氨基甲烷）、H_2O_2、HCl 均为分析纯，实验时均用水溶解，配制为所需浓度。

四、实验内容与步骤

流动注射化学发光分析流路如图 19-1 所示。a、b、c、d、e 连通管分别插入样品、3.0×10^{-3} mol/L 的 H_2O_2、2.0×10^{-5} mol/L 的 Luminol、pH 为 8.3 的 Tris-HCl 缓冲溶液和 0.5 U/mL 的 HRP 中。首先，利用混合器使样品/标准溶液和 H_2O_2 充分混合，再将混合液与 Luminol 通过混合器混合，借助六通进样阀将此混合液注入缓冲溶液载流中，最后再与 HRP 混合，发生化学发光反应，记录化学发光信号。

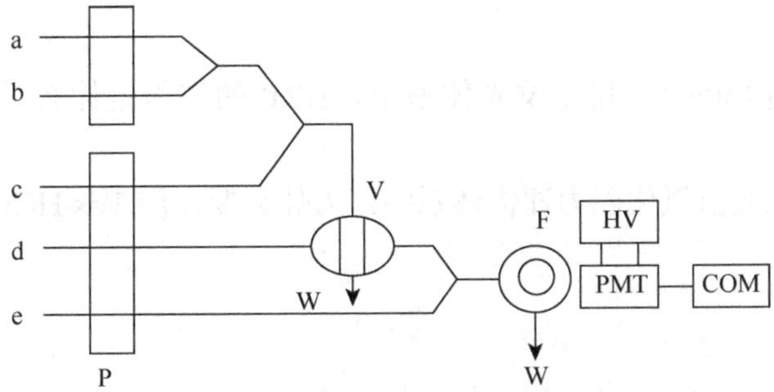

图 19-1　流动注射化学发光流路图

a. 样品溶液；b. H_2O_2 溶液；c. Luminol 溶液；d. 缓冲溶液；e. HRP 溶液；P. 蠕动泵；V. 六通阀；F. 流通池；W. 废液；HV. 负高压；PMT. 光电倍增管；COM. 计算机

* 1 U 为在确定的最适条件下，每分钟催化 1 μmol 底物转变成产物所需的酶量。

配制 1.0×10^{-8} g/mL、2.0×10^{-8} g/mL、4.0×10^{-8} g/mL、6.0×10^{-8} g/mL、8.0×10^{-8} g/mL、10.0×10^{-8} g/mL 等不同浓度的 Trolox 标准溶液，按照上述方法测定其对 HRP-Luminol-H_2O_2 化学发光体系发光信号的抑制情况。

以样品对体系发光强度的抑制率定量，抑制率的计算公式如下：

$$\text{抑制率（\%）}=\frac{I_{\text{空白}}-I_{\text{样品}}}{I_{\text{空白}}}\times100\%$$

以抑制率为纵坐标，Trolox 标准溶液浓度的对数值为横坐标作图，得到工作曲线。

将市场上买回的芦荟、猕猴桃、香蕉、黄瓜四种果蔬用水洗净、晾干，用剪刀将其剪成小片状，分别称取 10.0 g，在研钵内研磨碾碎，取其汁液各 3.0 mL，放入离心机中于 5000 r/min 下离心 10 min，移取上清液 1.00 mL 于 10 mL 容量瓶中，用水定容后作为样品溶液。将样品溶液用水稀释 100 倍后，按照与 Trolox 标准溶液抑制率测定相同的步骤，对各种样品的抗氧化能力分别进行测定，用化学发光抑制率相对于 Trolox 的浓度的工作曲线换算出样品中抗氧化剂相当于 Trolox 的量，以比较不同样品的抗氧化能力。

五、实验结果与数据处理

（1）Trolox 标准溶液抑制率曲线的绘制（略）。

（2）不同样品抗氧化能力测定（平行测定三次）。

不同样品抗氧化能力测定数据见表 19-1。

表 19-1　不同样品抗氧化能力测定数据

样品	c_{Trolox}/（$\times10^{-8}$ g/mL）			RSD/%
芦荟汁				
猕猴桃汁				
香蕉汁				
黄瓜汁				

六、思考题

（1）在 HRP-H_2O_2-Luminol 化学发光体系中，HRP 的作用是什么？还可以使用其他什么物质代替？

（2）在上述化学发光抗氧化能力评价体系中，为什么要使用 Tris-HCl 缓冲溶液作为载流？

第 20 章　样品前处理技术及农药残留检测

我国的柑橘生产面积和柑橘产量均居世界第一位，但是，我国的柑橘质量安全、出口贸易形势却不容乐观，农药残留的检测是柑橘出口受阻的重要因素。由于农药品种多、化学结构和性质各异、待测组分复杂，高效、低毒、低残留农药品种不断涌现，在水果和蔬菜中残留量很低，这给农药残留的直接检测带来了非常大的困难。因此，农药残留检测中样品前处理技术、分析检测技术的研究都面临很大的挑战。农药残留检测的技术手段种类很多，但每种技术手段都大致包括样品前处理和分析检测两部分。

20.1　样品前处理

在农药残留检测中，样品前处理对分析速度有很大的影响，农药残留检测的样品前处理主要包括提取、净化和浓缩等步骤，其中，提取是指使用适当溶剂将待测物连同样品基质从固态样品中转移至易于净化和分析的液态中，净化指将待测物与提取液中的干扰物质分离。其分析步骤通常是：水溶性溶剂提取—非水溶性溶剂再分配—固相吸附柱净化—气相色谱或液相色谱测定。提取的方法有：浸渍法、漂洗法、振荡法、匀浆法、索氏提取法、消化法、超声波提取法。净化的方法有：液-液分配法、吸附柱层析法、磺化法、凝结沉淀法、冷冻法及其他方法（如薄层色谱法、离子交换色谱法、凝胶渗透色谱法、高压液相柱净化法等）。浓缩的方法有：自然挥发法、吹气法、K-D 浓缩器浓缩法、真空旋转蒸发法。柑橘农药残留检测的首要任务就是发展快速、可靠、灵敏的多种农药残留分析方法。

样品前处理方法：固相萃取（SPE）、超临界流体萃取（SFE）、固相微萃取（SPME）、基质固相分散萃取（MSPDE）、加速溶剂萃取（ASE）、凝胶渗透色谱（GPC）、微波萃取（ME）、分子印迹合成受体技术（MISR）。其中，固相萃取技术近年来得到迅速的发展，它克服了液-液萃取和柱色谱法的缺点。根据柱中填料可分为以下三种类型：吸附型（如硅胶、大孔吸附树脂色谱等）、分配型（C_8、C_{18}、苯基柱等）和离子交换型。固相萃取技术具有高效、简便、重现性好、易于自动化等优点，是目前较优越的一种前处理方法，被广泛应用于蔬菜、水果中的农药残留分析。

20.2　农药残留检测技术

农药残留检测分析方法有：薄层色谱法（TLC）、气相色谱法（GC）、气相色谱-质谱法（GC-MS）、高效液相色谱法（HPLC）、液相色谱-质谱法（LC-MS）、超临界流体色谱法（SFC）、毛细管电泳法（CE）、免疫分析法（IA）。其中，主要的检测方法有气相色谱法、高效液相色谱法以及其他色谱联用技术。大部分实验室检测食品中农药多残留的方法是采用经典的气相色谱法。选择性检测器包括电子捕获检测器、氮磷检测器和火焰光度检测器等，然而这些检测器限制了农药残留的检测范围。其原因是农药的理化性质的差异以及待测物质基质的干扰，使气相色谱法不能满足一次性前处理、一次进样分析多种不同种类农药残留量，导致农药残留检测烦琐、分析成本高等不利因素。近几年，随着我国经济的不断发展，出现了很多比较新的样品前处理技术和检测技术，这些新技术虽然具有高效、快速、安全、简便的特点，而且对环境污染较少，却仍然无法满足对绝大多数农药同时检测且达到较高质量的技术要求。

气相色谱-质谱法将气相色谱仪和质谱仪串联起来，成为一个整机使用的检测技术。它既具有气相色谱高分离效能，又具备质谱鉴定化合物结构的特点，可达到同时定性、定量的检测目的。气相色谱-质谱法主要用于解决以下三个方面的分析问题：复杂混合物的成分分析；杂质成分的鉴定和定量分析；目标化合物残留的定量分析。此法用于农药残留检测工作，特别是对农药代谢物、降解物的检测和多残留检测等具有突出的特点。

我国于2006年颁布了《水果和蔬菜中500种农药及相关化学品残留的测定气相色谱-质谱法》（GB/T 19648—2006）的国家标准，规定了苹果、柑橘、葡萄、甘蓝、芹菜和西红柿中500种农药及相关化学品残留的测定气相色谱-质谱法。农药多残留分析技术以快速、简便、检测项目范围广的特点成为今后农药残留检测的一个发展方向和研究热点。

实验三十五　气相色谱-质谱联用快速检测柑橘中55种农药残留

一、实验目的和主要内容

本实验在国家标准的基础上，建立了固相萃取-气相色谱-质谱法快速检测柑橘中55种农药残留的分析方法。通过本实验了解气相色谱样品前处理过程及样品前处理的条件选择、待测农药的定性和定量离子的选择、检出限、回收率和精密度、方法的适用性、样品测定等。进一步掌握气相色谱-质谱联用仪的使用方法，掌握使用气相色谱-质谱联用技术测定果蔬中农药残留的方法。

二、实验原理

气相色谱-质谱法是一种公认的快速、高效的分离技术，具备质谱准确鉴定化合物结构的特点，可同时达到定性、定量的检测目的。它解决了科学领域中复杂有机化合物定性、定量分析的需要，特别适合于农药代谢物、降解物的检测和多残留检测等。

样品用乙腈均质提取、盐析除水液液萃取、石墨炭黑-氨基复合柱净化后用气相色谱-质谱法分析。采用选择离子监测模式（SIM），以保留时间和特征离子定性、峰面积定量。

样品前处理原理：在农药提取的通用性上，乙腈的通用性强。它能溶解大多数农药，可溶入的油脂量极少，而其他杂质适中，是最优选择。加入氯化钠再次均质，利用氯化钠的盐析作用使水相和有机相分离，以除去水和水溶性杂质，同时还可减少提取液中的干扰基质含量，并提高待测组分在有机相中的分配比。柑橘既含有油脂，又含有色素等其他杂质，使用石墨炭黑-氨基复合柱，只需一次过柱，就能除去柑橘提取液中的绝大部分杂质。

待测农药的定性和定量离子的选择原理：通过全扫描质谱得到每种农药的保留时间，根据各农药保留时间划分时间段，在每一个时间段尽量减少所检测目标化合物的数量。在每种农药的质谱图中，选择三四种离子作为定性、定量离子，其中一种丰度较高的离子作定量离子、两三种特征离子作为定性离子，根据保留时间和离子丰度比定性，根据定量离子的峰面积定量，55 种农药定性、定量离子见表 20-1。在本实验气相色谱-质谱条件下，获得选择离子色谱图如图 20-1 所示。

表 20-1 选择离子监测待测农药的定量离子、定性离子、浓度、回收率和检出限

序号	中文名称	英文名称	定量离子	定性离子 1	定性离子 2	定性离子 3	浓度/（mg/kg）	回收率/%	检出限/（mg/kg）
1	敌敌畏	dichlorvos	109	185	220		0.4	75.0	0.038
2	敌百虫	trichlorphon	109	185	220		0.4	75.0	0.038
3	杀虫脒	chlordimeform	196	198	195	183	0.4	68.8	0.0063
4	甲拌磷	phorate	260	121	231	153	0.2	127.5	0.0063
5	*α*-六六六	alpha-HCH	219	183	221	254	0.1	100.0	0.0063
6	乐果	dimethoate	125	143	229		1	80.0	0.066
7	唑螨酯	fenpyroximate	213	142	198		5	115.0	0.050
8	*β*-六六六	beta-HCH	219	217	181	254	0.1	100.0	0.0063
9	*γ*-六六六	gamma-HCH	183	219	254	221	0.1	135.3	0.012
10	地虫硫磷	fonofos	246	137	174	202	0.4	81.3	0.017
11	嘧霉胺	pyrimethanil	198	199	200	77	0.2	75.0	0.0063
12	*δ*-六六六	delta-HCH	219	217	181	254	0.2	125.0	0.012
13	百菌清	chlorothalonil	266	264	268		0.1	75.0	0.033
14	氯唑磷	isazofos	161	257	285	313	0.4	75.0	0.012
15	抗蚜威	pirimicarb	166	238	138		0.4	68.8	0.012
16	甲基对硫磷	methyl-parathion	263	233	246	200	1	50.0	0.025
17	甲基毒死蜱	chlorpyrifos-methyl	286	288	197		0.4	93.8	0.0063
18	杀螟硫磷	fenitrothion	277	260	247		1	47.5	0.012
19	马拉硫磷	malathion	173	158	143		0.4	93.8	0.025
20	倍硫磷	fenthion	278	169	153		0.2	87.5	0.0063
21	三氯杀螨醇	dicofol	139	141	250	251	0.4	81.3	0.0038
22	毒死蜱	chlorpyrifos-ethyl	314	258	286		0.4	106.3	0.0063
23	对硫磷	parathion	291	186	235	263	1	45.0	0.025
24	三唑酮	triadimefon	208	210	181		1	82.5	0.012
25	水胺硫磷	isocarbophos	136	230	289		1	105.0	0.0063
26	喹硫磷	quintiofos	146	298	157		1	97.5	0.0063
27	稻丰散	phenthoate	274	246	320		0.4	81.3	0.012
28	噻螨酮	hexythiazox	227	156	184		2	117.5	0.025
29	杀扑磷	methidathion	145	157	302		1	75.0	0.0063
30	苯硫威	fenothiocard	72	160	253		0.4	93.8	0.012
31	杀螨酯	chlorfenson	302	175	177		0.2	75.0	0.012
32	抑霉唑	imazalil	215	173	296		2	108.8	0.025
33	*p*, *p*′-DDE	4, 4′-DDE	318	316	246	248	0.2	100.0	0.0063
34	咯菌腈	fludioxonil	248	127	154		0.4	87.5	0.0063
35	噻嗪酮	buprofezin	105	172	305		0.4	93.8	0.012
36	杀螨特	aramite	185	319	334		0.1	100.0	0.0063
37	*p*, *p*′-DDD	4, 4′-DDD	235	237	199	165	0.2	87.5	0.0063

续表

序号	中文名称	英文名称	定量离子	定性离子 1	定性离子 2	定性离子 3	浓度/（mg/kg）	回收率/%	检出限/（mg/kg）
38	*o, p'*-DDT	2, 4'-DDT	235	237	165	199	0.2	132.5	0.012
39	三唑磷	triazophos	161	172	257		1	127.5	0.019
40	*p, p'*-DDT	4, 4'-DDT	235	237	246	165	0.2	130.0	0.012
41	肟菌酯	trifloxystrobin	116	131	222		2	101.3	0.025
42	克螨特	propargite	135	350	173		1	135.0	0.0038
43	亚胺硫磷	phosmet	160	161	317		1	82.5	0.0080
44	溴螨酯	bromopropylate	341	183	339		1	125.0	0.012
45	丁硫克百威	carbosulfan	160	118	323		1	125.0	0.010
46	联苯菊酯	bifenthrin	181	166	165		0.4	137.5	0.0063
47	甲氰菊酯	fenpropathrin	265	181	349		1	97.5	0.012
48	双甲脒	amitraz	293	162	132		1	85.0	0.010
49	氯氟氰菊酯	lambda-cyhalothrin	181	197	141		1	97.5	0.0063
50	氯菊酯	permethrin	183	184	255		1	132.5	0.012
51	哒螨灵	pyridaben	147	117	364		0.4	132.3	0.0063
52	氯氰菊酯	cypermethrin	181	152	180		2	136.3	0.019
53	氰戊菊酯	fenvalerate	167	225	419	181	0.4	87.5	0.025
54	溴氰菊酯	deltamethrin	181	172	174		2	117.5	0.038
55	嘧菌酯	azoxystrobin	344	388	345	372	2	75.0	0.0063

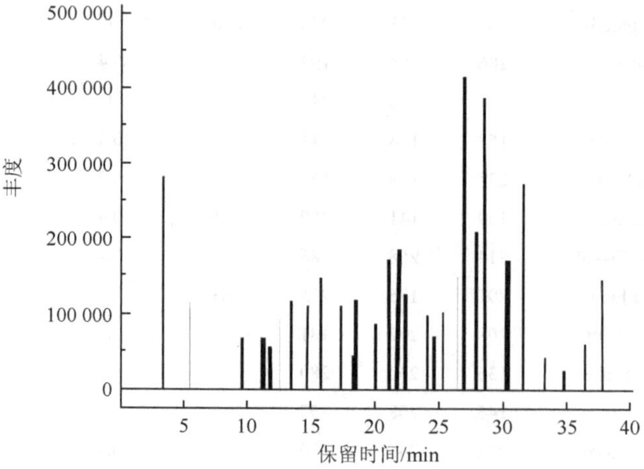

图 20-1　混合标准样品溶液的色谱图（选择离子监测模式）

三、仪器与试剂

1. 仪器

美国 Agilent 7890-5975 气相色谱-质谱联用仪。

2. 试剂

乙腈、甲苯、环己烷，均为色谱纯（德国 CNW 公司）；无水氯化钠（优级纯）。

石墨炭黑-氨基复合柱：柱体积为 6 mL，装填固相萃取填料 0.5 g（天津博纳艾杰尔科技有限公司）。

3. 农药标准工作溶液

敌敌畏、敌百虫、甲拌磷、α-六六六、乐果、β-六六六、γ-六六六、地虫硫磷、嘧霉胺、δ-六六六、百菌清、氯唑磷、抗蚜威、甲基对硫磷、甲基毒死蜱、杀螟硫磷、马拉硫磷、倍硫磷、三氯杀螨醇、毒死蜱、对硫磷、三唑酮、水胺硫磷、喹硫磷、稻丰散、杀扑磷、p, p′-DDE、噻嗪酮、p, p′-DDD、o, p′-DDT、三唑磷、p, p′-DDT、克螨特、亚胺硫磷、溴螨酯、丁硫克百威、联苯菊酯、甲氰菊酯、双甲脒、氯氟氰菊酯、氯菊酯、氯氰菊酯、氰戊菊酯、溴氰菊酯和嘧菌酯均为 1000 mg/L 级，购自农业部环境保护科研监测所。

杀虫脒（97.5%）、唑螨酯（97.5%）、噻螨酮（99.0%）、苯硫威（96.5%）、杀螨酯（98.0%）、抑霉唑（96.0%）、咯菌腈（98.5%）、杀螨特（90.0%）、肟菌酯（99.0%）和哒螨灵（99.0%）标准品，均购自德国 Dr.Ehrenstorfer GmbH 公司。

4. 柑橘样品

共计 77 个样品，其中 27 个甜橙、32 个宽皮柑橘、6 个柠檬、10 个柚子和 2 个金柑。

四、实验内容与步骤

1. 气相色谱样品前处理

1）样品制备

取不少于 1000 g 柑橘样品（柠檬和金柑样品全果处理，其他样品均取可食部分），用干净纱布轻轻擦去柑橘样品表面附着物，采用对角线分割法，取对角部分，将其切碎，充分混匀放入食品加工器中粉碎，制成待测样，放入分装容器中备用。

2）提取

准确称取 20.00 g 样品放入具塞三角瓶中，加入 40.00 mL 乙腈，高速匀浆 3 min 后，过滤，滤液收集到装有 8～12 g 氯化钠的 100 mL 具塞量筒中，盖上塞子，剧烈振荡 2 min，在室温下静止 1 h，使乙腈相和水相充分分层。

3）净化

配制足量的淋洗液：$V_{乙腈}:V_{甲苯}=3:1$（每个样品用量为 30 mL）。从 100 mL 具塞量筒中准确吸取 20.00 mL 乙腈溶液，60℃下电热板蒸发至近干，加入 2.0 mL 淋洗液。

用 5.0 mL 淋洗液预淋石墨炭黑-氨基复合柱，并弃去预淋液，在预淋液的液面快到达柱吸附层表面时，立即倒入 2.0 mL 样品溶液。用 2.0 mL 淋洗液洗涤装样品溶液的容器，液面快到达柱吸附层表面时，倒入洗涤液，重复三次。剩下约 20 mL 淋洗液一次性倒入容器，分多次倒入色谱柱中，最后将色谱柱中的溶液全部吹出。将收集液用淋洗液 50℃下电热板蒸发至近干，环己烷定容至 2.00 mL 用于气质联用的上机测定。

2. 气相色谱、质谱条件

1）色谱条件

所用色谱柱为 HP-5MS 石英毛细管柱（30 m×0.25 mm×0.25 μm），柱温采用程序升温，初温为 70℃，保持 2 min 后以 75℃/min 升至 150℃，再以 3℃/min 升至 200℃，再以 8℃/min 升至 280℃保持 10 min。进样口温度为 250℃，脉冲无分流进样 1.5 min，载气为氦气。

2）质谱条件

MS 电离方式为 EI，电子能量为 70 eV，离子源温度为 230℃，质谱扫描范围为 35～500 amu，质谱分析用数据库为 NIST2008 质谱库。

3. 回收率测定

在空白柑橘果肉样品中添加 55 种农药的混合标准样品，使样品中各农药含量为表 20-1 中浓度的 1/5，重复进行六次实验，得出各农药的平均回收率及相对标准偏差。

五、实验结果与数据处理

（1）检测出 69 个果肉样品中的农药成分，及其各自的检出浓度、最大残留限量和检出率。

（2）检测出 8 个全果样品中的农药成分，及其各自的检出浓度、最大残留限量和检出率。

（3）在空白柑橘果肉样品中添加 55 种农药的混合标准样品，重复六次实验得出各农药的平均回收率及相对标准偏差。

六、思考题

（1）为什么选用本文中的色谱和质谱条件？

（2）在空白柑橘果肉样品中添加 55 种农药的混合标准样品的目的是什么？

（3）此实验方法能不能广泛应用于其他样品的农药多残留？

第 21 章　分子印迹固相萃取技术及应用

21.1　分子印迹固相萃取技术

分子印迹技术是按照目标分子的物理化学性质和立体结构量身定做一种具有特异选择性材料的实验制备技术。采用化学方法人工合成的分子印迹聚合物（molecularly imprinted polymer，MIP）能够模拟生物识别作用特异识别目标物。固相萃取（solid phase extraction，SPE）作为一种样品预处理方法，集提取、富集和净化于一步完成。它先将大体积的样品过柱进行预浓缩，再用小体积的洗脱液洗脱，最后将收集的洗脱液定容后进行检测，可以大大降低检出限。分子印迹固相萃取（molecularly imprinted solid phase extraction，MISPE）将MIP 作为固相萃取剂，利用自身识别专一性的特点，克服了传统固相萃取介质在操作过程中样品基体中的干扰组分被同时萃取的缺点，有效提高了目标组分的富集和纯化效率。近年来，随着分子印迹技术研究的深入，研究重点已由传统的 MIP 制备方法朝着实际样品的分析应用方向发展。以性质稳定、制备简单、成本低廉，而且对被分离物质具有高度选择性的 MIP 作为固相萃取剂在样品前处理运用方面受到了越来越多的关注。由于实际样品中抗生素残留量很低，给准确分析残留量带来了一定的难度。将 MISPE 技术用于食品中残留抗生素的测定分析，对食品安全具有重要的意义。

21.2　应　　用

目前，MISPE 已广泛应用于环境监测、食品检测、药物分离和生物与临床医学诊断等众多领域。

1. *MISPE 在环境监测中的应用*

对环境样品中的污染物进行分析是环境保护的一项重要工作。据统计，将近 60% 的环境样品预处理过程采用固相萃取技术，而拥有明显优势的 MISPE 的应用研究也受到越来越多的重视。Mena 等以杀虫剂抗蚜威为模板分子合成 MIP，建立了一种在线固相萃取抗蚜威的分析方法，加标回收率均在 70% 以上，检出限可达 4.1 μg/L，方法可靠、灵敏度高。Turiel 等采用沉淀聚合法合成环丙沙星 MIP 微球，将其作为固相萃取剂，对氟喹诺酮类药物有较高的回收率。进一步将聚合物装入色谱柱连接高效液相色谱仪，建立在线固相萃取分析土壤中的氟喹诺酮类药物的方法。该方法在加标物为 0.5 μg/g 时，回收率高达 75% 以上，且具有较强的净化能力。

2. *MISPE 在食品检测中的应用*

近几年，塑化剂、三聚氰胺、瘦肉精等重大食品安全事件使人们更加关注日常食品安全。食品安全问题已经严重影响到人们的生命安全。对食品的安全性检测已经成为许多检测机构的主要日常工作。将MISPE用于食品检测受到人们越来越多的关注。Shi等采用经过改进的沉淀聚合法，通过改变交联剂和功能单体的比例等合成条件制备了一系列17β-雌二醇MIP微球，将制得的MIP用于固相萃取，建立了离线MISPE-HPLC-UV法检测奶类和肉类样品中痕量的17β-雌二醇。与商品化的C18固相萃取柱比较，MISPE对目标物的回收率远大于C18柱，选择性能也明显高于C18柱。

3. MISPE在中药有效成分提取中的应用

经千百年的发展，中药学积累了极其丰富的理论和实践经验，然而中药中的有效成分浓度普遍偏低、有效成分和杂质没有深度区分，治疗效果大打折扣。将MISPE技术应用于传统中药有效成分提取分离，使中药提取水平有了质的飞跃。Cirillo等通过使用甲基丙烯酸-*N*, *N*-二甲氨基乙酯（DMAEM）、甲基丙烯酸（MAA）和甲基丙烯酸羟乙酯（HEMA）三种不同的功能单体，利用本体聚合法合成一系列的甘草酸MIP。将制备的MIP用于提取中药甘草根中的甘草酸，建立了一种从中药甘草根中选择性固相萃取有效成分甘草酸的分析方法。用该方法可以从甘草根提取液中得到纯度大于80%的甘草酸。Yuan等采用微波引发沉淀聚合反应制备了足叶草毒素MIP，将合成的MIP用于固相萃取八角莲、桃儿七和窝儿七等中草药中少量的足叶草毒素，对中药有效成分的提纯具有重要的意义。

4. MISPE在生物与临床医学中的应用

生物样品主要包括人或动物的体液和肌肉组织。对于生物样品而言，其本身存在许多内源性物质，所以净化样品成为分析样品最关键的步骤。分析速度快、准确度好、灵敏度高的MISPE在生物样品的净化中展现出其明显的优势。Bouri等用表面印迹聚合法合成盐酸多巴胺磁性MIP微球。MISPE结合毛细管电泳用于尿液中的儿茶酚胺类药物的富集和检测。在最佳条件下，方法检出限为0.04～0.06 μmol/L，分析方法可靠，灵敏度高。

实验三十六　分子印迹固相萃取检测牛奶中残留的抗生素

一、实验目的和主要内容

本实验采用MISPE对样品中的抗生素氧氟沙星、环丙沙星、诺氟沙星进行富集，然后采用液相色谱对其进行检测，建立了微量抗生素高选择性、高灵敏度的检测方法。通过本实验使学生了解MISPE，掌握MISPE在样品前处理中的操作流程。

二、实验原理

MISPE过程示意图如图21-1所示，模式主要分为在线模式和离线模式两种。在线模式是指将MISPE与其他仪器相连，富集、分离和检测过程自动化。目前，MISPE采用最多的还是离线模式，这种模式相对在线操作要简单，可选用的溶剂以及添加剂更多，因此有更高的富集率和选择性，其缺点在于测试时间较长、误差会相应增大。离线模式一般分为四个步骤：

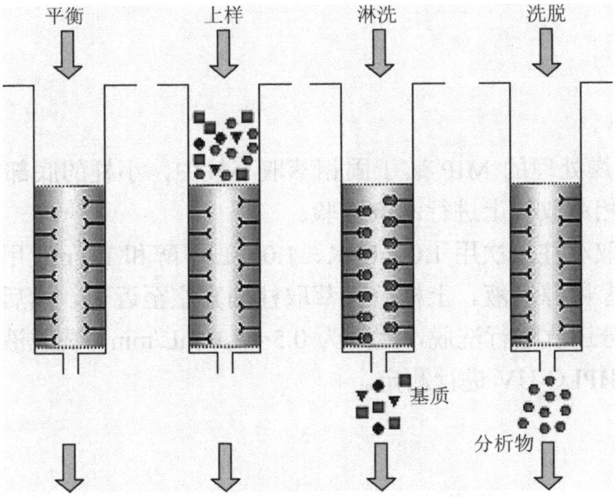

图 21-1　MISPE 过程示意图

（1）平衡（conditioning）。在上样之前用一定的溶剂洗脱上一次使用后可能残留在萃取柱上的物质，确保不会干扰下一次测量，然后用上样的溶剂平衡固相萃取柱，使其在上样时能更好地吸附样品。

（2）上样（sample loading）。上样对固相萃取是很重要的一步。目前，上样一般采用两种方法，分别为水溶液和有机溶剂样品上样。

（3）淋洗（rinsing）。淋洗是固相萃取中最关键的部分，目的是洗去吸附在柱上的杂质，但又不影响模板的吸附。普通的吸附剂没有选择性，所以很难找到合适的淋洗条件，而 MIP 本身具有很好的专一性，但可能由于上样过程中被非选择性吸附物质所掩盖，因此只要找到合适的淋洗条件就能达到很好的分离效果。淋洗所用的溶剂种类很多，主要根据模板和相似物、杂质的性质等进行选择。

（4）洗脱（elution）。洗脱是固相萃取的第一步，它要求用尽量少的溶剂回收吸附在柱上的模板。一般采用极性比较强的溶剂或在其中加入少量强酸或强碱的添加剂。

三、仪器与试剂

1. 仪器

BS124S 电子天平（德国 Sartorius 公司）；PHS-3C 型 pH 计；数控超声波清洗器；离心机；固相萃取仪（SUPELCO VISIPREP DL）；涡旋振荡器（IKA VORTEX GENIUS 3）；固相萃取柱管和滤片（1 mL，上海安谱科学仪器有限公司）；日本岛津 20 A 液相色谱系统：包括两台色谱泵（LC-20AT）、一台紫外检测器（SPD-20A）和六通进样阀，工作站：N2000；色谱柱：Gemini C_{18} 反相色谱柱（250 mm×4.6 mm i.d.，5 μm，美国 Phenomenex 公司）。

2. 试剂

牛奶（购买于普通超市）；磷酸二氢钠（A.R.）；磷酸（A.R.）；乙酸（A.R.）；氧氟沙星、环丙沙星、诺氟沙星均采购自西安罗森伯科技有限公司；乙腈、甲醇均为色谱纯；实验用水均为高纯水；所有样品用前都经 0.22 μm 微孔膜过滤。

四、实验内容与步骤

1. 样品前处理

称取 50 mg 已干燥处理的 MIP 装于固相萃取小柱中，小柱的底部塞有滤片，填料 MIP 上面覆一滤片，于固相萃取仪上进行萃取实验。

上样前，MIP 萃取小柱依次用 1.0 mL 水、1.0 mL 甲醇和 1.0 mL 甲醇水溶液活化，上样量为 0.5 mL 氧氟沙星-甲醇溶液。上样后，萃取柱抽真空至近干，然后分别用淋洗液分三次进行淋洗，用洗脱液分三次进行洗脱，流速为 0.5～1.0 mL/min。洗脱液用氮气吹至近干后用甲醇定容至 100 μL，HPLC-UV 进行测定。

2. 色谱实验条件

色谱条件：Gemini C_{18} 反相色谱柱；流速：0.8 mL/min；流动相：甲醇-20 mmol/L pH 为 2.5 的磷酸二氢钠/磷酸水溶液（28∶72，体积比）；进样量：20 μL。

3. 标准曲线的绘制

分别准确配制浓度为 100 ng/mL、200 ng/mL、300 ng/mL、500 ng/mL、1 μg/mL 和 2 μg/mL 的氧氟沙星溶液作为标准溶液，每份溶液在步骤 2 的色谱条件下，测量其对应的峰面积。平行测定三次。

4. 固相萃取条件的选择

1）洗脱液的优化

于 5 个固相萃取小柱内均分别加入 0.5 mL 的氧氟沙星-甲醇溶液，用 10% 甲醇水溶液淋洗后，分别用 80% 甲醇水溶液、甲醇、乙腈、1% 乙酸-乙腈和 20% 乙酸-乙腈作为洗脱液进行洗脱，收集洗脱液，按实验方法浓缩处理后，用 HPLC-UV 根据峰面积测定氧氟沙星的回收率。选择最佳洗脱条件。

2）淋洗液的优化

氧氟沙星-甲醇溶液被载入萃取小柱内，分别用 5% 甲醇水溶液、10% 甲醇水溶液、15% 甲醇水溶液、20% 甲醇水溶液和 25% 甲醇水溶液作为淋洗液淋洗，然后用 20% 乙酸-乙腈洗脱，浓缩后用 HPLC-UV 测定。考察使用不同淋洗液时 MISPE 对氧氟沙星的回收率。选择最佳淋洗条件。

5. 固相萃取实验的稳定性

在最佳固相萃取条件下，按照实验步骤 1 平行进行五次固相萃取。

6. 牛奶样品加标回收率的测定

向 0.5 mL 的牛奶样品中加入 100 ng/mL、200 ng/mL 和 2 μg/mL 三种浓度级别的三种氟喹诺酮类药物（氧氟沙星、诺氟沙星和环丙沙星），用涡旋振荡器混合均匀，在室温下静置 10 min 平衡。用 25 mmol/L（pH=6.5）磷酸缓冲溶液稀释到 5.0 mL，然后涡旋 2 min，样品在 4℃下 10 000 r/min 离心 5 min。上清液用 0.22 μm 微孔膜过滤器过滤后上样。在最佳的固相萃取条件下进行萃取。空白样品准备和上面相同，但没有加入标准品这一步骤。不同浓度级别分别进行三次平行萃取。按实验方法浓缩处理后，用 HPLC-UV 根据峰面积测定氧氟沙星、诺氟沙星和环丙沙星的回收率。

五、实验结果与数据处理

（1）以浓度为横坐标，色谱峰面积为纵坐标，绘制标准曲线。

（2）以洗脱液种类为横坐标，氧氟沙星的回收率为纵坐标，绘制柱状图，确定最佳洗脱条件。

（3）以淋洗液种类为横坐标，氧氟沙星的回收率为纵坐标，绘制柱状图，确定最佳淋洗条件。

（4）根据每次实验的回收率，测试固相萃取实验的稳定性。

（5）测定牛奶样品中三种氟喹诺酮类加标物的回收率。

六、思考题

（1）与传统的固相萃取吸附剂相比，MIP 作为固相萃取剂有哪些优点？

（2）固相萃取过程分为哪几个步骤？各步的目的是什么？

第 22 章　荧光探针检测技术及应用

22.1　荧 光 探 针

荧光探针是指在一定体系内，当被分析物或被分析体系的物理、化学性质发生变化时，该荧光分子的荧光信号能发生相应改变，从而通过荧光信号反映出被分析物或被分析体系的浓度、性质等信息。一般来说，荧光探针分子具有两个基本要素，一个是信号报告单元（reportor），一个是底物接受单元（receptor）。荧光探针的响应原理是通过选择性的底物接受，引起信号报告单元光学信号的改变来实现。底物接受单元与目标分子作用可分为三类：第一是静电、氢键、疏水作用等弱作用力。目标分子与底物接受单元通过这种方法作用，通常会伴随着探针分子构型的改变，或者引起探针分子自组装。这种方法具有普遍性，已经成功利用此方法设计了许多类目标物种的分子探针，但这些探针分子通常都有选择性差和在水溶液中操作性较差，识别单元与目标物种的结合稳定常数不大等缺点。第二是金属-配体作用，即以配合物金属中心离子作为识别位点与目标物种结合的传感形式，通常具有较好的选择性和在水溶液中的操作性，识别单元与目标物种的结合稳定常数大等优点，但光信号输出形式的设计比较困难。第三是探针分子与目标分子的特异性反应，这类传感形式通常具有较好的选择性和较高的灵敏度，但属于不可逆的传感过程。信号报告单元光学信号的改变方式一般是通过荧光或紫外光谱的变化来实现的，如荧光光谱的移动、荧光强度的增强或淬灭、紫外光谱的移动。

22.2　荧光探针检测技术及应用

荧光探针检测技术兼备选择性专一、灵敏度高和快速便捷等优点，逐渐成为化学、环境科学及生命科学等众多领域中应用前景非常广泛的分析检测技术。荧光探针的优点有很多。例如，它有很高的灵敏度和选择专一性、反应时间短、样品不需要复杂的提纯、不具有破坏性等。由于大多数生物分子本身无荧光或荧光较弱，检测灵敏度较差，人们用强荧光的标记试剂或荧光生成试剂对待测物进行标记或衍生，生成具有高荧光强度的共价或非共价结合的物质，使检出限大大降低。荧光探针的作用有很多，最常用于荧光免疫法中标记抗原或抗体，也可用于表面活性剂胶束、双分子膜、多种离子、蛋白质活性位点等微环境特性的探测。尤其近年来发展起来的荧光化学传感器和分子信号系统的应用已深入到药物学、生理学、环境科学、信息科学等多个领域。

荧光探针检测技术在生物医学研究中应用广泛，应用该技术可测定细胞活性、进行细胞器定位、确定离子浓度、测定电位变化等。此外，荧光探针及荧光显微技术还是研究细胞中复杂过程的基本工具，通过合理设计合成荧光探针，利用荧光探针将生物信息转化为可检测的荧光信号，从而达到对单分子检测的高灵敏性、可开关、对亚微粒具有可视的亚纳米空间分辨能力和亚毫秒时间分辨能力、原位检测（荧光成像技术）以及利用光纤进行远距离检测等。这些优点使其在环境或生物微观系统的组织和结构探索方面有着重要应用。所以，荧光探针的研究具有深远的学术意义，同时荧光探针具有光明的应用前景。目前，荧光探针的研究正以极其迅猛的发展势头吸引了分析化学家们的注意力，其已经发展成为生命科学领域和环境科学领域的重要工具。

实验三十七 高灵敏度高选择性测定 Hg^{2+} 荧光探针的合成及应用

一、实验目的和主要内容

本实验利用荧光素酰肼与异硫氰酸苯酯的反应，构建了一种测定 Hg^{2+} 的荧光探针。该探针本身为无色无荧光的化合物，当它与 Hg^{2+} 在室温下反应时，探针分子中的 S 与 Hg^{2+} 反应脱去 HgS，溶液由无色变为橙黄色，反应体系的吸光度和荧光信号均显著升高，据此，建立了一种高灵敏度测定 Hg^{2+} 的新型荧光分析法。通过本实验使学生掌握荧光探针分子构建的基本原理，进一步了解荧光探针检测技术及其应用。

二、实验原理

汞是广泛存在于环境中的有毒金属元素，在自然界中主要以无机汞、零价汞和有机汞三种形态存在。食物链对于汞具有很强的富集作用，使之成为最有害、最危险的重金属元素之一。长期暴露在含汞离子的环境中会导致中枢神经系统以及其他器官的永久性伤害。例如，20 世纪发生在日本的水俣病，就是有机汞富集造成中枢神经的损伤。近年来，我国采取了多种方法来减少工业上汞的使用，但即使是环境中微量的汞离子也会危害人体的健康。因此，汞离子定性识别以及建立可用于环境生命体系中简便快速的汞离子检测方法具有十分重要的意义。

荧光探针检测技术由于其灵敏度高、选择性好、可实时在线监测、操作简便及成本低等优点引起了化学工作者的广泛关注，并用于环境生命体系中离子的识别和检测。

由于 Hg^{2+} 对 S 具有很强的亲和性，因此，根据 Hg^{2+} 引发的脱硫反应（包括水解、环化和消除反应）过程中伴随的荧光信号的变化，已被成功应用于构建 Hg^{2+} 荧光探针。然而这类 Hg^{2+} 化学剂量计（chemodosimeter）仍存在一些问题。例如，为使脱硫反应完全，必须提高反应温度或加入过量的 Hg^{2+}。尽管 Ag^{+}、Pb^{2+} 等对 S 的亲和性比 Hg^{2+} 弱，但它们也可导致脱硫反应。因此，理想的 Hg^{2+} 荧光探针计应在室温下具有较快的响应时间、较好的选择性和严格的化学计量关系。

近年来，文献报道了大量基于螺内酰胺开环形成相应的开环类酰胺的罗丹明类金属离子荧光传感器。如果将这类开环反应和 Hg^{2+} 引发的氨基硫脲脱硫生成 1, 3, 4-氧二氮杂茂（图 22-1）结合起来，以荧光素为基础，可构建一种新型的 Hg^{2+} 荧光探针。

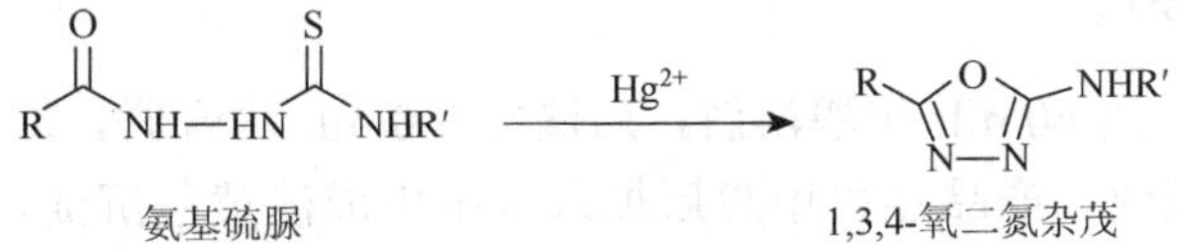

图 22-1 Hg^{2+} 引发的氨基硫脲脱硫反应

本实验利用荧光素酰肼与异硫氰酸苯酯的反应，构建了一种测定 Hg^{2+} 的荧光探针。其检测机理如下：Ⅰ本身为无色无荧光的化合物，当它与 Hg^{2+} 在室温下反应时，Ⅰ分子中的 S 与 Hg^{2+} 反应脱去 HgS，溶液由无色变为橙黄色，反应体系的吸光度和荧光信号均显著升高（图 22-2）。进一步研究表明，荧光强度与 Hg^{2+} 浓度在一定范围内呈线性关系。据此，本实验建立了一种测定 Hg^{2+} 的新型荧光分析法。该方法测定 Hg^{2+} 的线性范围为 20～1000 nmol/L，其检出限为 6.5×10^{-10} mol/L。与文献报道的罗丹明类氨基硫脲化合物比较表明，荧光素类化学剂量计具有更好的稳定性和更高的灵敏度。

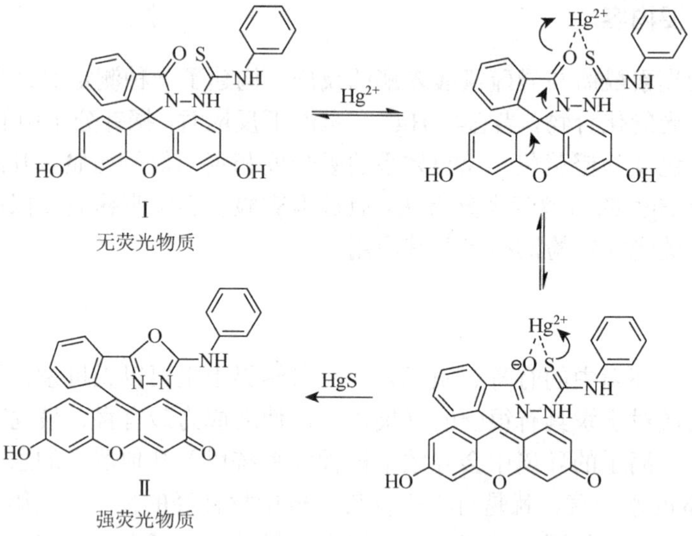

图 22-2　荧光探针Ⅰ测定 Hg^{2+} 的反应机理

三、仪器与试剂

1. 仪器

日立 F-4500 荧光分光光度计；UV-1700 紫外-可见分光光度计；赛多利斯 pB-10 型 pH 计。

2. 试剂

化合物Ⅰ（2.5×10^{-4} mol/L）：称取 0.006 03 g，甲醇溶解定容于 50 mL 容量瓶。

$HgCl_2$（1.0×10^{-3} mol/L）：称取 $HgCl_2$ 0.0136 g，用水定容于 50 mL 容量瓶。

荧光素（A.R.）；异硫氰酸苯酯（A.R.）；水合肼（80%，A.R.）；无水 DMF（A.R.），pH 为 7.0 的磷酸二氢钠-磷酸氢二钠缓冲溶液。

四、实验内容与步骤

1. 荧光探针Ⅰ的合成

称取荧光素 1.4 g，用 60 mL 甲醇溶解，后滴加 3.0 mL 水合肼，加热回流约 6 h，颜色由最初的黄绿色变为浅黄色。产品蒸去甲醇后加入水中生成淡黄色沉淀，过滤，水洗至洗涤液为无色，得淡黄色固体，烘干、称量，得到产物荧光素酰肼。

称取荧光素酰肼 0.8 g(2.31 mmol)，用 6 mL 无水 DMF(加入适量无水硫酸钠干燥 3～5 d)溶解，后滴加 1.05 mL（6.93 mmol）异硫氰酸苯酯，室温搅拌约 24 h。将产物加入冰的饱和食盐水中，生成黄色浊液，搅拌、抽滤，滤纸上得到黄褐色油状物。将油状物加入无水乙醇中，得到黄褐色的透明溶液，随着油状物的不断加入，溶液逐渐变浑浊，最后，析出灰白色沉淀。过滤、水洗、烘干、称量，得到产品 I（图 22-3）。

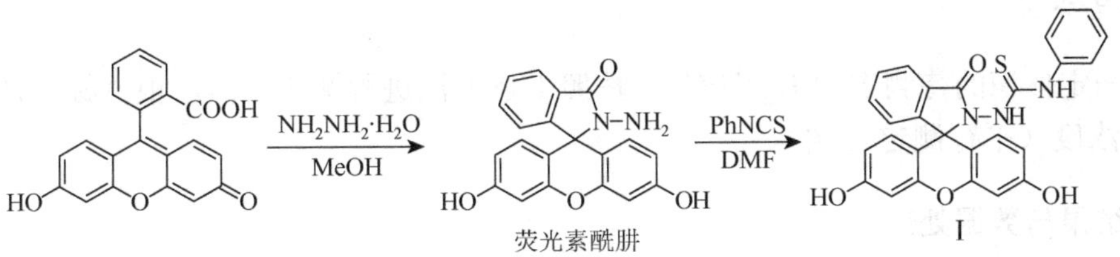

图 22-3　荧光探针 I 的合成

2. 实验方法

向 10 mL 比色管中依次加入甲醇 3.0 mL、pH 为 7.0 的 0.2 mol/L 的磷酸二氢钠-磷酸氢二钠缓冲溶液 1.0 mL、40 μL 化合物 I 溶液以及不同浓度的 Hg^{2+}溶液，定容，室温放置 20 min，进行荧光的测定。

3. 考察荧光探针 I 与 Hg^{2+}反应体系的紫外-可见吸收光谱

在 30% 的甲醇水溶液中，依次加入 50 μmol/L 的 I 和不同浓度的 Hg^{2+}（0 μmol/L、1.0 μmol/L、5.0 μmol/L、7.0 μmol/L、10 μmol/L、20 μmol/L），室温放置 20 min，然后在 350～600 nm 范围内测定其吸收光谱。

4. 考察荧光探针 I 与 Hg^{2+}反应体系的荧光光谱

在 30% 的甲醇水溶液中，依次加入 1.0 μmol/L 的 I 和不同浓度的 Hg^{2+}（0.0 μmol/L、0.1 μmol/L、0.2 μmol/L、0.3 μmol/L、0.4 μmol/L、0.5 μmol/L、0.6 μmol/L、0.7 μmol/L、0.8 μmol/L、0.9 μmol/L、1.0 μmol/L），室温放置 20 min，然后在 510～650 nm 范围内扫描其荧光光谱。

5. 反应时间对荧光强度的影响

在 30% 的甲醇水溶液中，依次加入 1.0 μmol/L 的 I 和 Hg^{2+}，然后在不同时刻测定体系的荧光强度值，同时做不加 Hg^{2+}的空白对照实验，获得体系的反应动力学特征。该反应在室温下较为迅速，一般 15 min 后，荧光信号值趋于稳定。

6. 甲醇体积对荧光强度的影响

考察甲醇体积在 0～5 mL 范围内变化时，体系测量的荧光强度值，获得最佳的甲醇用量。

7. 选择性的考察

考察在相同条件下，不同金属离子与荧光分子探针 I 反应后，体系的荧光强度变化情况。实验条件为：在 30% 的甲醇水溶液中，I 的浓度为 1.0 μmol/L；Hg^{2+}及其他金属离子的浓度均为 0.5 μmol/L，反应时间为 20 min。考察的其他离子为：Fe^{2+}、Co^{2+}、Ni^{2+}、Cu^{2+}、Zn^{2+}、Mn^{2+}、Ag^{+}、Cd^{2+}。

8. 方法分析特性的考察

在上述选定实验条件下，考察该方法测定 Hg^{2+}的线性范围、检出限及相对标准偏差。

9. 样品分析

移取一定体积的待测定的 Hg^{2+}溶液，按照上述方法进行测定，然后根据标准曲线计算其中 Hg^{2+}的浓度（平行测定三次）。

五、实验结果与数据处理

（1）根据以上实验结果绘制 I 和不同浓度 Hg^{2+}反应的紫外-可见吸收光谱，从而确定体系的最大吸收波长。

（2）根据以上实验结果绘制 I 和不同浓度 Hg^{2+}反应的荧光光谱，从而确定体系的最大荧光发射波长。

（3）反应时间对荧光强度的影响。

根据以上实验结果绘制 I 和 Hg^{2+}反应的动力学曲线，获得检测的最佳反应时间。

（4）甲醇体积对荧光强度的影响。

根据以上实验结果绘制 I 和 Hg^{2+}反应体系的荧光强度与甲醇体积的关系曲线，获得检测体系的最佳甲醇用量。

（5）选择性的考察。

绘制在相同条件下，不同金属离子与化合物 I 反应后体系的荧光强度变化的柱状图。考察其他的金属离子对检测体系的干扰情况。

（6）方法分析特性的考察。

在以上选定实验条件下，绘制该方法测定 Hg^{2+}的校准曲线，获得线性方程、检出限及相对标准偏差。

（7）样品分析。

根据样品的荧光测定信号，利用标准曲线求出未知样品中 Hg^{2+}的含量。

六、思考题

（1）为什么当向 I 的溶液中加入 Hg^{2+}后，反应体系的颜色会发生显著的变化？

（2）为什么该方法对 Hg^{2+}具有非常高的选择性？

第 23 章　毛细管电泳在生物样本分析中的应用

毛细管电泳（capillary electrophoresis，CE）是离子或荷电分子以电场为驱动力，在毛细管中按其淌度或（和）分配系数/结合常数/特异性作用等差异进行分离的一种电泳微分离技术。与传统的分离分析方法（平板电泳、2D 凝胶电泳、液相色谱法等）相比，CE 具有高效（理论塔板数＞10^5/m）、快速（通常在数十分钟内）、需样量小（nL 级别）、环境友好、易自动化等特点，已在化学、环境、医药等诸多领域的研究应用中发挥着重要作用。

此外，CE 技术的另一个显著优势在于，根据分离对象的不同，可在一台毛细管电泳仪上轻松实现多种分离模式，如毛细管区带电泳（capillary zone electrophoresis）、毛细管胶束电动色谱（capillary micellar electro-kinetic chromatography）、毛细管等速电泳（capillary isotachophoresis）、毛细管凝胶电泳（capillary gel electrophoresis）、毛细管等点聚焦（capillary isoelectric focusing）、毛细管电色谱（capillary electrochromatography）等，这使 CE 的应用领域大大宽于传统分离分析方法，尤其面对复杂体系分离分析时，其潜在优势更加明显。

随着人类对生命过程了解的不断深入，以及后基因组和蛋白组时代的来临，对复杂生物体系的研究将是化学家和生物学家面临的一个共同课题，而其中必然会遇到复杂体系（特别是对于生物样品）的分离分析这样一个难题。由于生物样品组成复杂、组分多，小到无机离子（如 Na^+、K^+等以及微量元素）和有机带电离子（如有机酸、碱、盐、氨基酸等），大到 DNA、蛋白质、碳水化合物、脂肪等共处于生物体内，加之很多的组分含量又极微量（10^{-18}～10^{-15} mol），传统的分离、富集方法（如离心、色谱、二维凝胶电泳等）往往会显得“不能胜任工作”，特别是分析效率的低下大大地阻碍了分离分析的速度，这就要求有一种能高效、快速分离的方法相适应，而 CE 技术是最佳选择之一。

目前，CE 已开始应用于生物化学分析领域。例如，在核酸方面，已用于单核酸（苷）、核酸片段、基因片段、基因突变分析等；在蛋白质方面，已用于氨基酸分离鉴定、多肽、酶以及蛋白质的分离分析；在脂类、糖类方面，已用于（单）糖类、脂类以及糖蛋白、脂蛋白等后修饰产物的分离分析。此外，CE 还可用于药物分析、药代动力学研究、疾病检测和监测、环境（污染）分析、食品质量分析（添加剂等），以及复杂体系（如发酵液、体液、组织液和生物样本的提取液）中感兴趣物质的分离分析等。与此同时，CE 在生物化学领域的应用也取得了阶段性的成果。例如，CE 方法的介入使人类基因组计划中基因全序列的测定工作提前 20 年完成，主要原因就在于 CE 分离分析的高效性及准确性，使分离周期大大缩短，准确性也同时提高，显示出了 CE 的独特优势，相信在未来 CE 将会在生物化学分析领域有更多更广的应用，也将会取得更多更好的成果。

总之，CE 技术因其独特优势已逐步成为生物化学分析领域中必要的分离分析手段之一，掌握好 CE 技术，对于未来的分析工作者来说十分必要。本章拟从氨基酸/多肽样本分离来简要介绍 CE 技术在相关生物化学分析领域中的应用情况及其优势所在。

实验三十八　毛细管电泳对多肽的分离检测

一、实验目的和主要内容

通过分离多肽样品，探索毛细管电泳的不同条件对分析结果的影响；加深认识毛细管电泳的工作原理；熟练掌握毛细管电泳仪的操作；学习分析毛细管电泳色谱图，优化毛细管电泳分离条件；训练动手及思考能力。

二、实验原理

毛细管区带电泳中，各物质按照其淌度的不同，在毛细管内做差速迁移，从而得到分离。从理论上看，电分离赋予 CE 高效、分离容量大、需样量小、快速等特点，使其非常适合复杂体系的分离。而多肽分子由氨基酸通过肽键连接形成，含有至少一个氨基和一个羧基以及可能的侧链解离基团，属于两性物质。一般来说，不同的多肽在同 pH 下带电性不同，且荷质比也有差异，因而在 CE 中可得到分离。

影响 CE 过程的因素较多，常见的因素有黏度、介电常数、电压、pH、缓冲液种类、添加剂等，实际分离方法建立时，需对上述因素或实验条件进行优化，确定最佳实验方案。优化各因素时，可依据柱效能$\left[N=5.54\left(\frac{t_{\mathrm{r}}}{W}\right)^2\right]$、分离度$\left[R_{\mathrm{s}}=\frac{2(t_{\mathrm{r}_2}-t_{\mathrm{r}_1})}{W_1+W_2}\right]$、分离周期（$t$）等参数来衡量和选择。

三、仪器与试剂

1. 仪器

毛细管电泳仪（Beckman MDQ）；混匀仪；分析天平；纯水器；不同型号移液枪；毛细管（内径为 75.0 μm，总长为 60.0 cm，有效长度为 50.0 cm）。

2. 试剂

磷酸（A.R.）；氢氧化钠（A.R.）；三乙醇胺（A.R.）；NaH_2PO_4（A.R.）；Tween 20。
多肽样品及其氨基酸序列：
（1）天冬-精-缬-酪-异亮-组-脯-苯丙。
（2）精-缬-酪-异亮-组-脯-苯丙。
（3）精-脯-脯-甘-苯丙-丝-脯-苯丙-精。
（4）天冬-精-缬-酪-异亮-组-脯-苯丙-组-亮。
（5）L-丙-D-苯丙。
（6）甘-亮-酪。
（7）色-甲硫-天冬-苯丙。
（8）酪-丙-甘-苯丙-亮。
（9）甘-亮-脯-半-天冬-谷-异亮-酪-半。

四、实验方法

1. 石英毛细管预处理

（1）初次使用毛细管时，应先用 0.1 mol/L 的氢氧化钠溶液冲洗（20.0 psi，5.0 min）并浸泡过夜，再用蒸馏水替换毛细管中的 NaOH（20.0 psi，5.0 min）。

（2）每次进样前在 20.0 psi 的压力下，用 0.1 mol/L 的氢氧化钠溶液冲洗 2 min，再用缓冲溶液冲洗 2 min。缓冲溶液、样品溶液、水和氢氧化钠溶液均需过膜（0.22 μm）。

2. 缓冲溶液及样品溶液的配制

将 NaH_2PO_4 用二次蒸馏水溶解制成 50 mmol/L 的溶液，使用 50 mmol/L 的磷酸将溶液的 pH 分别调至 pH 2.5、pH 2.7、pH 3.0、pH 3.5，作为电泳缓冲溶液待用。

50 mmol/L 的磷酸-三乙醇胺溶液：向 50 mmol/L 磷酸溶液中添加三乙醇胺至 pH 为 2.7。

样品溶液的配制：将 9 种多肽样品分别用二次蒸馏水溶解制成 500 μg/mL 的溶液各 1 mL。若样品没有完全溶解，加入少许 50 mmol/L 的磷酸使样品完全溶解。混合样品由 9 种多肽样品按照等体积比（各 100 μL）混合，并用相应 pH 的电泳缓冲溶液补至终体积为 1 mL。

3. 电泳条件

分离电压：25.0 kV；进样压力：0.5 psi；进样时间：3.0 s；检测波长：215 nm；分离缓冲溶液：磷酸缓冲溶液。

五、实验内容与步骤

1. pH 对分离的影响

固定进样压力为 0.5 psi、进样时间为 3.0 s、检测波长为 215 nm、分离电压为 25.0 kV、毛细管温度为 20℃，更换不同 pH 的电泳缓冲溶液，对各多肽样品和混合样品进行电泳分离，记录每种多肽的迁移时间和半峰宽，计算 R_s 值、分离柱效能等参数。分别以 pH 为横坐标，相应参数为纵坐标作图，选择优化的条件，并解释实验现象。注意，切换 pH 时应使用新电泳缓冲液冲洗毛细管 30 min 左右以平衡毛细管内壁。

2. 温度对分离的影响

固定进样压力为 0.5 psi、进样时间为 3.0 s、分离电压为 25.0 kV、检测波长为 215 nm、缓冲溶液 pH（优化出的 pH），调节毛细管温度分别为 20℃、25℃、35℃、50℃，对各多肽样品和混合样品进行电泳分离，记录每种多肽的迁移时间和半峰宽，计算 R_s 值、分离柱效能等参数。分别以温度为横坐标，相应参数为纵坐标作图，选择优化的条件，并解释实验现象。注意，温度变换时需保证毛细管温度恒定后方可实验。

3. 电压对分离的影响

固定进样压力为 0.5 psi、进样时间为 3.0 s、检测波长为 215 nm、缓冲溶液 pH（优化出的 pH）、毛细管温度（优化出的温度），调节分离电压分别为 10.0 kV、15.0 kV、20.0 kV、25.0 kV、30.0 kV，对各多肽样品和混合样品进行电泳分离，记录每种多肽的迁移时间和半峰宽，计算

R_s 值、分离柱效能等参数。分别以电压为横坐标，相应参数为纵坐标作图，选择优化的条件，并解释实验现象。

4. 不同缓冲溶液对分离的影响

选择上述优化条件并在其他条件固定不变的情况下，分别在 50 mmol/L 的磷酸-磷酸二氢钠缓冲溶液（A）、50 mmol/L 的磷酸-三乙醇胺缓冲溶液（B）和 pH 2.7 磷酸缓冲溶液（含 5 mmol/L Tween 20）（C）中分离样品，记录每种多肽的迁移时间和半峰宽，观察三乙醇胺对分离等的影响，并解释其原因。

六、实验结果与数据处理

本实验中缓冲溶液的 pH、温度、电压及缓冲溶液类型对样品分离的影响，分别记录于表 23-1、表 23-2、表 23-3 和表 23-4 中。

表 23-1　实验数据记录表——pH 对分离的影响

pH	t_1	t_2	t_3	t_4	t_5	t_6	t_7	t_8	t_9	W_1	W_2	W_3	W_4	W_5	W_6	W_7	W_8	W_9
2.5																		
2.7																		
3.0																		
3.5																		

注：表中 t_1、t_2、t_3、t_4、t_5、t_6、t_7、t_8、t_9 为多肽的迁移时间，单位为 min，W_1、W_2、W_3、W_4、W_5、W_6、W_7、W_8、W_9 为相应多肽的半峰宽，单位为 mm。下同。

表 23-2　实验数据记录表——温度对分离的影响

温度/℃	t_1	t_2	t_3	t_4	t_5	t_6	t_7	t_8	t_9	W_1	W_2	W_3	W_4	W_5	W_6	W_7	W_8	W_9
20																		
25																		
30																		
50																		

表 23-3　实验数据记录表——电压对分离的影响

电压/kV	t_1	t_2	t_3	t_4	t_5	t_6	t_7	t_8	t_9	W_1	W_2	W_3	W_4	W_5	W_6	W_7	W_8	W_9
10.0																		
15.0																		
20.0																		
25.0																		
30.0																		

表 23-4　实验数据记录表——缓冲溶液类型对分离的影响

缓冲溶液类型	t_1	t_2	t_3	t_4	t_5	t_6	t_7	t_8	t_9	W_1	W_2	W_3	W_4	W_5	W_6	W_7	W_8	W_9
A																		
B																		
C																		

七、思考题

（1）缓冲溶液中添加三乙醇胺或 Tween 20 的目的是什么？添加后实验结果是否有差异？引起差异的原因是什么？

（2）在本次实验中只是对缓冲溶液的 pH、温度、电压、缓冲溶液的组成进行了优化，除了这些因素以外，还有哪些因素可以进行优化？

参 考 文 献

曹进，徐燕，张永知，等. 2004. 栀子药材的指纹图谱整体性分析. 分析化学，32（7）：875

常建华，董绮功. 2006. 波谱原理及解析. 2 版. 北京：科学出版社

陈培榕，李景虹，邓勃. 2006. 现代仪器分析实验与技术. 2 版. 北京：清华大学出版社

方惠群，于俊生，史坚. 2002. 仪器分析. 北京：科学出版社

傅若农. 2010. 色谱分析概论. 2 版. 北京：化学工业出版社

胡会礼，李宁. 2007. 电化学测量. 北京：国防工业出版社

郎惠云，谢志海，高胜利，等. 1994. 光谱分析仪器及实验技术. 西安：西北大学出版社

李云辉，王春燕. 2008. 电化学发光. 北京：化学工业出版社

林金明. 2004. 化学发光基础理论与应用. 北京：化学工业出版社

刘虎威. 2007. 气相色谱方法及应用. 2 版. 北京：化学工业出版社

刘约权，李贵深. 2000. 实验化学（下册）. 北京：高等教育出版社

罗国安，王义明. 2002. 中药指纹图谱的分类和发展. 中国新药杂志，11（1）：46

毛希安. 2000. 现代核磁共振实用技术及应用. 北京：科学技术文献出版社

宁永成. 2000. 有机化合物结构鉴定与有机波谱学. 2 版. 北京：科学出版社

钱小红，贺福初. 2003. 蛋白质组学：理论与方法. 北京：科学出版社

荣国斌. 2002. 波谱数据表——有机化合物的结构解析. 上海：华东理工大学出版社

宋桂兰. 2010. 仪器分析实验. 北京：科学出版社

苏建峰，胡朝阳，陈劲星，等. 2009. 气相色谱-质谱联用快速检测毛豆中 103 种农药多残留. 分析试验室，28（6）：84-89

苏克曼，张济新. 2009. 仪器分析实验. 2 版. 北京：高等教育出版社

孙文基. 2009. 天然药物成分 NMR 谱模拟特征及实例. 北京：中国医药科技出版社

汪正范，杨树民，吴侔天，等. 2001. 色谱联用技术. 2 版. 北京：化学工业出版社

王龙星，肖红斌，梁鑫淼. 2003. 一种提高中药色谱指纹谱重现性的新方法. 分析化学，10（31）：1232-1236

吴性良，朱万森. 2008. 仪器分析实验. 2 版. 上海：复旦大学出版社

武汉大学. 2001. 分析化学实验. 4 版. 北京：高等教育出版社

武汉大学化学与分子科学学院实验中心. 2005. 仪器分析实验. 武汉：武汉大学出版社

许国镇. 1991. 电化学分析实验. 北京：地质出版社

杨万龙，李文友. 2009. 仪器分析实验. 北京：科学出版社

叶宪曾，张新祥，等. 2007. 仪器分析教程. 2 版. 北京：北京大学出版社

张华山，王红，赵媛媛. 2002. 分子探针与检测试剂. 北京：科学出版社

张剑荣，余晓冬，屠一锋，等. 2010. 仪器分析实验. 2 版. 北京：科学出版社

张立德，牟季美. 2001. 纳米结构和纳米材料. 北京：科学出版社

张耀海，赵其阳，焦必宁，等. 2010. 气相色谱-质谱联用快速检测柑橘中 55 种农药多残留.食品与发酵工业，36（7）：135-138

朱明华，胡坪. 2008. 仪器分析. 4 版. 北京：高等教育出版社

Benzie I F F，Strain J J. 1996. The ferric reducing ability of plasma（FRAP）as a measure of "antioxidant power"：the FRAP assay. Anal Biochem，239：70-76